中小学课堂教学诊断

李炳煌 著

湖南教育出版社

HUNAN EDUCATION PUBLISHING HOUSE

前　言

对基础教育的理想与情怀始于 32 年前。1986 年，高中毕业的我进入湘潭师范学院，立志毕业后做一名优秀的中小学教师。毕业后留校工作未能如愿。刚毕业的 11 年里，因工作性质的原因，有机会接触中小学一线的校长、老师。他们告诉我，中小学需要什么样的老师？什么样的课是学生最喜欢的课？于是与基础教育研究有了不解之缘并对其情有独钟。

1999 年，师从钟毅平先生学习课程教学论（教学心理），开始真正研究中小学教师的教和学生的学。在撰写《中小学生学习动机与学业绩效关系研究》学位论文过程中，通过对 3000 余中小学教师和学生的访谈、问卷调查，我认识到如何激发学生学习动机、提高学生学业绩效、促进学生全面发展，受环境和教育及中小学生自身等诸多因素的影响和制约。

2000 年，有幸拜读石鸥先生著的《教学病理学》，并由此走进、深入中小学课堂，了解老师们在课堂中是如何教学的，老师们是如何处理教育问题的。诚如石鸥先生所说，一切人都可能生病，一切教学都可能生病。意识到这一点是一种真诚的观念或思维。不会生病的教学是假的，正确对待教学疾病，患病而恢复而顽强地发展才是我们所追求的。[1] 10 多年来，我先后到过 200 余所中小学，观摩教学课堂 600 余节，并与中小学校长、老师、学生交流，探讨教育教学中的"奥秘"。亦明白，中小学课堂是一个丰富的宝藏，值得我们基础教育研究者潜下心来，惟有深入其中，才能读懂学校教育、读懂课堂教学、读懂学生学习。

2006 年，我为研究生开设"中小学教学管理案例分析"课程，由本人

---

〔1〕 石鸥. 教学病理学［M］. 济南：山东人民出版社，2006.

主讲该课程并尝试进行课堂教学改革。我将课程教学分为理论辅导、中小学教育教学管理实地观摩和中小学教育教学管理案例撰写与研讨反思三个部分，即三分之一的时间进行理论辅导、三分之一的时间开展实地观摩实践、三分之一的时间撰写案例并研讨反思。这些年来，与研究生们一起深入中小学课堂，感觉到这是一种幸福的教育生活，并为之乐此不疲。同时，来自中小学教育教学管理一线的教育教学案例，极大提高了研究生课程学习的积极性和实效性，也深受研究生们的喜爱。正如叶澜教授所说，教师不只是园丁，也不只是工程师，他跟学生同生共长，也是带领自己和学生一起走向更高发展水平的重要参与者、引领者、互动者。在这种生态中，学校中的教师和学生就会过上一种有生命气息的生活。这是一种因为有精神的成长而感觉到教育幸福的生活。[1] 2011 年 10 月，全国教育硕士专业学位教学合格评估专家莅临学校实地考察，并深入我的研究生教学课堂，给予指导，对我们重视教育实践的研究生课程教学，以及探索研究生培养方式的精神给予了高度评价。当然，这既是鼓励，也是鞭策。

《中小学课堂教学诊断》亦是开启教育智慧，提升自身素质和水平，更好地服务基础教育的有益尝试。撰写案例都是来源于中小学课堂观摩，说是"诊断"，其实也是在对中小学教育教学实践学习观摩后的反思，但反思不一定全面准确。在我看来，这也是一种很好的学习，能够为我们了解基础教育、研究基础教育提供很好的借鉴和实践范例。

《中小学课堂教学诊断》甄选了 30 个案例，其中涉及中小学课堂教学 22 例，中小学教学管理 8 例。这些案例来自小学、初中和高中不同学段、不同学科的课堂教学实践，都是真实的教育教学事例，只是每个案例所呈现的视角不一，如教学理念、教学设计、教学策略、教学管理艺术等。这些案例只是中小学教育教学实践中常见的"事"。"教育教学无小事"，我们对这些事"说长道短"，旨在想让这些"事"中的亮点发扬光大，让不足点在今后的教育教学实践中尽可能避免。

---

〔1〕叶澜. 过一种充满研究的教育生活 [J]. 教育（卷首语），2017：(5).

　　经过 10 余年的教学研究与实践，来自中小学课堂中活生生的教学案例，《中小学课堂教学诊断》成为研究生"教师认知与学生发展"课程教学中重要的课程资源。师生同研，教学相长，有效增强了研究生课程教学效果，得到了研究生尤其是教育硕士的喜爱，并得到了学校研究生学院的大力支持，"教师认知与学生发展"被列为研究生精品课程。《中小学课堂教学诊断》既可作为教师教育类研究生和本科生，亦可作为中小学教师提升教学实践和教学研究能力的学习资料。

　　本书的出版得到了湖南教育出版社的大力支持，感谢曹卓卓、彭倩婷、李文轩等编辑付出的辛勤劳动；感谢湖南科技大学研究生学院、教育学院为本书出版提供资助；感谢刘宇文教授、胡石其教授、李海萍教授、谭千保博士、曹俊军博士、李学博士为本书写作提出宝贵意见；感谢杜薇、成瑾、谢雪蝶、黄苏丹、常志彬、李静等研究生的修改和讨论；特别感谢首都师范大学石鸥教授对我个人学习与研究提出了不少很有价值的意见和建议，并亲自为本书作序。

　　本书如有疏漏和不当之处，敬请读者批评指正。

李炳煌

2018 年 5 月 18 日

序：
"尝遍百草"的教学诊断

　　"教育"既可能是开启人们通向光明前程的钥匙，也完全有可能成为开启人们走向黑暗之门的钥匙。如果那是一种病态的教育的话。

　　纳粹德国的学校教育课程章程中写道：国民学校……最高任务是教育德国青年人成为共同体的成员，并为元首和民族服务。[1] 于是，种族主义和纳粹党被写进了课本，孩童们穿戴着极具精气神的纳粹制服，参加一个接一个看起来朝气蓬勃的学校活动。希特勒的心腹戈林得意地说过：我告诉你，领袖要的是 2 乘 2 等于 5。[2] 1933 年，纳粹党上台时，德国境内生活着九百万的儿童和青少年。[3] 这生动、多样且有效的教育便为这九百万儿童与青少年开启了走向黑暗之门。

　　是的，现实中的教育并非都是神圣的，并非总是朝向人类社会共同期待的真、善、美。[4] 事实上，我们对教育的美好愿景时常被现实所摧毁、被现实所捣碎。然而，这黑暗之门只在社会系统病入膏肓的历史时期开启吗？回到当前的教育实践，尽管性质截然不同了，但仍然可以看到一张张束缚着孩子们向上向善的教育疾病之网。它们以其特有的方式危害着社会机体，侵蚀着学生心灵。人们耳熟能详的"应试教育""死记硬背""负担过重""个性压抑""创造力泯灭"等批评当前教育的市井用语，就宣示着教育顽疾的贻害匪浅和久治不愈。

　　长期以来，传统教育学尤其是教学论大多从规范的应然的角度展开分

---

〔1〕石鸥. 教学病理基础 [M]. 济南：山东人民出版社，2006：26.

〔2〕【法】雅克·德拉律；黄林发，萧弘译. 盖世太保史 [M]. 上海：上海译文出版社，1984：122.

〔3〕【德】英克·布罗德森等；安尼译. 他们为什么效忠希特勒 [M]. 北京：中央编译出版社，2007：39.

〔4〕石鸥. 教学未必都神圣——试论教学病理学的建构 [J]. 湖南师范大学社会科学学报，1999（02）：92—97.

析与讨论，习惯谈论教学的神圣性与健康的教学，致力于描绘理想的教学及其各种特征表现。从"应该怎样"出发讨论一个理想的教学活动系统如何运行。传统教学论鲜有研究关注引起教学活动系统运行障碍的因素、致使教学活动"生病"的因素，从而遮蔽了教学系统会"患病"这一事实。传统的教学论重点不是研究真实的教学实践，而是研究理想的教学实践，不是研究教学是什么，而是研究教学应该是什么。正因为这样，尽管传统教学论在基本的框架内发展出了各种详尽的规则，以涵盖诸如教学过程、教学规律、教学原则、教学内容等领域。但所有这些都无法有效解释学校中时而混乱时而有序、时而理性时而非理性的状况，无法有效解释教学中时而培养学生的创造力，时而压抑学生的创造力的现实。我们的教育学无法系统阐释不理想的教育教学，它只倡导理想的教育教学并批评不理想的教育教学。

教室的大门无法绝对地合上，教育无法回避也不应回避外系统的影响。因为，教育活动从来都不是仅仅关乎知识信息的活动，不是仅仅关乎课堂内师生的你教我学的简单的刺激反应活动。它关乎时代，关乎社会、关乎国家、关乎民族……它处于社会大系统之中。作为人类特殊活动的教育，具备极其复杂的外结构与内结构，是个多元复杂的活动系统。在不当的运作方式和异常因素的浸染之下，这一活动系统有可能出现运行不畅、功能紊乱、结构异变等障碍。正如人、动物、植物等任何有机体会患上疾病一样，教育也是会"患病"的。有机体的患病，我们以有系统的诊断、预防措施，来尽可能保证其健康运行。教育系统的患病，当然也需要诊断、预防，需要专业的病理分析来保障它的健康运作。

德国学者斯托里音伯耳最早提出了"教育病理"和"教育病理学"，早在1890年代就开始相关研究，并使用教育病理学的名称。20世纪以来，教育病理研究在日本渐成气候，激发了众多学者的兴趣，兴起一股有影响的研究之风。日本明治学院社会学部大桥薰教授等人于20世纪70年代出版的《现代教育的诊断》，对学校、家庭、社会中的教育病理作了系统诊断，并就教育病理的诊断（认识）方法作了阐述，产生了很大的影响。20世纪末，教育病理学受到我国学者关注，借鉴日本教育病理学研究和西方的社会病理学，我们在国内率先开始了教育病理特别是教学病理学的探索。

1999年，累积个人多年思考与研究，我的《教学病理学》（石鸥，湖南教育出版社）一书出版，初步构建了系统的教学病理学的理论体系与分析框架。这本小书被学术界称之为我国教学病理学独立建构阶段的标志。

2006 年，秉持着为崭新的 21 世纪探寻与之适宜的教学论的信念，再出版《教学病理学基础》（石鸥，山东教育出版社）一书。我们认为，教学病理学与其他教育科学的共同目的和任务是从不同角度、不同方法研究教育教学系统及其运作，为保障教育教学的健康发展服务。但教学病理学和其他教育科学又有明显区别。教育学教学论是专门研究教育教学本身的理想的结构系统及理想的功能作用的学问或学科，而教学病理学则专门研究实际中教育教学本身对理想结构系统的偏离及对理想功能作用的偏离的学问或学科。换言之，教育学教学论回答"教育教学有哪些功能?""为什么会有如此功能?""如何实现这些功能"之类的问题，而教学病理学则回答"为什么实际上教育教学并未充分表现或实现如此功能"之类的问题。教学病理学理论框架体系的构建，为教学论研究提供了新的视角与思路。21 世纪初，教育病理学进入了理论深化和实践应用的发展阶段，学界部分研究在深入，介入不同类型的学校、不同学科以及不同形式的教学。遗憾的是，这些年我们慢慢地转移了研究重心，教育教学病理学的研究被搁置下来了。这是非常遗憾的转向。

去年得知湖南科技大学的李炳煌教授开始关注以病理学的视野研究课堂教学实践，当时确实小小地兴奋了一阵。近日，他的《中小学课堂教学诊断》书稿摆在了我的案头。该书以我国教学病理学的研究为重要的理论支撑，对课堂教学展开系统的病理诊断。历经 10 余年的教学实践案例研究，李教授走入 200 余所中小学，观摩、记录、分析大量的中小学课堂，重点选入 30 例经典案例，从教学理念、教学设计、教学策略、教学管理四个方面诊断中小学课堂教学，是教学病理学发展至该阶段的重要成果。

教学病理学是基础教育科学在教学实际中的具体运用，是教育科学理论与教学实践相结合的中介或桥梁。它既要去建立、证明一套知识体系，更要去创建新的思维方式、行动方式。神农氏尝遍百草，日遇七十二毒，只为求得一味真药。也许，对待主要的教学疾病，我们还开不出任何简单的处方。目前的所谓诊断，也仅仅是有限的判断。我们只能以"尝遍百草"的精神，去实践，去探索，逐步探寻出一些比较有效的对策。李炳煌教授的《中小学课堂教学诊断》就是一次"尝遍百草"的精神探索之旅。

首都师范大学　2018 年 10 月 18 日

目　录

绪　论

一

目前而言，对教学诊断进行精确的概念界定较为困难，一方面是因为教学诊断的理论研究和实践运用本身就在不断发展之中，另一方面是因为研究者各自的立场、观点不同，因此难以获得完全一致的意见。但随着教学诊断的理论研究和实践探索的持续深入和进步，人们对教学诊断的概念认识逐渐趋向成熟。

"诊断"一词并非教育领域的原生词，而是来源于医学界的术语，其在《现代汉语词典》中有如下定义：在给病人做检查之后判定病人的病症及其发展情况。[1] 它包括"诊"和"断"两方面，在医学上也有两层含义：其一是指医生诊断后所做的结论，其二是医生根据对病人病情的了解及各种医学检查结果，综合分析，判断病人所患疾病的种类，以及患病的原因、部位、性质、对应的人体器官功能损害程度等这一系列动作的步骤及方法。[2] 概括来说，诊断既包括医生对病人所患疾病的判断结果，也包括辅助其获得判断结果的步骤、途径和诊断方法，譬如我国传统医学上的"望、闻、问、切"。

"教育诊断"是"诊断"一词在教育领域中其内涵和外延的拓展与丰富。国外关于教育诊断的研究至今已有 110 多年历史，"诊断"一词首次在医学领域之外的心理学领域运用，是 1905 年法国学者比奈在《心理学年报》上发表论文《诊断异常儿童智力的新方法》，并同西蒙编制了"比奈－西蒙量表"，标志着"诊断"一词正式进入教育领域并开始被广泛使用。此后，1957 年，卡尔梅科娃的《学生智力发展诊断问题》出书，对学生接受能力诊断进行了专门研究。[3] 1971 年，美国学者布卢姆进一步丰

---

〔1〕 中国社会科学院语言研究所. 现代汉语词典（第 7 版）[K]. 北京：商务印书馆，2016.
〔2〕 百度百科. 诊断 [EB/QL]. http：//baike. baidu. corn/view/135993. htm.
〔3〕 卡尔梅科娃. 学生智力发展诊断问题 [M]. 史民德，等，译. 北京：人民教育出版社，1984.

富了教育评价理论，提出了"诊断性评价"，并论述了"形成性评价"的诊断意义。布卢姆认为，诊断性评价的目的在于了解学生是否掌握了教学目标所规定的新的基础知识与技能，形成性评价的诊断意义在于能及时诊断教与学的发展情况，从而促使教师能及时发现问题并采取必要补救措施，促进教学目标的实现。[1] 1972 年，苏联学者巴班斯基在《教学过程最优化：预防学生学业不良的方法》中提出了"教育会诊法"，即类似于医生给病人看病，在班主任的主持下，由任课教师、校医、家长代表等对学生个性发展过程和学生个性近期和更远期的现实学习条件，进行预测评定的一种集体评价，与会者充分发表意见，找出个别学生学习和行为表现欠佳的原因，并通过共同力量排除其学习障碍。[2] 1984 年，莫尔顿·包瑞德（Moulton Barrett）以散文和诗歌为媒介，对有学业和心理问题的学生进行教学诊断实验，取得了较好的效果。[3] 20 世纪，我国学者也在教育诊断的研究道路上开始摸索，"教学诊断"的概念首次被杨惠贤提出，并发表在《体育学院学生理论课考试试题分析》中。1998 年，河南教育学院毕天璋教授及其同仁出版了《教育诊断学》一书。该书分为两编，第一编为教育诊断的基本原理，主要介绍了教育诊断学的理论知识：对象和任务、与相关学科的关系、基本原则、程序、方法等内容；第二编从学校管理诊断、教师工作诊断、学生诊断三方面论述了如何进行教育诊断。随后，2006 年由李如齐教授主编，陕西师范大学出版社出版的《教育诊断学概论》标志着我国教育诊断学学科体系的初步建立，引起了教育界强烈的反响，为后来的教学诊断奠定了基础。而不论中外，纵观以上学者的研究，他们都是将教育主体的"教育病理"现象作为教育诊断的对象，这也体现了"诊断"一词在医学界的本真含义。

日本筑波大学教研会主编的《现代教育学基础》中谈到：教育诊断是诊断学习不良这一症状的原因的，所以它的出发点是治疗和矫正。[4] 我国学者毕天璋在《教育诊断学》一书中根据诊断的医学含义，也对教育诊

〔1〕布卢姆. 教育评价 [M]. 邱渊，等，译. 上海：华东师范大学出版社，1987.
〔2〕巴班斯基. 论教学过程最优化 [M]. 吴文侃，等，译. 北京：教育科学出版社，1982.
〔3〕尹达. 国外课堂教学诊断研究述评 [J]. 世界教育信息，2015（12）：45—51.
〔4〕日本. 筑波大学教育学研究会. 现代教育学基础 [M]. 钟启泉，译. 上海：上海教育出版社，1986.

断进行了定义：教育诊断是对教育中的偏常现象进行判断并制订教育对策的理论、程序和方法。[1] 关于教育诊断的概念，尽管国内外对教育诊断的研究较多，但多数研究并不成熟完善，于是当前还无明确对教育诊断的概念界定，许多教育工具书也并未制定"教育诊断"的条目。综合笔者所阅文献来看，笔者认为教育诊断可以看成是对教育主体，即包括教师、学生及师生互动的一种"问诊"，发现其存在的某些"教育病理现象"，找出"病理源"，并"对症下药"。教育诊断的根本任务旨在揭示学校育人工程中的各种病理现象及其产生的诸种原因，对病症提出医治对策，确保党的教育方针和政策的实施，从而有效地提高学校培养人才的质量。其作用具体表现在：①指导实践。教育诊断的一个重要作用就是指导广大教育工作者的育人实践。教育诊断向教育工作者具体地提出了科学育人的理论依据和开展工作的行为准则，有针对性地提出了学校育人过程中可能发生的病理现象，实事求是地分析了诸种病理现象产生的原因，并对症施教，有效地提出医治对策。因此，教育诊断对学校育人实践有重大的指导作用。它是规范学校育人行为的指南，是检测教师育人工作成效的测试表，是校正学校育人实践偏离党的教育方针轨道的校正器。②诊断病因。诊断病因是教育临床诊断的本质特征，是区别于其他学科的显著标志，也是教育诊断创立和发展的缘由。因此，诊断病症，分析病症产生的诸种原因就是教育诊断的另一个作用。任何病症的出现和发展，都是有其独特的病因的。教育诊断的作用不仅能对教育机体呈现出来的各种病症进行仔细侦察，做出科学判断，而更重要的是可以了解和掌握病症产生的诸种病因。究其病因的根本目的在于对症施教，科学育人。

教学诊断是教育诊断的下位概念，是近些年来随着教育理念的更新、教师专业发展的深化探究而出现的新的研究领域，但因其发展尚未成熟，由此给予了学者们从多角度去探究的可能性，致使研究者们对教学诊断的概念还处于一种"六经注我、我注六经"的阶段。张开洲在 2014 年的《"课堂教学诊断"概念的文献综述》中将已有研究者们对教学诊断的概念界定从教学过程与结果、不同诊断主体、课堂教学流程、教学偏差以及教

---

〔1〕 祝新宇. 现代课堂教学诊断观探析 [J]. 当代教育科学，2009 (10)：25—28.

师专业发展的偏差分析等四个角度进行了综述，[1] 借鉴张开洲的分类综述，我们将教学诊断的概念界定从教学过程、教学结果、诊断主体三方面来进行综述。

从教学过程的角度分析来看，主要包含两个方面：其一是部分学者将教学诊断限于课堂教学，从课前、课中、课后三阶段对教学诊断进行定义；其二是部分研究者们的概念界定倾向于强调发现存在问题并找出原因的过程。譬如美国学者克拉克和斯塔尔就认为：教师看到学生学习中存在着困难，精确地找到困难为何，并发现如何产生这个困难的原因，就是诊断。[2] 我国学者查有梁和张辉蓉依据克拉克和斯塔尔的说法也给出了自己的看法，他们认为：教学诊断就是了解学生在学习中的困难而采取适当的补救措施，其一般模式就是看到困难—精确地找到困难—发现原因。[3]显而易见，这种对教学诊断的概念界定较片面，一是他们的诊断主体在于学生而忽视了教师的"自诊"，二是教学诊断并非目的而是一种促进教学的手段，诊断并非仅仅为了找出原因，更应该根据原因提出相关解决方法。

肖川和李云吾从教学结果的角度提出了各自的见解。肖川指出，教学诊断是：为使教学能更好地适应学习者的需要和背景情况，对教师的教学情况和对学生能否达到教学目标所必需的基础（包括知识、技能、态度、情感等）所做出的评定。通过诊断，设计出一种改进教师的教学和排除学生学习障碍的教学方案。[4] 李云吾认为：教学诊断，是指教师在检查学生的学习效果之后，判断学生能力发展情况的一种活动。通过教学诊断，教师能够比较全面地认识学生能力发展的一般情况，掌握了这些情况，尤其是能力的不足，才能为指导如何进一步开展教学活动并取得更好的效果提供可靠的依据。[5]

从诊断主体的角度来分，纵观已有学者们的研究，主要从教师、学生、专家等方面对教学诊断进行概念界定，将学生作为诊断主体的学者较

〔1〕张开洲. "课堂教学诊断"概念的文献综述 [J]. 课程教学研究，2014（7）：81—84.
〔2〕L. H. Clark，等. 中学教学法（下册）[M]. 北京：人民教育出版社，1985：239.
〔3〕张辉蓉. 数学诊断式教学设计研究 [D]. 重庆：西南大学，2009.
〔4〕肖川. 课程发展名词：术语诠释（三）[J]. 教育导刊，2002（7）.
〔5〕李云吾. 教学诊断：教师有效教学的基本素质 [J]. 当代教育论坛，2009（10）.

多，但同样也存在部分学者将教师作为诊断主体进行研究，譬如孙国春认为，课堂诊断是指在采集课堂信息的基础上，对教师的专业偏差展开辨析，寻求教学改进和教师发展的过程。[1] 刘堤仿等人将教师作为诊断主体，提出了"自我教学诊断"，即教师对自己的教学过程和教学结果做正反两面的总结，以寻找、分析、判断自身教学中存在的问题，包括教师对学生学习问题的诊断和教师对自身存在的教学问题的诊断，主要在教学目标的体现、教材的二次开发、学习方式的运用、教学手段的合理运用等方面进行自我诊断。[2] 同时有部分学者认为教学诊断是教师专业发展的助推器，是理论与实践紧密结合的产物，它使教师专业不断获得赖以发展的理论与技能。张伟民认为，教学诊断对教师专业发展的意义在于四个方面：其一，教学诊断使教师专业有自身独特的专业理论和技能；其二，教学诊断使教师职业不可或缺的社会功能更加完善；其三，教学诊断是教师专业持续发展的载体和平台；其四，教学诊断有利于形成教师专业团体内的自主、自律和合作。[3]

综上所述，教学诊断的主体主要是教师、学生和专家等，客体则主要是教师的教学、学生的学习以及师生间的互动情况，教学诊断的一般模式则是发现病症—找出病源—对症下药，教学诊断的最终目标则是更好地实现教学目标，更有效地实施教学。在厘清教学诊断的含义的同时，部分学者认为应当明确科学诊断的基本原则：尊重性原则、激励性原则、发展性原则、实事求是原则、互动性原则以及自主反思性原则，本着这些原则去开展教学诊断，能尽可能地避免理论空洞，引导科学的教学方法，将理论与实践完美渗透，更好地实现教学目标，使教学真正成为人的意味和实践意味很浓的学问。[4]

笔者在上文简要梳理教学诊断的由来和精要分析教学诊断这一核心概念肯定会大大助益于合理确定教学诊断所涉及的基本范畴和准确把握教学诊断的核心——课堂教学诊断，而且很可能还可以为理性建构和基础教育

〔1〕 张开洲. "课堂教学诊断"概念的文献综述 [J]. 课程教学研究，2014 (7)：81—84.
〔2〕 温小允，刘堤仿. 教师的教学问题诊断刍议 [J]. 现代教育科学，2006 (10)：25—27.
〔3〕 张伟民. 教师专业发展的客观要求：教学诊断能力及其提高 [J]. 教师教育研究，2006，18 (1)：12—15.
〔4〕 石鸥. 教学病理学基础 [M]. 济南：山东人民出版社，2006：188.

领域里的课堂教学诊断体系与机制的完善提供可能的借鉴。

二

教学诊断内容丰富，有教学设计诊断、课堂教学诊断、教研活动诊断等几方面。其中，课堂教学诊断是教学诊断的核心。根据"诊断"一词的涵义，课堂教学诊断应是诊断主体通过对课堂教学过程中诸要素的"诊视"来"判断"其运行状况，并与师生一起探索优化方案的实践活动。张伟认为，课堂教学诊断是一种不但要发现执教教师的教学经验与特色，也要发现其教学过程中存在的问题，并提出改进意见的教育科研方法。[1]很显然，该定义把课堂诊断视为一种教育研究方法。代天真、李如密在总结前人研究的基础上，认为课堂教学诊断是指诊断者通过看、听、问、思等手段对课堂教学的过程进行诊断，发现教师教学特色及存在的问题，并提出改进策略的教育活动。[2]

刘萌萌在总结前人相关研究的基础上，提出了课堂教学诊断的概念，即：诊断主体在课堂教学全过程中，以先进的教育教学理论为指导，通过客观、全面地观察各种教学现象以记录教学信息，分析总结出经验与不足，并探究其产生的原因，及时提出相关的改进措施和解决方法。祝新宇在其博士论文中将"课堂教学"和"诊断"两个概念整合后，对"课堂教学诊断"进行了界定：以课堂这一特定环境内发生的由教师和学生共同生成的"教"与"学"的活动为诊断客体，并对该客体的价值偏差进行分析，最终找到偏差出现的原因。[3]

课堂教学诊断以教学诊断思维为核心，以课堂教学问题为中心，以课堂干预行动为手段，以课堂行为文化为焦点，通过对课堂物质文化、制度文化、行为文化和精神文化的诊断，实现优化课堂教学品质、促进师生与学校的共同发展之目的，具有人本性、发展性、教育性、诊断性与功效性等特征。人本性特征要求课堂教学诊断十分重视"人"的作用与功能，因为课堂教学出现的任何"问题"大都与"人"有关，坚持"人之问题"的

---

〔1〕张伟. 课堂诊断：贴近教师成长的学校科研 [J]. 基础教育, 2008 (11).
〔2〕代天真, 李如密. 课堂教学诊断：价值、内容及策略 [J]. 全球教育展望, 2010 (4).
〔3〕祝新宇. 中学多样化课堂教学诊断模式研究 [D]. 上海：华东师范大学, 2007.

原则是课堂教学诊断的首要原则；发展性特征要求课堂教学诊断必须以解决问题为手段、以促进"人"的发展为目的，而遵循"人之发展"原则是课堂教学诊断目标实现的基本原则；教育性特征是由课堂教学本身所具有的教育功能所决定的，课堂教学诊断通过对课堂教学问题的认识、发现、分析与解决，从而提升课堂教学效率、效益与效果，而坚持"人之发展教育"是发挥课堂教学诊断效能的必然要求；诊断性特征是课堂教学诊断的本质特征，通过对课堂教学问题的诊断，找出期望与现实之间的差距，并将这种"差距"视为课堂教学改进与完善的重要切入点，但这种由"差距"而呈现的"问题"指明了课堂教学的改进方向；功效性特征要求课堂教学诊断不摆花架子，遵循形式简约、过程简洁、步骤简明、技术简易、效果鲜明原则。由此可见，课堂教学诊断是理论与实践、价值判断与事实判断、他人诊断与自我诊断的统一，集中着眼于实然问题而指向于应然发展。

课堂教学诊断作为改善课堂教学效果、促进学生学习效果、实现教师职业发展的重要方法，应该以学生的实际情况、教学的实际条件、老师的实际情况为基础，内容的手段要实现多元化、科学化、个性化。但是纵观目前一些学校的课堂教学诊断现状，距离理想目标还有一定的距离。所以可以说，课堂教学诊断的理论研究与实践，均还任重而道远。那么，如何提升学校的课堂教学诊断的理论水平与实践效果呢？我认为首先应该唤起教师的课堂教学诊断意识，当前一些专业教师普遍缺少教学诊断意识，没有认识到培养自己教学诊断能力的作用。他们认为教学诊断是他人的事情，自己主要是被诊断的对象。如果上课被其他老师和专家督导听评课，有的老师也会从心理上排斥。同时，即便有教学诊断的机会，大部分的也是形式主义，没有真正意识到课堂教学诊断的内涵所在。常有的情况是有"听"无"评"，或"听"多"评"少，只挑好听的、优点方面来评，好像说缺点、不好听的会得罪被诊断的教师。殊不知只有客观的理性的课堂教学诊断意见和评价，才能真正给予被诊断老师帮助和益处。同时，被诊断的教师也应该放低姿态，谦逊开放，多听取各方面的意见，才能够使自己快速成长。因此，首先教师要从根本上意识到课堂教学诊断的重要性，并在此基础上不断地坚持课堂教学诊断，才能真正发挥课堂教学诊断的作用，才能不断提高自己的教学诊断能力，才能真正使学生在自己的课堂上有所学有所得。只有长期执着地坚持进行教学反思、教学诊断，才能使自己在教学诊断过程中不断有所感悟，教学诊断能力不断获得提高。其次应该培养教师的学习能力和创新能力。学习能力、创新能力是一名教师应当具备的重要的两大能力，要想提高教师的教学诊断能力，就需要培养教师结合教学实践思考教育理论、通过学习教育理论不断推陈出新的习惯。有了一定的理论高度，才能意识到课堂教学诊断活动的深层意义。新时代的知识不断更新，所以作为教师也需要时刻保持一颗学习的心，不断接收新知识，才能指导出"高水平"的学生。教师作为学生的指导者，除了保持学习，还必须具备创新能力，才能指导出具备学习创新能力的学生。教师只有在教学诊断实践中不断反思，并把反思与阅读、学习教育理论相结合，不断地思考教育理论与教育行为之间的关系和转化方式，才能超越教学诊断的经验和技术水平，不断提高自己的教学诊断能力。再次应该建立完善的学校教学诊断机制和课堂教学诊断文化。

根据课堂教学的现实需要和课堂教学诊断的研究轨迹，我认为今后课堂教学诊断研究将会出现如下3个发展趋势：其一，课堂教学诊断的主客体将发生变化。将"诊断"引进"课堂教学"，其初衷不是对"教师"的诊断，也不是对"学生"的诊断，而是对"课堂教学"的诊断。因此，课堂教学诊断的客体应是"课堂教学"本身，即"课堂教学"诸要素"关系"的动态平衡性，因为课堂教学诊断的根本目的是促进学生的发展。其二，提升课堂教学诊断辅助工具的科学性。医学发展突飞猛进，作为医学术语的"诊断"也在飞速发展，不断革新的"诊断"工具与方法会为"患者"提供更多、更科学、更客观、更直接的病理依据。课堂教学诊断不但是教育的医学，也是医学的教育。作为"教育的医学"，教师利用先进的诊断工具为课堂教学"把脉问诊"；作为"医学的教育"，医学的发展为教育提供了更科学的诊断工具。其三，实现课堂教学诊断的自觉化、普及化、学科化。课堂教学诊断追求的目标之一就是提高教师课堂教学诊断的自觉性，这种自觉性来源于教师的自我需要，更来源于教育学、心理学、哲学、管理学、卫生学等理论对教师的滋养。

目前，一些学校的课堂教学诊断机制可以说基本上是一个可有可无的教学摆设。学校亟需建立一个完善的教学诊断机制，大力推进，使课堂教学诊断活动成为教师的日常活动，并设置相关部门的责任体系，保证课堂教学诊断机制运行的规范化。只有这样，课堂教学诊断才能真正地发挥好其作用，深入推进教师教学能力的提升。另外，目前课堂教学诊断的文化比较缺失，很多老师从心理上比较抗拒被听评课。学校还需大力推进良好的教学诊断文化，努力营造平等、真实、对话的教学诊断氛围，使每一次教学诊断活动都成为教师之间思维碰撞、观点交锋、理念生成的思想盛宴，使每一次教学诊断过程都成为诊断教师和被诊断教师共同学习、共同成长的过程。只有这样，学校的课堂教学诊断活动才能有序地开展，教师的教学能力和水平才能在不断的诊断过程中得到提升，青年教师也才能迅速成长。

为了使我们的课堂教学诊断更有依据和富有成效，我们应努力建立起尽量完善的诊断机制，即在走向诊断课堂之前的准备到诊断课堂之后的行为跟进有一套相对稳定的程序或规则。良好的诊断机制，使得我们的课堂教学诊断有"据"可依，同时为一些"新诊断者"走向诊断课堂之前提供初步的诊断准备，摆脱起初的不知所措之感。在建立良好的诊断机制的同时，要赋予它一定的灵活性，不能以"教条"处之，这是课堂教学丰富性的内在要求。

"机制"一词来源于希腊文，原义是指机器在运转过程中各个零部件之间相互联系、相互作用的关系及其连环互动的表现形式，现泛指一个工作系统的组成部分之间相互作用的过程和方式。在这里是指课堂教学诊断中运作的机理或方式。课堂教学诊断运行机制包括要素诊断、结构诊断和功能诊断等三个层次。课堂要素诊断就是对环境、内容、方法、师生教与学等要素的诊断，师生教与学的适合度是课堂要素诊断的核心，是课堂教学诊断最基本的运行状态；课堂结构诊断就是对课堂时空结构与人际角色结构的诊断，而人际角色结构的诊断是课堂结构诊断的核心，师生关系诊断是课堂结构诊断的焦点，处于课堂教学诊断的中级阶段；课堂功能诊断就是充分利用平衡力的功能通过对课堂活力要素、结构要素的诊断以增强系统恢复力的功能，而教师活力功能是课堂功能诊断的重要内容，师生关系功能是课堂结构诊断的焦点，处于课堂教学诊断体系的高级形态。

　　课堂教学系统中教师与学生两大活力要素，是课堂要素诊断最关键的两大要素。教师的教与学生的学共同向课堂系统输入能量，而对教师的教的诊断，主要考查教学过程，包括教学态度、教学目标、教学程序、教学机智、教学基本功、教学反馈、教学效果等维度，教师作为学生学习的引领者、合作者、组织者、促进者、唤醒者的角色成为课堂要素诊断的焦点；对学生的学的诊断，主要考查学习过程，包括学习态度、学习目标、学习反馈、学习效果等维度，学生学习的自主性、探究性、合作度与学习效果是课堂要素诊断的焦点。

　　课堂教学的时空结构与人际角色结构构成了两大一级诊断指标，课堂教学时空结构诊断分为课堂时间结构诊断、空间结构诊断与课程结构诊断等3项指标，其中课堂时间结构诊断包括4项内容：教学重点、难点所占时间及其比例，教师讲授与学生学习的时间及其比例，师生互动与生生互动所占时间及其比例，教学各个环节所占时间及其所占比例。课堂空间结构诊断包括4项内容：男女生座位分布状态，不同程度学生座位分布状态，讲台位置，教师行走路线。课程结构诊断包括以下3项内容：教学计划、教学设计的合理性，教学设计、教学内容与课程标准的吻合度，教科书的使用、教学实施与课程标准比对等。课堂人际角色结构诊断主要包括师生关系诊断和生生关系诊断等两项指标，师生关系与生生关系本质上都是人际关系。

　　作为课堂教学系统组织结构要素的师生关系、生生关系，其结构效能直接影响着师生活力机制效能。师生关系主要表现为课堂教学—课堂学习、教师帮助—学生求助两个方面，生生关系则主要表现为课堂学习—课堂学习、同伴帮助—学生求助等两个方面，[1] 而师生之间、生生之间的适合度成为诊断系统结构功能的关键因素。教师、学生通过平衡力机制促使教师、学生自身以及师生关系、生生关系的动态平衡发展。

　　综上所述，我们认为良好的教学诊断机制在于合理地安排要素诊断、结构诊断和功能诊断这三个层次之间的交错关系比例。让课堂教学的各要

---

〔1〕 孙芙蓉. 课堂生态研究［M］. 杭州：浙江大学出版社，2013.

素、时空人际关系等处于最为平衡的水平和阶段，进入达到最高级的一种意识形态，这将有利于我们的教育教学和教育实践，有利于丰富教育的相关理论知识。

教学诊断概念和思想的引入和课堂教学诊断机制的确立与完善，有助于人们把学生及其家长视为"顾客"或"消费者"，从满足"顾客需要"与"提供服务"的视角来看待学校教学系统以及学校的工作，从而形成服务学生、服务一线教学的服务链，积极建立一套完整的"教学质量体系"，通过质量诊断和质量保证提高教学质量管理的整体水平，以持续提高教学质量。

三

良好的教学系统必然是一个平衡的教学系统。当前教学管理的一个重要走向就是建立平衡的教学系统。这种平衡是借助于多种工具或者制度安排实现的。而教学诊断机制正是这样一种有力的工具或者科学的制度安排。因而，教学诊断在整个教学系统乃至教育系统中具有重要的地位和特别的价值。

就教学诊断的价值而言，至少表现在以下三个方面。

其一，教学诊断的教学发展价值。教学诊断是本体论意义上教学发展的应然诉求。对教学进行诊断的目的，不仅是为某门课程的教学或者对教学运作作出诊断和鉴定，而是为了更好地促进教学自身的发展，使教学更适合于学生的认知和意义的建构与创生，更符合教学自身内在的逻辑规律和社会发展要求。教学诊断不仅要从规范化、标准化的视角，给现实生活中的教学一个定量说明或"标签"，而且更要从有利于教学本体的发展视角，关注教学的价值意义，提升教学内在的品质，推动教学健康发展。

当前，教学诊断作为认证、发展与反馈等的工具，已成为教学体系的一个重要成分。而在近几十年来的教学改革中，教学诊断运用的范围越来越广，并被应用于传统的主流目的以外的其他众多目的，越来越多地用作教学系统改革或系统管理的工具：评估与调控特定的教学方案和教学政策；监测学生学业成就变化的趋向；促使学校、学区对学生学业成就负责，等等。[1] 但我们认为教学诊断的根本目的与价值在于，通过对教学决策、教学设计和教学实施等各个环节进行纵向和横向的全方位诊断，发现教学运作过程中存在的问题并进行适度调控，以确保教学运作的科学性、合理性。这种背景下的教学诊断，应旨在发现问题，为教学决策、教学设计、教学实施提供改进的反馈信息。这种目标指向下的教学诊断应该形成这样一种价值定位。第一，关注整体。教学诊断不仅仅局限于某一环节的价值判断与决定，而应着眼于教学决策、教学设计、教学实施的整个运行环节，为完善教学运作提供信息，矫枉纠偏。第二，关注过程。教学诊断的目的不仅在于提供一套理想的教学方案，它更加应该注重在施行的过程中，发现问题，不断地改进方案。第三，关注教学本身。教学诊断注重的是教学本身的内在价值，即教学的决策、设计、实施是否合理、科学。第四，关注发展。教学发展不是一个简单的线性运行过程，而是一个开放的、循环的、螺旋式上升的运行系统，这就决定了教学诊断应该注重教学的可持续性发展。[2]

其二，教学诊断的学生发展价值。教学诊断的另一受益者是学生。由于每一个学生自身的遗传素质、所处的环境和经历等因素不同，其认知水平和能力也存在一定的差异。如此，不同学生对教学内容的理解也有偏差，必然生成具有个体独特价值的意义。富有开放性、动态性、生成性、价值性的教学诊断，将在一定程度上肯定学生的自我理解与意义建构，尽量避免用定量化标尺衡量学生发展状况的现象，有益于学生个性化的成长。

教学诊断应当反映教学的结果，关注学生个体身上所体现的那些与教学尤其是学习有关的特性或品质，换言之，教学诊断也应当以学生的学业成就为对象，即应当关注学业成就，也即学生在学校教育中通过有指导的学习而获得的进步，比如知识的掌握、认知水平的提升、认知结构的改变。这些结果是学校教育的结果，是学校教育系统地通过特定课程体系的教学

[1] Little, A. & A. Wolf. *Assessment in transition: learning, monitoring and selection in international perspective* [M]. New York: Pergamon Press, 1996: 168—169.
[2] 代建军. 论我国当前中小学课程运作机制的转变 [D]. 上海: 上海师范大学, 2007. 82

和学生相应的学习的产物。正是这些结果或者产物——知识的掌握、认知水平的提升、认知结构的改变，水到渠成地支撑或者体现了学生的成长。

指向于不同目的的教学诊断通常采取不同的形式，因为教学诊断的目的会决定教学诊断系统的设计和特征。教学诊断本来并不是直接为形成性或促进学生学习的目的而进行的。但教学诊断的结果能够直接反映教学和学生学习的目标以及目标的达成程度，能够为教师的教和学生的学设定目标，而目标的设定具有多种对教学十分关键的功能：将个体的注意引导到相关的行为和结果上来；通过对期望的表现水平的说明来传递常规性的信息；能够影响学生自我效能的发展[1]；能够全面有效地反映特定的学习目标。特定的目标之所以能够激励教师和学生的行动，主要是通过反馈来实现的。没有反馈的目标设定是无效的⋯⋯就我们的元分析看，影响成就的最有力的单一中介就是反馈。[2] 教学诊断能够及时提供具体的与特定目标相关的反馈，能够提供基于课程学习情况的及时反馈，因此能够将反馈的潜力发挥到最大，能够更好地促进学习。就此而言，教学诊断的价值也在于通过诊断学生课程学习的长处、弱点和学习需求，向学生提供反馈信息，调整教学活动，最终促进学生的学习，从而促进学生的发展。

其三，教学诊断的教师发展价值。教学诊断是推动教师发展的外在动力。教学诊断的一个重要内容就是对教学活动的监督与调控，这种监控是对教学活动取向、模式、条件、效果的监控，它是发展的、开放的、创生的。它倾向于在监控过程中不断发现问题，并对问题解决提出指导性建议，同时还要尊重教师基于自身"前见"而生成的意义，绝不是要按照既有的目标和标准对教师的教学进行鉴定，从而给教师贴上某种定量化的标签。如此，教师的教学积极性、探究性将会增强，再加之专家型教师的指导以及自身教学经验的不断累积，必将从新手走向专家型。

尽管当前也有人期望教学诊断能够承担一些管理的功能，比如美国一些州试图将教学诊断纳入州的问责系统之中，将教学诊断的结果作为问责

---

〔1〕 John Hattie & Richard Jaeger. *Assessment and classroom learning: a deductive approach* [J]. Assessment in Education: Principles Policy & Practice, 1998 (1): 111—115.

〔2〕 同〔1〕。

的重要依据。但是，管理功能绝不应当是教学诊断的核心功能，至多是其附加功能；教学诊断的根本指向必然在于诊断、反馈，最终指向于学生学习的改进和教师专业能力的发展。

对教师发展的关注已经成为当前教育改革的一个核心理念。教学诊断不仅要反映教师的教学行为，而且必须促进和完善教师的教学行为，从而实现其专业发展。为此，在此意义上，教学诊断必须是"为教师"的，而不是"对教师"的诊断，教学诊断必须是形成性的——即使通常被认为总结性的教学质量诊断也应当形成性地使用——为学生也为教师的发展服务。

教学诊断表面上是诊断教学与教学作为，实质上是改造人，改造与教学利益相关的每一个成员——学生、教师、校长、教育行政官员、教育科研人员等，换言之，教学诊断实质上就是诊断与改造教学主体自身。从这个意义上讲，教学诊断的过程就是一个与教学利益相关的每个成员的"自我新生"过程。为此，教师需要积极地从教学诊断中寻找"自我"，寻找教学诊断对"自我"的意义，并主动地把"自我"融入到教学实践之中，敢于承担教学责任，善于发展教学能力，长于解决教学问题。只有这样，教师才能与教学改革共同成长，才能在教学发展中一起新生。

显然，完善的教学诊断有助于为国家、地方基础教育课程与教学政策的调整提供可靠的依据，有助于为学校的课程与教学甚至学生学习的改进提供有效的反馈，同时，借助于教学诊断的形成性功能和相应的问责机制，可以保证基础教育教学质量的持续改善。可以说，教学诊断的性质独特，意义重大，价值非凡。这也凸显出它在基础教育系统中的重要地位。

（一）完善的教学诊断是稳步推进课程改革的现实需要，也是深化实施素质教育的关键环节

素质教育已经推行了近三十年，新一轮基础教育课程改革也早已进入深化阶段，课程改革在课程标准、课程管理、教材选用、课程实施等方面已建立起较为完整的框架。但课程评价特别是教学诊断依然是一个瓶颈，严重制约着教学行为的转变和教学质量的提高，制约着课程改革的顺利推进和素质教育的有效落实。尽管我们已有正确的评价理念，但缺乏在这种

正确的评价理念指导下关于所期望的教学质量的准确、清晰的描述，因此难以保证对教学活动的正确导向，无法激励正确的教学行为，也无法制约违背素质教育理念的教学行为，最终难以保证学生全面、协调、可持续的发展。

素质教育和课程改革的深化迫切需要权威、科学的质量监控体系为改革指引方向。特别需要指出的是，在当前课程改革深化推进的过程中，三级课程管理体制的确立使得原来过度集中的一些课程与教学权力开始下放到学校一级。但权力下放如果没有相应有效的监控与诊断机制，那么放权就无异于放任。因此，要确保放权获得积极的效果，就必须要在放权的同时，建立相应的监控与诊断机制。而在这些机制中，课程与教学方面的监控与诊断机制已被证明有益于教育教学质量的提高。实际上，目前已经实施的国家义务教育质量监测，正是从结果或产出上进行监控与诊断的，这也与新课程背景下以课程标准为监控与诊断依据和手段的理念完全一致。事实上，国家义务教育质量监控就是以义务教育各学科课程标准为依据的。从某种意义上讲，有关课程与教学质量监控的权力不但不能下放，反而应该集中。因此，建立一个具有高度科学性和规范性的，能够体现素质教育和新课程理念的基础教育教学质量监控与诊断机制，就成为素质教育实施和课程改革推进过程中最为关键的环节。

从本质上看，教学诊断具有很强的形成性功能，既有助于学校改善教师的行为和学生的学习，也有助于各级教育行政部门特别是相关教学管理部门改进自己的教育决策和教学领导。概言之，科学的教学诊断能够引领教学评价实践，提升教学品质，保证基础教育教学质量和基础教育事业的可持续发展。这是因为，通过教学诊断机制，可以为各级教育行政部门提供基础教育教学质量报告。借助教学诊断，特别是对课堂教学的一些关键环节、关键问题的诊断，澄清学生在具体的知识与技能、过程与方法、情感、态度和价值观等方面的优势与不足，反映国家、地方和学校在教学管理中存在的问题，客观、公正、全面、深入地描述基础教育教学质量，使各级教学管理部门能够及时掌握基础教育教学质量的动态信息，从而为各级教学管理部门制定教学发展规划、进行科学的教学决策和有力的教学领导提供依据。通过基础教育教学质量诊断，也能向校长、教师和学生乃至家长提供有针对性的关于教学质量状况的反馈报告，不仅描述学生的学习质量现状，而且通过对不同学校、不同年级、不同背景学生的学习质量比较，找到影响学生学习质量的教学因素，提供关于教学改善和学习改进的指导性意见，为改进教学以及提高学生的学习品质提供教学方面的专业支持。

（二）教学诊断是规范教学行为、引领正确的教学质量观的有力杠杆

一定意义讲，科学、系统的教学诊断的缺位就是教学行为规范和制约机制的缺位。这种缺位导致的严重后果就是教育行政部门的教学管理混乱和学校教学行为的失范。教学质量被简单狭隘理解为学生的学业考试成绩，考试成为诊断教学质量的唯一手段，考试成为教学活动乃至整个教育的核心；而考试管理又十分混乱，以致假借质量监测名义而又没有科学性的各种考试大行其道，以质量监测为名的试题集和练习册充斥市场；考试命题缺乏专业标准和科学性，各种偏题、怪题层出不穷；考试结果公布欠科学，导致不同的学校、教师、学生之间的恶性攀比；教师与学生的负担都非常沉重，苦不堪言。凡此种种，都与科学的权威的教学诊断的缺位有关。

另一方面，当前社会对优质教育的强烈需求导致公众对教育产生了前所未有的关注，而优质教育资源的紧张又使得这种关注产生了明显的非理性化倾向。在这种张力中，教学诊断的缺位必然让诸如统考之类假借质量监测之名，实则由一些没有质量监测资格和专业能力的主体实施的甚至还可能损害教育质量的考试获得生长的巨大空间。而没有科学的权威的教学诊断机制，国家也就无法就教育教学质量发出权威的声音，因而也不能满足公众对作为一种公共产品的教育的知情需求；更为严重的是，国家在教育质量上失语的一个必然结果就是各种杂音充斥教育质量领域的话语空间，混淆公众视听，导致本已非理性化的公众教育关注演变成错误的社会舆论。

教学诊断必然体现国家所倡导的教学质量观，而且为不同地区、不同学校提供一个相互比较的平台，因此，对地方、学校和教师的教学行为起

到一种强有力的规范和引导作用。相对于政策文件的规范，教学诊断所标示的导向更为直接，也更为有效。同时，公众有权了解学校教学质量的基本状况，教育行政部门有责任为公众提供权威信息。教学诊断通过规范化的教学质量报告制度，向社会公布质量监控报告，这种常态化、以科学的教学质量监测和分析研究为基础的质量报告机制能够保障公众的知情权，并有效地引导正确的教学质量观。因此，教学诊断必将有助于规范各级教育主管部门的教学管理及学校的教学行为，引领正确的教学质量观。[1]

（三）教学诊断是教学系统工程建设的一个重要组成部分

完善的教学诊断是正确组织和实施教学改革系统工程、提高我国基础教育教学水平的客观要求。教学诊断可有力地促进教学系统的顺利运行。一方面，可对教学运行的过程加强监控和管理，包括组织力量在对制约教学的社会因素、学生因素和教师因素进行调查研究的基础上，为相关部门做出教学改革的决策提供参考；进而在教学实施过程中，通过反馈和控制等一系列手段，使各种教学资源得到充分有效的利用；最后，通过对教学结果的监控与评估，找出结果与目标的差距，对教学决策和教学活动予以可能的、必要的影响，使教学系统朝着正确的目标继续运行。另一方面，通过提供教学质量的反馈信息，协调教学系统的运行与课程系统、考试系统、教育管理系统运行的关系，及时化解各子系统之间可能存在的矛盾，从而使这几个教育子系统走上协同运行的轨道。可见，完善教学诊断具有重要现实意义和历史意义。为此，我们应深入研究完善教学诊断的实际问题和理论问题，探索教学诊断的规律，从而促进基础教育教学质量的提高。

---

〔1〕崔允漷. 试论建立国家义务教育质量监测体系的价值 [J]. 教育发展研究，2006 (3)：1—4.

01
智慧课堂
究竟该如何有效生成

【教学案例】

教学片段1：

2014年5月，来到Z市S中学，观摩初中三年级语文《孔乙己》课堂教学。这是人教版九年级下册语文课程教学内容。L老师在分析人物这一环节抛出一个问题：孔乙己最后究竟死没死？问题刚提出，立马就有许多学生争相举手，这些学生应该是成绩优异，平时上课也较为积极的学生，L老师并没有马上叫学生回答，而是委婉地说："这个问题有点难度，请大家认真思考之后再举手回答，我希望听到大家经过思考之后更有含金量的答案。"同时，L老师转向那些没有举手的同学，说："我看到有些同学正在认真思考老师刚刚提出的问题，老师很期待能听一听他们的想法，同学们肯定也是这么想的吧，那么接下来请想好了的同学跟我们来分享一下他的想法。"从L老师与学生的眼神交流中可以看到，L老师期待那些平时在课堂上沉默不语的学生来回答这个问题。这时，一个看似有些胆怯的男生在教师眼神的鼓励下鼓起勇气站了起来说："孔乙己已经死了，因为作者在结尾说孔乙己'的确死了'。"L老师认真地听完他的答案，并且给予了中肯和鼓励性的评价。

教学片断2：

这是一堂人教版九年级下册《我爱这土地》的公开课。

（1）教学导入

T：大家看到这个题目首先想到的是什么呢？大家觉得题目中最能体

现诗人情感的词是哪个呢？

S₁：看到这个题目我首先想到的是这片土地指的是什么？

S₂：看到这个题目我最先想到的是作者对这片土地到底有什么样的情感？

S₃：我觉得最能体现诗人情感的词语是"土地"。

S₄：我觉得题目中最能体现诗人情感的词语是"爱"。

T：听了大家的回答，我发现大家对这首诗歌还是有一些疑惑的，那么接下来我们就带着这些疑问一起来赏析艾青的这首现代诗。

老师对诗歌作者进行了介绍并解释了诗歌主题。

（2）朗读诗歌

①教师朗读诗歌，提醒学生边听边把握诗歌的节奏。

②学生朗读，老师点评，并分析重点词语所带有的感情，如"温柔""深沉"。

③学生个人朗读，学生互评。

这一环节中，教师点名多位学生起来朗读诗歌，但是并没有马上做出评价，而是让其他学生进行点评，让学生在互相评价的过程中感受诗歌的意境美，从而把握诗歌呈现的意象和主旨。

④集体朗读。

（3）赏析诗歌

①"土地"指的是什么？

②1938年中国大地上发生了什么重大事件？

③什么叫象征手法？

④学生讨论，找出诗歌意境。

⑤老师提示思考：诗人将自己虚拟成一只鸟来表达强烈的爱国之情，假如你是诗中的那只鸟，你看到了什么？你歌唱了什么？

（4）朗读诗歌板书设计

①土地——祖国

②暴风雨——日本侵略者

③河流——反抗的中国人

④风——反抗的中国人

⑤黎明——胜利的曙光

(5) 依照诗中的经典句式仿写句子

思考题：

1. 构建语文智慧课堂对学生智慧的培养有何意义？

2. 教师如何在教学实践中生成教学智慧？

3. 教师如何引导学生生成学习智慧？

【诊断·反思】

智慧课堂究竟该如何有效生成

1. 智慧课堂的涵义

与传统的注重知识积累和技能获得的课堂教学形态不同，智慧课堂着眼于学生智慧的生成，是师生情感交流与心灵共通的课堂。教学是开启人们通向光明前程的天堂之路的钥匙。[1] 通过智慧教师机智的教学，促进学生个性化发展、启迪学生智慧，构建学生的知识体系，实现学生智慧与教师智慧共生的课堂。"智慧课堂"应是"彰显个性、提升能力、力求创新、独具魅力"的课堂；"智慧教师"应是"尊重学生，有自己特殊的教学风格和教学追求"的教师；"智慧学生"应是"有自己独特的学习方式，有发散性的思维，有敢于质疑的精神，灵敏聪慧"的学生。总之，智慧课堂应该是有思维火花的、极具灵性的、饱含创造性的课堂，其目的在于提高学生的实践能力和创造能力。让学生不仅做学习上的强者，也能成为生活中的能者[2]。新课程改革以来，我们一直努力追求构建一个丰富学生

---

[1] 石鸥. 教学病理学 [M]. 济南：山东人民出版社，2006：2.

[2] 李祎，王伟等. 智慧课堂中的智慧生成策略研究 [J]. 电化教育研究，2017 (01)：108-114.

知识、培养学生能力、完善学生人格、提升学生智慧的课堂，这就是"智慧课堂"。[1]

相对于知识课堂的灌输性、封闭性、单一性、片面性和工具性，智慧课堂是具有启发性、开放性、多元性、全面性和人文性的课堂，它注重课堂的生成和创造，让学生自主合作、探究和创造。智慧课堂的构成要素包括智慧教师、智慧学生、智慧教学模式，是以智慧教师为主导、智慧学生为主体、智慧教学模式为核心的课堂。智慧课堂需要将教师智慧的教和学生智慧的学结合起来，从而构建智慧型教学模式。

2. 教师的教学智慧

教师是课堂的组织者和实施者，在课堂教学中起主导作用，知识课堂需要教师运用自己的知识来促进学生知识的积累和技能的获得。而语文学科是注重个人情感体验的学科，侧重培养学生的人文素养，这就意味着课堂教学不能只局限于"教教材"，而是要"用教材教"，教师要用自己的人生经验和感悟来教学生，用自己对世界的洞见来教学生，让学生的知识面不仅仅局限在教科书上，而要将他们的视野带入到书本以外的世界，培养学生洞悉世界、感悟生命的能力。

（1）启而不发，循序渐进

启而不发指的是，学生在学习过程中遇到困惑时，教师不要急于把解决问题的答案直接告诉学生，而是给学生一个支点，让学生自己去思考，即只点醒学生，但不完全点明。一个优秀的教师不在于他教给学生什么，而是在于他教给学生如何做，既要把陈述性知识教给学生，也要把程序性知识教给学生。所谓"授之以鱼，不如授之以渔"，只有教会学生方法，学生才会自己主动地去探索与思考。因此，在具体的课堂教学中，不是直接将"是什么"告诉学生，而是多问几个"为什么"，让学生自己去思考，寻求"是什么"。这样启而不发的教学方法重在培养学生的学习能力与思

〔1〕祝智庭. 智慧教育新发展：从翻转课堂到智慧课堂及智慧学习空间 [J]. 开放教育研究，2016（01）：18—26.

考能力。古代教育家孔子说："不愤不启，不悱不发"，也就是说不到学生努力想弄明白，但仍然想不通的时候，先不要去开导他，不到学生心里明白，却又不能顺利表达出来的时候，也不要去启发他。如果他不能举一反三，就先不要往下进行了。此法旨在培养学生触类旁通的能力，这是符合教学基本规律的，在今天的教学过程中仍然可以借鉴。

根据皮亚杰的"认知发展阶段理论"，学生的认知发展具有阶段性，学生的接受能力也是一个由弱到强的发展过程，学习是一个循序渐进的过程，成人也不能在短时间内把所有内容全部学完，任何人的学习都是一个从易到难、不断发展、不断上升的过程。因此，教师在教学过程中要遵循循序渐进的原则，这里所说的循序渐进指的是学生在学习过程中既要知道"是什么"，也要了解"为什么"，知道"如何"，亦知道"为何"，即在启发与引导的过程中逐渐推进教学进程。在《义务教育语文课程标准》中有提到，先是让学生学会识字和写字，再学会阅读与写作，比如，在教授七年级语文上册《伤仲永》这篇课文时，合理科学的教学方法是先让学生掌握文中的实词、虚词和句式，再让学生试着翻译课文，最后再理解文章的主旨。如此才能让学生一步一步地把握课文，在循序渐进的过程中提高学生的学习能力。

(2) 善待差异，因材施智

教学过程中，学生个体具有社会性，也具有差异性，由于个体所处的社会环境不同，不同的个体具有不同的发展特征和不同的发展进度。因此，这需要教师在上课之前备学情，了解学生目前的知识储备和理解能力，即使不能完全了解到每个学生的状况，也可以把班上的同学进行大致的分类，针对不同程度的学生运用不同的引导方法。在实际教学中教师不能苛求每个学生都能很好地掌握每堂课的教学内容，教师应根据学生的个性差异施以促进最好发展的教育，因材施教，因材施智，要尽力照顾到每个学生，在提问和引导时针对不同层次的学生做出不同程度的提问和引导。尤其针对那些基础相对较差的学生，应当结合学生学习基础、实际情况设问，并且要进行适时的引导，注重保护他们的学习信心，培养他们的学习兴趣。针对那些基础较好的学生，所提问题应有梯度设计，审视其思考问题的程度并加以引导，注重激发他们的学习欲望，加强他们自主学习的能力。

（3）扬抑结合，中肯评价

在语文课堂上，教师的评价是生成智慧课堂的要素之一，教师评价时要契合学生的心境，评语中肯恰切，对待不同的学生可采取欲扬先抑或者欲抑先扬的方法，这是教师运用教学机智的重要体现。在课堂情境中，教师的评价方式包括对学生言语的评价，对学生行为的评价，对教学内容的评价，对教学突发事件的评价等。在做出评价时应避免单一、模糊和绝对化，并且要选择最佳时机进行有针对性的指导。教师的评价语言应该幽默、动情、合理、适当，同时还可以运用眼神、手势、表情等肢体语言。

（4）正话戏说，得体表达

语文老师在课堂教学中采用正话戏说的方式可以让学生在愉快的气氛中感受教师的幽默，是构建和谐的智慧课堂的策略之一。正话戏说可以化解由于学生的错误回答或者教师的失误带来的尴尬，比如某个学生在不假思索地讲出错误答案时，可能会引得全班同学哄堂大笑，这时教师若没有好好处理，这些课也许就无法再继续进行下去，此时，教师既要保护那个说出错误答案的学生的自尊心，又要让其他学生不至于一直停留在这个话题上，保证课堂能够顺利地进行下去，就需要教师运用正话戏说的方式，用巧妙得体的语言化解尴尬的场面。

"人无完人"，即使是教师同样也会犯错，语文教师也会出现把字念错的尴尬情况，如果教师自己念错字并且被学生指出来后，教师不要为了自己面子，坚持自己的读音，这时教师可以主动纠正错误，并表扬学生听课认真仔细，还可以称赞他们为自己的"一字之师"，这样不仅化解了教师的尴尬，也让学生觉得他们的老师是一个知错就改、谦虚、好相处的老师，让他们更加敬佩和爱戴老师，无形之中也拉进了师生之间的距离，有利于课堂教学的有效进行。

语文教师的教育机智不仅可以运用到具体的教学实践中，而且可以运用到教学管理中，良好的教学氛围是构建智慧课堂的前提。有效的教学需要教师施以良好的教学管理，能够机智地处理教学意外。比如学生在课堂上传小纸条、讲小话、盯着窗外、打瞌睡等是在实际的课堂中时有发生的，处理这类事件，语文教师可以运用正话戏说的方式间接提醒学生，使他们意识到这样做是不对的，这样做比直接中断课堂指出他们的错误并加以责备所产生的效果要好得多。这就是在课堂教学中"正话戏说"的魅力所在。

3. 学生学习智慧的培养

建构主义认为："学习是学习主体主动学习的过程，是学习主体自我建构意义的过程。"新课改也提出：学生是课堂的主体。智慧课堂是充分发挥学生学习智慧和主体作用的课堂，是以学生为主，教师为指导者的课堂。但是，在中小学教育教学实践中，学生自主学习只是一种形式，与以往的学习相比，并没有实质性的变化。发挥学生的主体作用并不是抛弃教师应有的作用，不是让教师这一角色闲置，而是让教师充当一个组织者与促进者的角色，将教师的教和学生的学统起来。

（1）自主演绎，发展个性

传统的知识课堂侧重知识和技能的获得，教师演绎课堂的主体，教师是讲台上声情并茂的演员，学生只是台下的观众，而且教师是一个具有绝对权威的演员，学生没有发言权。语文课堂本就是培养学生言语能力和阅读能力的课堂，注重学生的语言表达和情感体验。真正的语文智慧课堂不是教师将答案直接告诉学生，也不是提个问题让学生毫无针对性的猜测，而是设计问题和任务，让学生自己寻找解决问题的办法，给学生广泛的自由发挥空间。苏霍姆林斯基说过："在每个人的内心深处，都渴望自己是一个发现者、探索者和研究者。"因此语文教师要充分运用教学机智让学生主动成为一个发现者、探索者和研究者。只有让学生自主学习，学生才会找到学习的乐趣，学生的学习热情才会增强、探究欲望才会不断增长。

学生通过自主探究所擦出的火花往往是教师意想不到的，在语文课堂上，学生可以在不偏离主题的前提下自主理解课文，在作文课上学生可以自主构思、自主行文。让学生发散思维，充分发挥想象，结合自己对人生和生活的感悟理解文本。把课堂主动权交给学生，给学生绝对的话语权。著名教育家杜威说过：只有经过自己探索所获得的知识才最让人印象深刻，才最有价值。因此，要尽可能地让学生自己去获取知识，培养他们搜集和处理信息的能力、获取新知识的能力、分析和解决问题的能力以及交流与合作的能力。这是新课改关于课程实施的具体目标，也是智慧课堂的要求。

(2) 自我评价，反思求进

课程实施的基本取向，即忠实取向、相互调试取向和课程创生取向，在知识课堂上，教师基本着眼于忠实取向，即完成特定的教学目标和课程方案。教师的主要任务就是遵照课程标准，将教案按计划执行完毕。课堂的反馈大多是通过学生作业来获得，作业其实就是教师对学生进行检测和评价的方式，而这样的方式很少有学生自我评价的机会。语文智慧课堂是鼓励学生进行自我评价、学生之间相互评价、在学习中不断反思的过程。

学生不仅要善于从别人的朗读中发现不足，而且要学会反思自己。自我反思其实是一个照镜子的过程，只有让学生了解自己，才会不断发展和进步。古人云："吾日三省吾身""学而不思则罔，思而不学则殆"，这些警句就是提醒我们要时刻反思自己，善于自我批评，才能找到进步的空间。当今教育呼吁教师要对教育教学进行反思，但是笔者认为培养学生的反思能力也同样重要。学生是学习的主体，很有必要及时了解自己的学习情况，对自己的学习态度、学习方法、学习习惯进行反思，认识到自己在学习上的优势和劣势，从而发扬优点，改正缺点，提高学习效率。

自我反思是一种思维方式，同时也是一种很有效的学习方法。根据韦纳的归因理论，如果学生总是把考试的失败归咎于题目太多太难，时间太短等外部因素，那么他很难取得长足的进步。学生只有真正地学会反思自己，在自己身上找原因，才会主动挖掘自己的潜能，改善自己的学习方式，提高自己的综合素质，才会感受到学习的快乐，收获成功的喜悦。因此，鼓励学生自我反思能够激发他们的学习热情，提高他们的学习能力，增强他们的学习效果。

(3) 启发心智，发散思维

语文智慧课堂是教师与学生情感达到融合、智慧共生的课堂。在课堂教学中，要想启发学生的心智，就必须充分发挥学生的主观能动性，让学生在追求自我发展的同时促进潜能的开发。因此，在语文课堂中教师要创设和谐的教学氛围，让学生感到放松、愉悦。如果一个人处在一个紧张、压抑的环境中又怎么能认真地思考、自由地回答呢？在一个轻松自由的教学氛围中，学生可以自由地探讨、尽情地发言。拥有智慧的人心情通常是愉悦的，脸上洋溢着幸福，要让学生智慧起来，首先就要让他们愉快起来，自由起来，只有愉快的心态和自由的氛围才可能有智慧火花的闪现。[1]

要启发学生的心智，首先，要平等地看待每一位学生，对他们动之以情、晓之以理，让学生感到来自老师亲人般的关怀与温暖，觉得老师不仅可敬而且可亲，如此他们就会对老师卸下防备，产生信任和依赖，在课堂上开拓思维，放飞想象的翅膀。其次，教师要有把自己的整个身心都献给课堂的情怀，要把自己的课堂热情和激情毫无保留地表现出来，教师的情绪往往能影响到学生，能够调动他们的学习热情，在这样良好情绪的影响下，学生也更能迸发出更多新颖的想法。再次，要给学生一个心理安全的暗示，让学生敢于毫不畏惧地将自己的所思所想表达出来，而不是畏畏缩缩，不敢发言。心理自由的环境就是提供机会让学生敢想，敢于向书本、向权威说"不"，也就是给学生以思想的自由，感情的自由，创造的自由[2]。只要学生获得这种暗示，就敢于在语文课堂上各抒己见、畅所欲言，在想象和创造的思维中遨游，从而激发出无穷的智慧。

语文智慧课堂是点燃智慧火花的课堂，语文智慧课堂是培育学生生活智慧的课堂，语文智慧课堂是师生之间共同演绎的课堂。因此，学生智慧的培养不仅需要教师具有引导、启发、激励学生智慧生成的教学机智，而且需要学生自主演绎、自我评价、发散思维。只有这样，才能构建师生智慧共生的语文智慧课堂。

[1] 金大陆，华爱华. 教化和造化的智慧 [M]. 台北：国际村文库书店，1993：78.
[2] 刁培萼，吴也显等. 智慧型教师素质探新 [M]. 北京：教育科学出版社，2005：103—104.

02

失真的阅读教学
何以动人心弦

【教学案例】

观摩某小学语文阅读课教学。教学内容是五年级小学语文（下册）《白杨》第二课时。这篇课文是著名散文作家袁鹰的佳作，文章篇幅不长，可是构思巧妙，文字隽秀，感情丰富，确实是一篇很好的课文。《白杨》也是一篇思想性很强的课文，富有很强的文学感召力。文章运用借物喻人的写法，托物言志，先写白杨高大挺秀，适应性强、生命力强的特点，借以表达爸爸扎根边疆、建设边疆的宏伟志向，同时也表达了爸爸对孩子们的希望和信任，期待孩子们能像小白杨一样，迎着风沙茁壮成长，成为建设祖国边疆的生力军。字里行间饱含着作者对祖国边疆建设者们的崇高敬意，也表达了作者对他们的无限真情。从课文的选材与设计来看，意在通过旅途中爸爸与孩子的对话，培养孩子们的崇高理想和道德情操。

教学片断1：

T：（深情地示范朗读）车窗外是茫茫的大戈壁，没有山，没有水，也没有人烟。天和地的界限并不那么清晰，都是浑黄一体。

从哪儿看得出列车在前进呢？

那就是沿着铁路线的一行白杨树。每隔几秒钟，窗外就飞快地闪过一个高大挺秀的身影。

一位旅客正望着这些戈壁滩上的卫士出神。

……

现在呢，孩子们多了一点知识。在通向新疆的路上，有许许多多白杨树。这儿需要它们，它们就在这儿生根了。

爸爸搂着孩子，望着窗外闪过去的白杨树，又陷入了沉思。突然，他的嘴角又浮起一丝微笑，那是因为他看见火车前进方向的右面，在一棵高大的白杨树身边，几棵小树正迎着风沙成长起来。

T：请同学们有感情地朗读课文，尤其是注意感受爸爸介绍白杨树那段话，并抓住文章的主要内容，联系上下文，想一想，课文是怎样借物喻人的，体会白杨的特点和爸爸的心意。

接下来，学生朗读课文，老师板书，并在生字下划线提示：戈壁、清晰、浑黄一体、高大挺秀、大伞、抚摸、介绍、边疆、陷入。

教学片断 2：

老师引导学生找出课文中那些含义深刻的句子，如："白杨树从来就这么直。哪儿需要它，它就在哪儿很快地生根发芽，长出粗壮的枝干。不管遇到干旱还是洪水，它总是那么直，那么坚强，不软弱，也不动摇。""在一棵高大的白杨树身边，几棵小树正在迎着风沙成长起来"，之后，分组按照爸爸、大孩子、妹妹等不同角色扮演对话，并用"哪儿……哪儿……""不管……不管……总是……"等词语造句。

S_1："爸爸，"大孩子摇着他的腿，"你看那树多高！"

S_2："不，那不是树，那是大伞。"

S_1："哪有这么大的伞！"

S_2："你看它多直！"

S_1："它是树，不是伞！"

S_3："这不是伞，是白杨树。"

S_1："为什么它这么直，长得这么大？"

T："白杨树从来就这么直。哪儿需要它，它就在哪儿很快的生根发芽，长出粗壮的枝干。不管遇到风沙还是雨雪，不管遇到干旱还是洪水，它总是那么直，那么坚强，不软弱，也不动摇。"

伴随着学生热烈的讨论和展示，课堂气氛活跃。

老师教学很认真，对课堂教学做了充分的准备。课堂教学有条不紊地进行着。

临近结束，老师进行本节课的学习总结。老师深情地说："同学们，学习这篇课文以后，你们有哪些感想呢？"

此时，教室里鸦雀无声，老师的提问没有得到同学们的回应。一阵沉默后，老师继续提问："学习这篇课文以后，你们愿意像小白杨那样，哪儿需要就在哪儿扎根吗？"这时，学生异口同声地回答："愿意——！"老师很高兴，接着，老师点名提问："那你们应该怎样做呢？"

S_1："我愿意像白杨一样到边疆去，做一名教师，教书育人，让那儿的孩子成为有用之才。"

S_2："我愿意到边疆去，当一名工人，为边疆的工业发展作出贡献。"

S_3："我将来做一名医生，到边疆去救死扶伤。"

…………

此时，我不禁为之一震，脑海里立即闪现出小学语文教材中与之相类似的一系列的课文：《落花生》（人教版小学语文五年级上册）《大禹治水》（苏教版小学语文二年级上册）《孔繁森》（苏教版小学语文二年级上册）……同时，深感疑惑，为什么观摩此类课文的教学，老师们往往都会让学生回答相似的问题？而且，很多学生在回答这问题的时候往往答案如出一辙，都是"高""大""尚"的答案。学生们都会说向某人或某物学习，做一个什么样的人；都愿意牺牲自己的利益，为社会或他人作出贡献。那么，学生们的这些回答真的是学生的感受和感想吗？答案都是真实的吗？要在短短一节课的学习中，学生真就能确立如此崇高的理想、人生观、价值观？

思考题：

1. 通过上述教学案例，我们能从中发现哪些亮点和不足点？

2. 结合《小学语文课程标准》，如何实现小学语文教学情感目标？

3. 如何上好小学高年级语文阅读课？

【诊断·反思】

失真的阅读教学何以动人心弦

语文阅读教学是语文教学中非常重要的环节，情感是语文教育的灵魂，是学习语文的手段，也是学语文教学的目的。情感让语文充满活力，是语文教学的生命。语文教学中的情感教育，是培育学生语文核心素养，加强情操教育的重要内容。在教学中，语文教师如何挖掘课文，点化学生情感，拨动学生心弦，激发学生情感共鸣，让情感在语文教学中起到培养人、教育人的作用，这是值得重视的教育教学问题。

《小学语文课程标准》指出：语文是最重要的交际工具，是人类文化的重要组成部分，是工具性与人文性的统一，是语文课程的基本特点。[1]义务教育语文新课程标准根据"知识与能力""过程与方法""情感态度与价值观"三个维度整体设计课程目标。课程标准在"总目标"之下，按小学一～二年级第一学段、小学三～四年级第二学段、小学五～六年级第三学段，分别提出"阶段目标"，体现语文课程的整体性和阶段性。要求学生初步掌握学习语文的基本方法，养成良好的学习习惯，具有适应实际生活需要的识字写字能力、阅读能力、写作能力、口语交际能力，学会运用多种阅读方法，培养独立阅读的能力。在小学语文阅读教学实践中，教师如何引导学生主动积极地学习，掌握语文工具知识，学会运用这种工具的能力，培养学生感受语文、理解语文、欣赏语文、评价语文的能力，激发和培育学生热爱祖国语文的思想感情，引导学生丰富语言积累，培养语感，发展思维。

1. 熟悉阅读教学目标与内容，加深理解

阅读是运用语言文字获取信息、认识世界、发展思维、获得审美体验的重要途径。[2]阅读教学是学生、教师、教材编者、文本之间对话的过程。阅读是学生的个性化行为。教师在阅读教学中应引导学生钻研文本，

---

〔1〕 中华人民共和国教育部. 语文课程标准 [M]. 北京师范大学出版社，2012：23.
〔2〕 朱建军. 中学语文课程"读写结合"研究 [D]. 上海：华东师范大学，2010 (4)：43-53.

在主动积极的思维和情感活动中，加深理解和体验，有所感悟和思考，受到情感熏陶，获得思想启迪，享受审美乐趣，要珍视学生独特的感受、体验和理解。教师应加强对学生阅读的指导、引领和点拨，但不应以教师的分析来代替学生的阅读实践，不应以模式化的解读来代替学生的体验和思考；要善于通过合作学习解决阅读中的问题，但也要防止用集体讨论来代替个人阅读。[1] 教师应注重培养学生感受、理解、欣赏和评价的能力；加强对阅读方法的指导，让学生逐步学会精读、略读和浏览；重视培养学生广泛的阅读兴趣，扩大阅读面，增加阅读量，提高阅读品位。因此，教学活动应根据不同学段学生特点展开。同时，教师在课堂教学中应避免对教学目标的误解误读。培养学生高尚的道德情操和健康的审美情趣，形成正确的价值观和积极的人生态度是语文教学的一项重要内容。值得注意的是，义务教育阶段语文课程目标的分阶段实施，正是根据不同年龄阶段学生发展特点设计的。[2]

小学一～二年级阅读教学目标与内容：①喜欢阅读，感受阅读的乐趣。养成爱护图书的习惯。②学习用普通话正确、流利、有感情地朗读课文。学习默读。③结合上下文和生活实际了解课文中词句的意思，在阅读中积累词语。借助读物中的图画阅读。④阅读浅近的童话、寓言、故事，向往美好的情境，关心自然和生命，对感兴趣的人物和事件有自己的感受和想法，并乐于与人交流。⑤诵读儿歌、儿童诗和浅近的古诗，展开想象，获得初步的情感体验，感受语言的优美。⑥认识课文中出现的常用标点符号。在阅读中体会句号、问号、感叹号所表达的不同语气。⑦积累自己喜欢的成语和格言警句。背诵优秀诗文50篇（段）。课外阅读总量不少于5万字。

小学三～四年级阅读教学目标与内容：①用普通话正确、流利、有感情地朗读课文。②初步学会默读，做到不出声，不指读。学习略读，粗知文章大意。③能联系上下文，理解词句的意思，体会课文中关键词句表达情意的作用。能借助字典、词典和生活积累，理解生词的意义。④能初步把握文章的主要内容，体会文章表达的思想感情。能对课文中不理解的地方提出疑问。⑤能复述叙事性作品的大意，初步感受作品中生动的形象和优美的

〔1〕 崔峦. 学习试用修订版大纲大力改进小学语文教学 [J]. 课程. 教材. 教法, 2000 (5)：42—46.
〔2〕 米俊魁. 情境教学法理论探讨 [J]. 教育研究与实验, 1990 (03)：24—28.

语言，关心作品中人物的命运和喜怒哀乐，与他人交流自己的阅读感受。⑥诵读优秀诗文，注意在诵读过程中体验情感，展开想象，领悟诗文大意。⑦在理解语句的过程中，体会句号与逗号的不同用法，了解冒号、引号的一般用法。⑧积累课文中的优美词语、精彩句段，以及在课外阅读和生活中获得的语言材料。背诵优秀诗文50篇（段）。⑨养成读书看报的习惯，收藏图书资料，乐于与同学交流。课外阅读总量不少于40万字。

小学五～六年级阅读教学目标与内容：①能用普通话正确、流利、有感情地朗读课文。②默读有一定的速度，默读一般读物每分钟不少于300字。学习浏览，扩大知识面，根据需要搜集信息。③能联系上下文和自己的积累，推想课文中有关词句的意思，辨别词语的情感色彩，体会其表达效果。④在阅读中了解文章的表达顺序，体会作者的思想感情，初步领悟文章的基本表达方法。在交流和讨论中，敢于提出看法，作出自己的判断。⑤阅读叙事性作品，了解事件梗概，能简单描述自己印象最深的场景、人物、细节，说出自己的喜爱、憎恶、崇敬、向往、同情等感受。阅读诗歌，大体把握诗意，想象诗歌描述的情境，体会作品的情感。受到优秀作品的感染和激励，向往和追求美好的理想。阅读说明性文章，能抓住要点，了解文章的基本说明方法。阅读简单的非连续性文本，能从图文等组合材料中找出有价值的信息。⑥在理解课文的过程中，体会顿号与逗号、分号与句号的不同用法。⑦诵读优秀诗文，注意通过语调、韵律、节奏等体味作品的内容和情感。背诵优秀诗文60篇（段）。⑧扩展阅读面。课外阅读总量不少于100万字。

2. 吃透教材文本，把握重点难点

《白杨》是一篇借物喻人的抒情散文，构思巧妙，感情丰富，是语言文字训练和思想教育的好教材。这篇课文以白杨为明线，表面上写的是白杨，实际上写人，借白杨的特点来比喻边疆建设者的高尚品格。教学中如何指导学生细读文本，通过语言文字理解体会文章要表达的思想感情，吃透教材文本是重要的环节。

阅读有利于加深学生对教材文本的理解[1]。如理解教材中关于白杨树生存的环境时，可以通过教师示范、学生朗读，让学生先找出相应的段落，然后让学生细读文本，在细读的过程中，引导学生抓住文本中的"茫茫""浑然一体"等重点词来理解大戈壁环境的恶劣，从而激发学生对白杨树的敬佩之情；抓住"没有山，没有水，也没有人烟"这一句话来体现白杨树在如此恶劣的环境中生存，感悟白杨树顽强的生命力；从"高大挺秀"一词中，可以让学生真切体会到白杨树的适应力及顽强的生命力是多么的让人敬佩。在阅读—理解—阅读的教学过程中，学生带着自己的理解来读文本，并将理解通过阅读来展现。[2]

阅读理解有利于把握教学重点和难点。[3] 如阅读并理解爸爸与孩子们的对话，这既是本文的重点，也是难点。短短的几句话，不但向我们介绍了白杨树的特点，同时也借白杨表白爸爸的心。在模拟阅读的过程中，教师引导学生们抓住重点词句来理解课文，通过上下文的联系来理解教材文本，让学生们充分地读，充分地说，充分地感悟，使学生理解隐含在语言文字中的真正喻义，体会到父亲的话是托物言志，表面上是写物，实际上是喻人。爸爸自己已经扎根边疆，献身边疆，他也希望自己的子女如小树一样成长，经受磨练，成为祖国边疆的建设者。在阅读与理解的教学过程中，激发学生们对白杨树的崇敬之情，最重要的是让学生们懂得，爸爸说这些话的用意，那就是爸爸不光在讲白杨，还要借白杨来赞美那些远离优越生活，扎根边疆，建设边疆的人。从而使学生认识白杨的形象，理解白杨的特点，体会出白杨的象征意义，达到本课的教学目的。

3. 阅读方法指导，注重学生感悟

教学有法，教无定法。有效的教学方法，才能真正实现语文教学中工具性和人文性的统一，才能真正实现语文阅读教学的价值。[4] 就本堂课

〔1〕 李吉银. 小学语文教学要有儿童视野 [J]. 中国教育学刊, 2011 (9)：60—62.
〔2〕 田本娜. 提高小学阅读教学的实效性 [J]. 教育学术月刊, 2008, (01)：81—84.
〔3〕 轩颖, 李荣冉. 基于比较的小学语文非连续性文本阅读教学策略 [J]. 教学与管理, 2016 (09)：34—36.
〔4〕 李建军. 小学语文阅读教学探索的路向及启示 [J]. 教学与管理, 2011 (2)：27—29.

的教学而言，教师在教学过程中设计了模拟阅读和讨论环节，是教学的亮点，关注了学生阅读学习的理解和体验。语文教学追求的应该是实诚、实在和实效。只有真实和坦诚，才能使教学充满生机和活力。只有让学生充分感知课堂是真实的人生体验，才能使他们相信学到的是真实的东西，并在熏陶感染和潜移默化中，用所学的知识引导自己的人生道路。然而，在课堂教学的现实中，形而不实的教学未必能真正实现教育教学的价值。也许这正是造成现实生活中人格分裂的原因。如有的教师认为，课堂教学中注重提升是一个必不可少的程序，也是激起学生思想高潮的一种手段。[1]于是经常出现诸如"同学们，你们愿意像小白杨那样，哪儿需要就在哪儿扎根吗?"之类口号式的提问，这种提问只会迫使学生回答"愿意"，而并非真的"愿意"。对学生来说，作为独生子女，即使平时娇惯、任性、自私，但是，在课堂上也会揣摩教师心理，老师讲《白杨》，肯定是教育我们做一个像白杨那样的人;讲《大禹治水》，肯定要我们向大禹学习，舍小家为大家;讲《落花生》，肯定要我们像花生那样，做一个有用的人……只要顺着老师的意思回答，一定错不了。于是，久而久之，不少学生就形成这样一种共识:上课归上课，平时归平时，课堂上就应该这么说。所以，在看似真实、热烈的课堂教学背后，隐藏着极其严重的虚假与空洞。浮而不实的课堂教学只会使学生言行不一，并不能真正有效地教学。[2]就《白杨》课文的教学来说，教师可播放一些反映边疆生活环境艰苦的录像或影片，让学生了解边疆的真实面貌，并与自己所生活的环境进行对比，从而感受到白杨以及像白杨那样的人们不畏艰苦扎根边疆的伟大品质。同时，也可以让学生说说身边具有白杨一样品质的人或事，并结合自己平时的所作所为反思，总结其不足之处，改正缺点，不断完善自己，养成良好的学习习惯和生活习惯，为学生成长打下良好的基础。

〔1〕柏亚群. 初中语文群文阅读教学研究 [D]. 南京:南京师范大学，2017 (05):14—28.
〔2〕肖坤伦. 如何提高小学语文阅读教学的课堂效率 [A]. 2017年9月全国教育科学学术科研成果汇编 [C]，2017—09.

3 白　杨①

　　车窗外是茫茫的大戈(ge)壁②，没有山，没有水，也没有人烟。天和地的界限并不那么清晰，都是浑黄一体。从哪儿看得出列车在前进呢？

　　那就是沿着铁路线的一行白杨树。每隔几秒钟，窗外就飞快地闪过一个高大挺秀的身影。

　　一位旅客正望着这些戈壁滩上的卫士出神。

　　"爸爸，"大孩子摇着他的腿，"你看那树多高！"

　　爸爸并没有从沉思中回过头来，倒是旁边的妹妹插嘴了："不，那不是树，那是大伞。"

　　"哪有这么大的伞！"

　　"你看它多直！"妹妹分辩着。

　　"它是树，不是伞！"哥哥肯定地说。

　　小小的争论打断了爸爸的思路，他微笑着，慢慢地抚摸着孩子们的头，说："这不是伞，是白杨树。"

① 本文作者袁鹰，选作课文时有改动。② 戈壁：蒙古语音为难生草木的土地

（资料来源：人教版义务教育课程标准实验教科书，五年级下册，2010年10月，P10）

03
教学生活化：
有效教学如何实现

【教学案例】

　　教学生活化是指在学习的过程中为学生创设生活化的环境，以便让学生通过生活来学习和体会课本中的知识，这种方法适用于小学语文教学的过程，因为课本中的知识对小学生来说是抽象而陌生的，只有熟悉的日常生活才能更加吸引他们的注意。我们以下面的教学案例为例分析教学生活化的内涵和意义，探索教学生活化的实施策略。

　　《各具特色的民居》是小学五年级课本中的一篇课文，当 L 老师带领全班同学朗读完课文，老师又大致梳理了课文思路。接下来老师并没有按照常规顺序对课文内容进行逐一讲解，也并没有继续带领同学们继续研究课文，而是自然地问道："客家民居与我们居住的房屋在形状、高度、作用、材料上有哪些不同？"同学们顿时来了兴致，抢着回答："客家民居的形状是圆形的，我们现在的房子可不是这样的！""对，客家民居的形状和我们现在居住的房屋在形状上是不一样的，我们现在的楼房大多数都是长方形的，而客家民居是圆形的，那高度有什么不同吗？"学生们纷纷低头去课文当中仔细寻找客家民居的高度，然后抢答道："客家民居有 15 米高！""那谁知道我们现在居住的房子有多高？""一米！""三米！""五米！"说一米和五米的同学惹得其他人哈哈大笑，老师也跟着笑起来并说道："谁家的房子有一米高呀？难道还没你高吗，怎么住人呀！"最后大多数同学同意三米，L 老师又说道："客家民居 15 米高，我们居住的房子大概三米左右，也就是说客家民居有五层楼那么高，大家可以感受到不同了吗？"同学们大声喊道："可以！"接下来 L 老师又问，"客家民居建成圆形，围了起来，又建得这么高，到底是为了什么呢?"同学们鸦雀无声，不知如何回答老师的问题，思考了几秒种后，L老师建议道："那我们一起看一下在课文中能不能找到答案。"学生们迅速低下了头仔细阅读课文，几秒钟的安静之后，一个同学大喊："为了防止敌人外侵!""对! 把房子建得高高的，又建成了一个圈，坏人很难进得来!"

......

思考题:

    1. 教学生活化的含义是什么?

    2. 教学生活化对课堂教学方法改革有哪些意义?

    3. 教学生活化策略有哪些?

【诊断·反思】

教学生活化: 有效教学如何实现

1. 教学生活化的内涵

    不同的研究者，对于教育生活化有着不同的解读。刘国正先生指出，语文教学生活化是要求教师在教学的整体内容上来实施生活化，而非将教学内容中的每一个步骤都要联系于生活，刻意追求教学生活化则失去了生活化真正的内涵和意义。[1] 名师董旭武指出，语文教学生活化是指将语文学习和日常生活对接的实践活动，教师要引导学生多维度思考文章作者的写法特点。齐永胜、刘美欣认为教学生活化是指教学要从学生的生活经

---

〔1〕 刘国正. 语文教学与生活相结合 [J]. 课程·教材·教法，2016（4）：3—6.

验和以后的生活背景出发，联系生活进行学习，通过学习课本知识解决实际问题，通过联系实际学习课本知识，从而不断增强学生的学习能力。[1]也就是说教育生活化是以学生的生活经验和生活背景为出发点，切实依据学生的实际情况，将学习内容还原于熟悉的生活之中，在吸引同学注意力的同时进行真正的思考和学习，从而不断提高学生的学习能力和解决问题的能力。教学案例中，《各具特色的民居》是小学五年级上册语文课本中的一篇说明文，内容相对枯燥，大部分老师会选择通过讲解课文内容，了解客家民居的特点，这也是一般教师采取的较为常用的教学方法。但 L 老师并没有单纯的就课文内容进行讲解，而是选择了联系生活的方法，让同学们通过感受客家民居与现代房屋的不同体会客家民居独有的特点。这就是教学生活化的具体运用，将课文内容与学生的实际生活联系起来，在格外轻松的氛围中不知不觉学习了知识。从教育心理学的角度出发，根据皮亚杰的认知发展阶段论，大部分的小学生正处于具体运算阶段，在这一阶段，儿童主要依赖于具体的事物进行思考，无法熟练地对抽象的材料进行思考和想象，采用教学生活化的方法，将知识与实际生活联系在一起，借助于具体的事物将知识更加直观、可感地展示在学生面前，使学生通过自己熟悉的生活经验体会和学习教材中的知识，不仅不会感到枯燥，还有助于学生对问题的理解，可谓一举两得。

2. 教学生活化的意义

（1）有助于激发学生的学习兴趣

因为生活环境的不同，学生对客家民居的了解有限，所以课文《各具特色的民居》的内容对学生来讲相对枯燥，学生很容易在学习过程中失去对课文的学习兴趣。但 L 老师却能够在课堂中成功吸引每位同学的注意力，让每位同学都可以积极认真地对课文内容进行思考，让同学们热情高涨地进行学习，丝毫没有感到课文内容的枯燥和无聊，完全沉浸在获得知识的快乐和享受中。整堂课结束后，丝毫没有感到 L 老师在向同学们灌输

---

〔1〕 齐永胜，刘美欣. 学科教学生活化课题研究的实践与探索 〔J〕. 中国教育学刊，2012：226—227.

知识，完全是学生们在自发地寻找、思考知识，这就是教学生活化的魅力所在，原因就在于实施生活化教学可以激发学生的学习兴趣。[1] L老师将课文内容和学生生活紧密结合在一起，激发了学生的学习兴趣，充分调动了学生的学习积极性。在教学案例中，L老师通过带领同学感受客家民居与现在房屋的不同，体会了客家民居的特色。房屋与每个人的生活密切相关，孩子们当然也清楚地了解现代房屋的特点，所以当L老师提问客家民居与现代房屋的不同时，每个人都能积极热情地到课文当中寻找答案，通过课文中作者的描述来体验两者的不同，也就能够自然而然地感受到客家民居的特色。学生们最先接触、接触最多的知识不是科学知识，而是存在于生活中的知识，对学生来说课本中的知识是抽象、遥远的，只有贴近生活的知识才能引起他们的兴趣。兴趣是最好的老师，对学生来说，学习兴趣是他们学习的动力[2]。因为兴趣同样是人类发展的动力，对于不了解的事物，人类总是带着强烈的好奇心对新事物一探究竟，正是由于这种天性，我们的前辈运用自己的智慧解决生活中的难题，并将这种经验总结下来，也就成为了我们现在学习的知识。知识本身来源于生活，教学生活化是将知识还原于生活中，而不是直接将结果教授给学生们，将知识产生的过程直观地呈现在学生面前比单纯传授知识更能引起孩子们的兴趣，也就能有助于激发他们的学习兴趣[3]。

（2）有助于培养学生的语文学科素养

2015年小学语文新课程标准中提出，语文课程设计的基本理念包括全面提高学生的语文素养。语文素养指的是学生在语文方面的修养，除了语文的思想情感、语言积累、语感等，还包括其他的语文能力，如识字写作能力、阅读能力以及协作和审美情趣等。[4] 知识源于生活，知识的学习离不开生活，语文学习和生活息息相关，天然地和生活联系在一起。没有哪一门学科能够比语文与生活的联系更密切，语文教材中的课文是作者对

〔1〕郭文娟，刘洁玲. 核心素养框架构建：自主学习能力的视角 [J]. 全球教育展望，2017（03）：16—28.
〔2〕于漪. 语文课堂教学有效性浅探 [J]. 课程·教材·教法，2009（06）：31—35.
〔3〕Foley J. A psycholinguistic framework for task-based approaches to language teaching [J]. Applied Linguistics，1991，（1）：62—75.
〔4〕岳辉，和学新. 学科素养研究的进展、问题及展望 [J]. 教育科学研究，2016（01）：52—59.

生活的记录和感悟，只有通过某种相似的生活体验才能够感悟到作者情感的升华，所以语文的学习必然离不开学生亲身经历的生活。只有让学生在生活中识字写作，在生活中口语交际，在生活中积累语言才能够使学生学习到包括语文知识在内的各种知识，才能够使学生更好地理解知识，从而增加自己的语文素养。如果将语文教学脱离了生活，那么语文只能变成生硬的说教和灌输，无法让每一名同学真正地感受语文、感受生活，一个缺乏情感体验的人必然是索然无趣、不懂得生活情趣的人。[1] 由于应试教育的影响，许多教师、学生把熟练背过语文知识、优异的考试成绩当成语文学习的目标和任务，忘记了语文知识本身来源于生活，生硬的背诵和记忆必然不会取得良好的学习效果，将语文知识还原到生活中去才能够更好地促进同学们体会生活、感悟生活，并在学习语文的过程中，不断提高个人的识字、写作、阅读能力。审美情趣同样是语文素养的重要内容，审美情趣的培养不是一蹴而就的事情，而是无声地渗透在语文学习的方方面面，只有将知识与学生生活相结合，将知识渗透到生活的每一个角落，才能够让学生在语文学习的过程中全面培养自己的审美情趣。学生"会学"比"学会"更重要。[2] 教学生活化不仅让学生知道应该如何学习知识，也就是"会学"，同时又能够让学生真正地明白知识的含义，也就是"学会"，可谓一箭双雕。所以教学生活化在培养和提高学生语文素养方面的意义和作用十分重要。

（3）有助于提高教师的专业素养

要想使教学生活化能够在教学过程中较好地发挥其优势作用，教师必须提高自己的专业素养。一方面，教师只有提高自己的业务水平和能力，熟练掌握学科特点和知识点，才能够在生活中发现更多与知识相联系的契合点，将学科知识形象生动地与学生的生活实际相结合。[3] 只有将它们进行恰当的结合才能够促进学生更好地学习语文知识。如果教师无法将学

〔1〕罗士琰，宋乃庆，王雁玲. 基于实证的小学语文阅读素养研究：内涵、价值及表现形式 [J]. 中国教育学刊，2016（10）：77—83.
〔2〕雷实. 谈谈"语文素养"[J]. 课程. 教材. 教法，2004（12）：28—35.
〔3〕孙建龙，王云峰. "小学语文课程与教学论"学科建设与教学改革 [J]. 课程. 教材. 教法，2005（02）：65—72.

科知识烂熟于心，也就不可能有更多的精力和灵感将其与生活结合。如果结合得不恰当，将知识生硬地与生活结合，同样无法起到促进学生学习的良好效果，还可能会误导学生，使其产生错误的理解，影响甚至阻碍学生的学习。另一方面，教师要清楚地了解和掌握不同年龄阶段学生的生活经验，以及学生各阶段的心理特征，根据不同心理特征的学生与生活进行不同的结合，真正站在学生的角度进行思考，而不是站在成人的角度进行思考，这样才能使教学生活化起到良好的作用，才能将学生生活与知识更好地结合在一起，有助于学生借助生活学习新的知识[1]。在案例中，教师清楚地知道小学五年级的小学生对客家民居并不熟悉，但对每个人居住的现代房屋有着较为清晰的认识，所以通过体会客家民居与现代民居的不同来感受客家民居的特点，从每个学生都熟悉的实际生活出发，让同学们在不知不觉中学会了知识，而不是单调无聊地讲解同学们并不熟悉和了解的客家民居的特点。所以，实施教学生活化不仅有利于学生的发展，同样对教师提出了更高的要求，要求教师的专业素质必须更上一个新的台阶才能更好地将学科知识与学生的生活实际相结合[2]。

3. 实施教学生活化的策略

（1）教学内容的生活化

教材的内容是学生学习的主要资料，老师进行语文教学主要依据教材，课文内容并不是语文教学的唯一资料，学生在学校、家庭以及社会上的生活更是同学们进行语文学习的重要和宝贵的资料。[3]教师应引导学生从自身的生活体验中学习，所以生活的方方面面都可以是语文教学的素材和内容。例如家庭中父母对自己的爱，父母之间的爱，以及亲人之间的关爱和帮助都是帮助学生成长的肥沃土壤，在学习《我的爸爸李大钊》时，学生不仅了解、学习作者家中发生了哪些大事，更可以和大家一起分

〔1〕张亚，杨道宇. 基于核心素养导向的小学语文教学 [J]. 教育探索，2016（10）：21－24.
〔2〕朱贤希. 研究性学习中教师角色定位辨正 [A]. 国家教师科研基金十二五阶段性成果集（华中卷）[C] 2012－03－30.
〔3〕岳欣云，董宏建. 数学教育"生活化"还是"数学化"[J]. 教育学报，2017（03）：41－47.

享一下自己的爸爸长得什么样子，以及自己家中都发生过哪些重大的事情，然后将这些事情与李大钊面临的事情作对比，发现它们的不同之处和相同之处，更加有助于理解课文中作者想要表达的情感；学校中同学们之间的友谊，教师和学生之间的互动，或参加学校组织的各种活动和社会实践活动，都是同学们进行语文学习的重要来源；社会上陌生人之间的帮助或欺骗，可以帮助学生更好地认识社会、认清现实。只有经历过和体验过的事情才能够让学生真正感受和体会到，这些都是教学生活化的重要内容，正因为亲身经历过才能理解别人面对相同情景的心情和反映，所以教师应该打破"教材是唯一学习材料"的传统观念，将教学的内容不单局限于课本当中，尽量联系学生们丰富多彩的实际生活，将学习的内容扩大到同学们生活中的各个方面才能有助于教学生活化的实施。[1] 语文教学也不应该仅局限于课上，课下的学习和业余的生活同样是语文学习的宝贵场所，教师要能够敏锐捕捉生活中每一个可以学习的事例和时刻，使学生们在实实在在的生活中感悟到语文的魅力，真正地做到教学生活化。

(2) 教学方式的生活化

教学方式的生活化就是通过创设丰富的教学情境，强化学生的生活体验，加强语文教学的实践性和开放性，使学生在生活的情境中学习语文[2]。生活是语文学习的源泉，入学之前儿童所有的一切都是在生活中学习得到的，之后的语文学习也同样离不开生活或者是创设的生活环境，所以无论是语文的识字写作还是阅读审美都要通过生活化的教学方式，离开生活知识的学习和能力的培养便会索然无趣。比如许多小朋友在课堂中觉得复述索然无趣，因为其他同学都已经知道了故事的内容，并没有太大的兴趣再去倾听，如果教师把复述的任务放到课下的家庭作业中，要求学生向自己的爸爸妈妈复述故事的内容，同学们就会像个小大人一样给爸爸妈妈讲故事听，自然也就乐在其中。这说明了教学方式的不同直接导致教学生活化的效果不同，要想使教学生活化发挥最大的作用和效果，就必须注意教学方式的生活化。除了在生活中，课堂上教师要充分利用教材内容

---

〔1〕 陈玮. 课堂教学中情感因素的应用问题及改进策略〔J〕. 教育理论与实践, 2017 (08)：45—47.

〔2〕 孙传文. 适应新理念的要求加强语文教学的生活化〔J〕. 当代教育科学, 2004 (04)：58—60.

联系学生的实际生活，以学生的实际生活作为台阶，引导学生进入语文学习所处的情境当中，使学生自然而然、充满好奇心地去领取课本当中的知识。同时，教学生活化不仅局限于课堂和老师的讲解中，也同样存在于学生自己的观察和感悟中[1]。例如在学习《鸟的天堂》时，老师可以在课余时间先带领同学们去大树下仔细观察大树和鸟儿，听一听鸟儿的不同叫声，充分联想一下鸟儿可能在干什么，仔细观察一下大树的外貌，在当时的情景中体会一下自己心情与平时有哪些不同的变化，然后再回到课本中进行课文的学习，学生就会更容易理解和学习课文的内容以及作者的感受，不仅如此，同学们的记忆也会更加深刻。

（3）课后作业的生活化

所谓语文生活化，是让教学的每一个环节都融入生活，至关重要的作业环节当然也不能例外。语文作业往往是对当天学习内容的巩固练习或者是对新知识的预习，生活化的情境有利于学生巩固旧知识、学习新知识。例如学习古诗时，教师的目的是让同学们在理解古诗内容的基础上背诵古诗，体会作者想要表达的中心思想。如果教师仅仅布置机械式的重复抄写，简单乏味的抄写并不能激发学生的学习兴趣，只会让大多数同学机械式地完成作业，无法调动学生学习积极性的情况下作业效果也只能是微乎其微[2]。如果将作业融入生活，其效果可能就大不相同，例如很多小朋友喜欢画画，如果老师布置同学们将古诗描述的场景和内容通过纸笔画出来，这就充分调动了小朋友的积极性。要想正确地画出古诗的内容，必须先理解古诗的含义，理解古诗句意的同时也就为体会作者的中心思想打下了基础。将语文与画画结合起来，摆脱了古诗学习枯燥的抄写背诵，在轻松欢快的气氛中，兴高采烈地学习古诗的内容和作者想要表达的思想，其效果远超过器械重复的抄写。课下的业余生活是每个学生学习语文的巨大宝库，教师应该好好利用这个宝库[3]，将语文作业分散在课后生活中，也就能使他们在不知不觉中接受语文知识"润物细无声"的滋养。将语文

〔1〕 闫坤. 浅谈小学语文游戏化教学［J］. 语文建设，2014（8）：7－8.
〔2〕 卢友玮，李忠霞. 小学语文作业设计与评价的探索与实践［J］. 中国教育学刊，2013（3）：95－95.
〔3〕 施青濑. 新课程背景下小学语文读写作业的有效设计［J］. 上海教育科研，2008（3）：66－67.

作业与学生生活相结合，能够在布置课后作业的同时让学生不断地体会和学习新的内容，例如写一篇关于植物生长过程的作文，教师可以提前一个月让学生栽培一株小的植物，在悉心培养植物的过程中观察他们的变化，一个月后与一个月前的植物作对比，在培育植物的过程中自己做了什么、自己心情的变化和植物的细微变化不仅培养了学生们仔细观察的能力，同时为语文作文提供了接地气的良好素材。同学们在生活中的喜怒哀乐，日常的小事都可以通过文字的形式表达出来，在记录和写作的过程中不仅将生活体会记录了下来，同时提高了学生的写作和表达能力。

知识与生活密不可分，知识的学习尤其是语文知识的学习更是离不开生活情境，生活情境作为桥梁连接学生的实际生活和语文知识。通过 L 老师的教学案例，我们切实体会到教学生活化在小学生语文课堂中的优势作用，学生们个个兴致高涨地在愉快的氛围中轻松学会了知识，语文课再也不是枯燥的"一言堂"，而变成了同学们积极参与的高效课堂，学生的语文学科素养也在不知不觉中得到提高。教学生活化要求教师以学生真实可感的生活作为切入点，通过学生的实际生活来学习和体会课本中的知识，如何将知识生动自然、准确恰当地与学生的日常生活相联系，这同样对教师是一个很大的挑战。这就要求教师在日常的教学工作中勤于思考，善于发现和总结课堂中出现的问题和更优的解决方案，通过与其他优秀教师的交流探讨共同探索更加可行的语文教案。教学生活化的策略不仅包括教学内容的生活化、教学形式的生活化，还包括课后作业的生活化，要想使教学生活化继续发挥优势作用，需要教师继续不断探索教学生活化的可行策略。

04
教学机智：
彰显课堂教学的活力

【教学案例】

教学片段1：

小学六年级英语公开课。戴着大灰狼头饰的 X 老师和扮演小动物的学生们边玩游戏边入场：

S（"小动物"）：What time is it, wolf?

T（"大灰狼"）：It's one（two, three, four …… dark）.

"小动物"们不断提问，"大灰狼"依次回答；直到"大灰狼"回答"Aha, it's dark."时，所有的"小动物"必须立刻安静，否则就会被"大灰狼"发现而吃掉，"小动物"们都玩得不亦乐乎……"大灰狼"正得意地回答着"Aha, it's dark.",准备寻找有动静的"小动物"时，挂在腰间的扩音器突然摔到地上！这一声脆响，令刚刚还石化般的"小动物"们像突然中了魔一样，狂笑着、尖叫着、翻滚着、跳跃着……说时迟，那时快，"大灰狼"如发现了"情况"一般，惊讶地皱着眉头，迅速拿起一只手放在耳后做聆听状，夸张地探着身子仔细聆听四周动静，"小动物"们立马就被"定"住了。听不到动静了的"大灰狼"不甘心地蹲下来，边"聆听"边从背后将扩音器捡起来，扣好。在"大灰狼"的"失望"中，课堂活跃而有序地进展着……

显而易见，公开课中的教师在关键时刻突发状况，天真无邪而又爱玩好动的小学生们岂能错过如此新奇之良机？他们肆无忌惮地展示着各自的惊喜，却又无意中将课堂卷入一团乱麻。所幸教师"临危不乱"，凭着即兴发挥，自然而迅速地亮出了新奇的一招，引导学生们瞬间"入戏"，共同见证奇迹，课堂也因这一"不速之客"而光彩熠熠。

教学片段 2：

小学一年级的第一节英语课上，学生们似乎都很好奇，却没人敢举手单独读单词。教师鼓励后，一个小女孩怯怯地举手了。教师欣喜地请她读，虽然声音不够响亮，发音不够清晰，教师依然表扬她读得好，并走过去给她发小奖品。这时，一个小男孩站起来，大声说："老师，我觉得她读得不好!"教师诧异地循声望去，关切地笑着对他说："那我们请你来读一个更好的，好吗?"小男孩果然读得清晰响亮，发音标准，教师赶紧表扬了他并发小奖品。然后指出小女孩敢于第一个举手读单词，同样很棒。认真的小男孩腼腆地笑着点头同意了教师的观点，其他同学则争先恐后地举手要读单词……

思考题：

1. 通过阅读上述教学片段，谈谈何为教学机智，教学机智有哪些特点。

2. 教师的教学机智与哪些因素有关?

3. 教师的教学机智如何生成?

【诊断·反思】

教学机智：彰显课堂教学的活力

教学机智是课堂教学实践中的即兴创作，是教师的应变能力与突变的教学情境撞击而生的机灵和精彩，凸显了教师的临场智慧与教学艺术。它具有新奇性、偶然性、情理性、效用性等特征；培养教师的知识储备、教育激情、教学技能以及教学反思能力，有助于提升教师合理调控、灵活驾驭课堂的能力，优化教学方法，形成自我的教学风格，提高教学效果。

叶澜教授认为课堂应当是充满生命活力的课堂。只有留在生命中的，才是最有生命力、最宝贵、属于你自己的东西，也是你可能贡献给大家的。[1] 教学是师生间双向互动的一种活动，由于其主观能动性的体现致使课堂瞬息万变。在课堂中，往往会存在一些无法预设的意外出现，而如何将这些意外转化为促进课堂教学的生成资源，就需要教师的教学机智来实现。在带研究生走进中小学观课议课期间，我们遇到过许许多多不同的课堂意外，也目睹了许多优秀教师的教学机智风采。同时，我们都认为教学机智是课堂教学实践中的即兴创作，是教师的应变能力与突变的教学情境撞击而生的机灵和精彩，凸显了教师的临场智慧与教学艺术，培养教师的教学机智是值得引起重视的一个问题。

1. 教学机智

教学机智是能使教师在不断变化的教育情境中随机应变的细心的技能，是即时应变的智慧和才艺，[2] 是教师面临复杂教学情境时所表现的一种敏感、迅速、准确的判断与行动能力，是跳荡在教学情境中的燧火。[3] 可见，教学机智是课堂教学实践中的即兴创作，是教师的应变能力与突变的教学情境撞击而生的机灵和精彩。北师大肖川教授认为课堂是"生命相遇、心灵相约的场域"，在课堂这一涌动着生命活力的双向互动情境中，瞬息万变。因此，教师在无法预料的教育实践语言中，面临着诸多挑战。只有积累丰富的教育科学文化知识，热爱教育事业、热爱学生、关心学生，不断提高教学技能，坚持教学反思，如此内外兼修，不断完善自我、提升专业素养，方能唤醒凸显自身临场智慧与教学艺术之灵感，灵活自如驾驭课堂。

[1] 叶澜. "新基础教育"内生力的深度解读 [J]. 人民教育, 2016 (02)：33—42.
[2] [加]马克斯·范梅南. 教学机智——教育智慧的意蕴 [M]. 李树英译, 北京：教育科学出版社, 2001：171—172.
[3] 黄伟. 教学机智：跳荡在教学情境中的燧火——基于基础教育课程改革背景的反思 [J]. 教师教育研究, 2004 (05) 51—55.

2. 教学机智的特征

　　教学机智是抓住机会的智慧行动，只能从真实教学情境中的偶发事件出发，依势而行，借机施教，如此才能和谐巧妙，让学生得到异乎寻常的收获与喜悦。[1] 我根据多年来在中小学课堂进行观课后的所见所闻，所思所想，认为课堂教学机智具有如下特征：

　　①新奇性。教学机智具有"新"且"奇"的特征，新，是指教学机智是创造性的，富有新意。奇，则指教学机智的独特性。也就是说，教学机智是一种可遇而不可求的创新行为，无法刻意追求，却又出乎意料。

　　②偶然性。教学机智的偶然性是由其新奇性决定的，因为教学机智是无法设计和预知的意外，不是模仿、计划、努力就可以控制的，即便我们非常渴望它的到来。正如教学片段1中的情境，扩音器突然摔落仅为一个意外，一次偶然，巧妙地化解这一偶然需要教师的智慧与灵感，需要师生之间心理相容及心灵相通。若是此后精心模拟这一情境，设置相同环节，则为刻意模仿，机械重复，不能称之为教学机智。换而言之，教学机智没有统一的模式，没有固定的场景，因其偶然性而别开生面，因其不可预约而妙趣横生。

　　③情理性。情理性是指教学机智需要合情合理，恰如其分。教学机智是面对惊异，契合情境的即兴创作，是临场发挥的爵士乐演奏。[2] 既为爵士乐演奏，则说明教学机智关注师生双向互动，依据教学情境即兴发挥，量体裁衣，注重和谐。

　　④效用性。效用性是指教师在教学过程中应对突发状况时的教学行为自然、巧妙而有成效，能化险为夷，推动教学情境向恰当、高效发展。教师若是仅凭教学经验，是无法完全自如地处理课堂意外事件和复杂教学情境的。只有适时适度巧施策略，因势利导掌握分寸，恰到好处贴合情境，方能体现教学的艺术性，开启学生的思维之门，收获最佳教学效果。

---

〔1〕薛静尧. 谈谈生物课堂教学的教学机智 [J]. 课程. 教材. 教法, 2007 (04)：64—67.
〔2〕钟启泉, 刘徽. 教学机智新论——兼谈课堂教学的转型 [J]. 教育研究, 2008 (09)：47—52.

3. 教师教学机智的生成

（1）专业知识教师教学机智生成的基础

教学机智是课堂教学实践中的即兴创作，它是建立在教师丰富的知识储备基础之上的。这就要求教师不断积累、不断完善自我，具备全面扎实的学科知识和理论素养，拥有多方面的兴趣，才能开阔视野，在教学过程中灵活自如地广征博引，随机应变地创造新奇，恰当巧妙地回答学生稀奇古怪的问题，从专业素养上征服学生。在小学英语教学中，教师首先应掌握综合的教育理论知识；更应拥有过硬的英语专业知识、标准清晰的口语发音；还应了解并熟悉学生们感兴趣的知识内容，用深广的知识结构、符合孩子们实际的共同语言等来吸引学生。上述案例中的教师之所以能处变不惊，轻松引领课堂，不仅得益于其不断拓展的专业知识素养支撑，也离不开其多年泡图书馆积累的经历，以及教学观摩学习活动中博采众长、课余坚持练习钢琴等过程中的陶冶。教师只有积累了深厚的文化底蕴，才能丰富教学内容并激发出灵感，在教学临场迸发智慧的火花，并展示语言的魅力、表情的生动，以及肢体语言的丰富形象，潜移默化地提升教学效果。

（2）教学激情是培养教师教学机智生成的关键

教育激情是对教育的一种积极向上的热情，拥有教育激情的教师视教育为创造生活的艺术，既热爱本职工作，又热爱学生、关心学生。教育激情指引教师在教学中积极热情，与学生互相尊重、真诚交流，在相互理解中激发学生的创造性思维，及时抓住隐藏在学生的思想与行为之中的契机，碰撞出美妙和谐、悦耳动听的旋律。如此，教师在课堂教学中既开辟了师生情感与智慧交融的新天地，又铸就了师生的激情人生和智慧人生。[1] 案例 3 中，教师正因教育激情引领而以一种心平气和、轻松愉悦的心态来理解学生在课堂上的各类行为表现，并巧妙引导，自然化解。教师

---

〔1〕张会欣. 教学机智在课堂教学中的运用 [J]. 中国教育学刊, 2005（07）：58—59.

若是没能在教学活动中焕发教育激情，可能会以为是学生年幼无知、调皮不懂事而故意刁难，继而用教师的权威来威慑、批评他，或者对学生反唇相讥，此类简单、粗暴的行为将对学生造成无法弥补的伤害，既体现了教师的狭隘自私，又阻隔了师生间情感的交流、心灵的沟通。可见，教育激情是教学机智的情感基础，是教师用宽宏大量之心、以无私的关爱和满腔的热忱，巧妙地化解教学情境中的冲突、展示教师的聪明才智之关键。

（3）教学技能是培养教师教学机智生成的核心

教学技能是教师专业素养的体现，熟练的教学技能所营造出的轻松、友好的课堂气氛，是教师即席而作的催化剂。[1] 小学生对老师的一切都感到新奇，教师良好的教学技能可以迅速凝聚学生的注意力，调动学生学习英语的兴趣。因此，教师在教学中应充分考虑学生的主体地位，施教时根据课堂具体情形积极巧妙地加以引导：新颖有趣的课堂导入方式能迅速吸引学生，激发学生的好奇心；幽默风趣的语言能吸引学生，激发学生的求知欲；合理美观的板书能吸引学生，促进学生去努力效仿；亲切自然的教态能吸引学生，促进师生情感交融；生动形象的肢体语言能吸引学生，拉近师生间的距离；灵活多样的教学方法能吸引学生，激发学生的学习兴趣；科学而艺术的讲授能吸引学生，启发学生的思维；言简意赅的总结能吸引学生，有利于学生拓展与自学……教学技能涵盖的范围极其广泛，日积月累，则推动教师形成自我的教学风格。因此，教师教学技能的培养是促进其引发教学机智的核心。良好的教学技能兼具科学性与灵活性，既能调动学生学习的主观能动性，又能启迪学生积极思考，探求新知，从而形成创造性思维，促进师生产生心灵的共鸣，催生教学机智。

（4）教学反思是培养教师教学机智生成的保障

教学机智体现了教师在教学实践中的临场智慧，而教学反思则能促进这一实践智慧的发展，成为教师发挥教学机智的保障。作为一名小学英语教师，应该结合小学生好新、好动、好胜、好玩等特点，积极反思如何深切灵敏地感知学生，如何别开生面地寓教于乐。教学反思有助于教师进行

〔1〕 王卫华. 引发教学机智的情境因素 [J]. 中国教育学刊, 2013 (05)：56—59.

自我统整，激活已经静止的画面，更为机敏地感知、体验与顿悟，并智慧地实施临场对策，营造不曾预约的课堂精彩。[1] 真切的教学实践和深刻的个人教学反思能促进教师主动研究自己的教学，回味课堂中的教学机智，在不断地思考中发现问题并加以解决，不断自我调整、自我建构，提高教学艺术，升华教学经验，在今后的教学中灵活应对各类情境，迸发教学机智。而群体的教学反思则如同一条纽带，将不同教学活动中、不同教师的零散智慧集中起来，激发出最大的活力，凝聚成孕育天赋的温床，开拓出一条教学创新之路，并在教师之间互相感染，将大家团结在一起，共同成长，共同进步。

教学机智是绽放于偶然教学突变中的一朵合情合理、巧妙自然之花；是教师捕捉偶发的课堂实践契机而闪现的新奇、和谐之花。它既没有现成的模板，也没有可套用的规则。因此，对教学机智这种实践活动的理论描述，只能规范我们的思维，却并不构成行动的理由和轨道。[2] 然而，课堂教学实践是教学机智永远的家，其间及时应变的智慧与才艺并非偶然迸发，而是建立在教师深厚的知识素养、奔放的教育激情、优秀的教学技能、合理的教学反思等多种综合因素基础之上的。这就要求教师热爱教育，关爱学生，在教学实践中日积月累，不断提升专业素养，勤于思考，主动探求，勇于创新，才可能临场与学生在课堂交流中敏锐把握时机，喜获教学灵感，迸发出智慧的火花，彰显课堂教学活力。

〔1〕 尹筱莉，罗德红. 教学机智：应对学习事件与营造"不曾预约的课堂精彩"〔J〕. 全球教育展望，2009（05）：25—28.
〔2〕 王卫华. 引发教学机智的情境因素〔J〕. 中国教育学刊，2013（05）：56—59.

05
书信留言：
收获家庭教育的奇效

【教学案例】

　　Z老师是一位小学教师，一个9岁孩子的母亲，教育硕士研究生毕业。去年10月的一天，偶尔看到她的qq日志，是她给孩子写的一封信。信的内容是从看孩子书包的所想所写。

　　·妈妈做完家务后打开了你的书包，高兴的是你已将明天需用的课本与文具都准备好了，如果像妈妈一样由小到大依次摆放，你的书包会显得更整洁。

　　·我看到你放了一本课外书，这非常好！热爱阅读是每一个成功者的好习惯，希望你能和书籍成为最好的朋友！

　　·你的获奖证书令我大吃一惊，给我一个惊喜。拿起你的笔，用心写下你的喜怒哀乐，写下你的所见所闻，你在这方面是有天赋的，相信你能像彭妈妈一样，成为一个作家！

　　·为什么要特意写封信给你呢？因为我看到全练中漫山遍野的红叉叉！尤其是语文全练第9课《巨人的花园》（人教版四年级上册语文）中有那么多的错别字，还没更正！如果你听妈妈的忠告，提前预习生字，学后复习生字，怎么还有这么多错字呢？我可不希望你是错字大王！

　　半年后，再次联系到Z老师，当我问到孩子现在的学习习惯时，Z老师说，孩子学习比过去好多了，作业的错别字少多了，读书的兴趣也比过去更浓了。Z老师坚持用书信留言的方式与孩子沟通，并且取得了较好的家庭教育效果。

思考题：

1. 通过上述案例，思考书信在家庭教育中有哪些作用？

2. 结合上述案例，从中能发现睿睿妈妈利用书信对孩子的教育有哪些值得学习的？

3. 在家庭教育实践中，书信留言对学生成长有哪些启示？

【诊断·反思】

书信留言：收获家庭教育的奇效

书信，是人们交流思想、表达情感的重要方式，但大多数人往往把它用在具有一定空间距离的交往中，而在家庭教育中，父母与孩子的沟通，与孩子的交流往往是对话的方式。在通信工具越来越发达的今天，人们已经越来越不习惯写信了，写信的机会也越来越少了，取而代之的是打电话、发手机短信。书信作为一种通信手段的作用在逐渐丧失，但其独特魅力使之在教育中仍发挥着重要作用。[1] 虽然很多父母会说，写信，那是两个住得很远的人才干的事吧？他们认为父母和孩子同处一室的时候，更没有写信的必要了。我们与孩子住在一起，为什么还要写信？然而，在人们远离书信交往的时候，我们从上述案例可以看出，书信留言不失为一种有效的家庭教育方式。

1. 书信留言在家庭教育中的作用

众所周知，傅雷是我国著名的翻译家和教育家，著名的《傅雷家书》就是他写给他的孩子的书信以及留言，他把一位关心孩子成长的父亲的话用平实的、语重心长的语调记录下来，即使是现在，我们读起它来仍倍觉亲切，脍炙人口，《傅雷家书》至今仍是我们许多人用来教育孩子的经典之作。其实，我们认为书信可以是两个住得远的人写的，也可以是住在一起的人写的。即使是家长和孩子长期住在一起，父母与孩子沟通，很多时候，在教育孩子的时候，书信留言往往会起到意想不到的效果。你给孩子的书信留言，内容既可以是你对孩子生活的关怀，也可以是你对孩子学习的关注；既可以是你对孩子取得成绩时的肯定与表扬，也可以是你对孩子存在问题时的指出与批评。孩子能从你那一封简单的书信抑或寥寥数语的留言中读出平等与尊重，这些都能让孩子意识到他（她）在父母心中的地位，对孩子的成长一定会产生不错的效果。书信教育具有以下几点优势，一是书信具有私密性，可以成为家长和孩子沟通的桥梁。在东方文化的熏陶中，中国父母和孩子内心情感虽然十分丰富但却不善于表达，很多父母觉得不好意思或者认为爱装在心里就好，没有必要说出来。正是这种传统的思想阻碍了中国父母和孩子之间敞开心扉的交流，从而导致很多问题的

---

[1] 李继荣，古希腊书信述略 [D]. 吉林：东北师范大学，2012（05）：14—26.

产生。书信恰恰具有私密性，可以在一定程度上有效地缓解这种"害羞"，父母可以把自己对孩子羞于在日常生活中用语言表达出来的爱通过书信的形式表达出来，使之跃然纸上。通过书信的表达，孩子能够更深地体会到父母的爱和父母的不容易，同时也为父母和孩子的沟通建立更好的桥梁。二是使孩子更加认真地对待。当我们习惯于与孩子面对面交流的时候，父母总是说得太多，也就使孩子难免会把父母的话当作"耳边风"，不放在心上，无法迅速取得良好的疗效。究其原因，父母说得太多不仅会引起孩子的反感，还会让孩子缺乏认真的态度，从而认识不到问题的严重性。而一封郑重其事的书信是父母经过酝酿、推敲、反复琢磨而得来的东西，它不像生活中的语言那样随意，它比生活中父母的言语更有分量也同时多了一份认真。父母书写书信的时候总是选择最合适的呈现方式，避免了语言的重复和累赘，也就使表达的效率更高，这也就使孩子可以更好地认识到父母认真的态度和问题的严重性，相应地，孩子也会多一份认真的态度，仔细阅读，重新审视自己的优点和不足。三是提高孩子的语言表达能力。语言表达能力是现代人必须具备的基本技能之一，只有具备了良好的语言表达能力才能在今后与别人的合作中取得良好的效果。在孩子给父母回信的过程中，他们同样反复思考如何运用语言清楚地表达自己的想法，在思考的过程中不知不觉地提高了自己的语言表达能力。同时，孩子写信的过程也是不断反思进步的过程，自己的反思往往比家长老师的教育更具有效果，在不断的反思中逐步地提高自己。

2. 书信留言在家庭教育中的运用

当你觉得和孩子进行口头交流效果不太好的时候，当你希望自己的话语充分引起孩子关注的时候，当你不方便与孩子直接面对面交流的时候，你就可以用书信的形式给孩子写上句话来表达你对孩子成长的关注。即使你和孩子近在咫尺，书信交流也可以产生很好的效果。因为在书信或留言交流的时候，你可以思路清晰，平心静气，润物细无声。尤其有些时候，你感觉到孩子将你的话当成耳边风，如果你把你的想法写成文字，孩子就会更加注意了，这样更容易触动孩子的思想与心灵。但在写信过程中我们也应该注意一定要站在孩子的角度，不能把自己的观点强加给对方。[1]理解是沟通的基础，如果家长无法理解孩子的行为，也就无法和他们进行有效的沟通。一味地把自己的观点强加给孩子，只会引起孩子的反感而不会取得良好的效果，只有理解了孩子的行为，家长才能在此基础上进一步和孩子进行有效的沟通。书信式教育可以在以下情况下进行运用：一是帮助孩子改正缺点。父母写给孩子的信不像说过的话那样随意，每一封信都值得细细咀嚼和玩味，把孩子的缺点通过书信的形式表达出来，对孩子进行再三的提醒，可以让孩子更加深刻地记住自己的缺点并进行改正。只有孩子真正地认识到自己的错误，才能把自己的缺点记在脑海里，并加以改正。二是帮助孩子继续发扬自己的优点，每个孩子总是会有许多善良的举动，也许他们自己并没有意识到这是自己的优点，也没有意识到要继续发扬自己的优点，这个时候就要靠父母对孩子进行积极的教育，指出他们的优点并对其进行表扬和鼓励。例如一次帮助别人的暖心举动，一次把垃圾扔到垃圾箱的行为都可以成为表扬孩子的事例。让孩子意识到自己身上的闪光点，可以让他们意识到自己被大家的爱包围着，也可以培养出他们爱别人的能力，同时可以让他们更加自信地面对今后的生活。三是帮孩子指明道路和方向。每个孩子在成长过程中总是会遇到一些问题，他们会感到非常迷茫或不知所措，这时家长的一封书信建议可以起到很好的效果，帮助孩子分析问题并提出解决问题的方案，可以让孩子少走很多弯路。家长也可以借此机会拉近和孩子之间的距离，和孩子成为更加亲密的朋友。一旦家长和孩子成为了很好的朋友，孩子便对家长有了足够的信任，所以当孩子遇到困难时肯定会在第一时间想到父母，询问一下他们的意见。

3. 家庭教育中书信留言的策略

首先，把握书信留言的时机。书信式教育不像谈话式教育那样具有经

---

〔1〕崔秀霞，分步指导，阶段成文——"学写书信"教学设计［A］. 2016 年河北省教师教育学会第四届优秀教学案例论坛论文集，2015（11）：1—13.

常性，利用它时，需抓时机，才显效果。[1]俗话说："趁热打铁"，在进行书信教育时一定要把握好教育的时机，一旦时机错过，那效果就将大打折扣。例如当你发现孩子有早恋的前兆时，你就可以采取书信的方式委婉地告诉她（他）你的一些看法或询问孩子的一些想法等，把握住这个契机，对孩子进行恰当的引导，给予他（她）们相关的建议，从而帮助孩子更好地成长。当孩子情绪波动或心情激动的时候，当你做错事，不好意思向孩子道歉的时候，当你觉得有些事情不便说出口的时候，或者与孩子冲突升级的时候，书信留言都是较合适的表达方式。因为，在你写信留言的时候，你会平静下来，说出的话会中肯一些，将孩子不便很快接受或暂时没有想明白的事情，采用书信的形式表达出来，传递给他，便于孩子自己去慢慢领悟、慢慢思考，从中受到启发，这样可能会让孩子更容易理解你，同时对处理一些棘手的问题也会更有效。抓住教育的契机施教比任何美妙的构想要好得多，只有立即去做，奇迹才能出现。[2]

其次，给孩子的书信留言要充满真情。书信是情感教育重要的工具之一，给孩子书信留言之所以是一种好的交流方式，是因为这种方式真实感人，能表达出你内心中对孩子最真挚的爱，你的孩子也能从字里行间体会到你对他（她）的关爱，真正达到教育效果，而不至于成为一张看完就丢的废纸。任何一篇让人寻味并记忆深刻的书信，不论其用词的华丽与否、语言的优雅对称与否，只要其情感饱满、真情流露，就能起到打动别人的作用。亲情的激发就是一种珍贵的教育，如果父母不能真诚地与孩子交流，那又怎能指望孩子对你无条件信任并与你进行敞开心扉的交流呢？我们常说"走心的东西最深情"，如果父母不能走心地与孩子进行真正心与心的交流，那书信留言也就只能流于形式。

再次，注意精设书信的内容。一封无逻辑且繁琐的书信，对于9岁或正值青春期的学生来说，是很容易引起孩子的反感与讨厌的，由于孩子各个年龄阶段的心理特点或特殊时期，孩子的耐心往往不够，对满纸的文字

〔1〕栗达建. 班主任工作中书信式教育作用浅谈［J］. 数学学习与研究，2008：74.
〔2〕肖慧君. 班主任工作的三重境界［J］. 教学与管理，2018（05）：8.

是没有兴趣的，所以在写书信留言的时候，我们要注意精设书信的内容。其一是要充分体现对孩子的尊重与信任，要让孩子看到你是以朋友的身份在与他（她）进行交流，多使用一些"我相信你""你很棒"等鼓励性话语，而慎用一些生硬、居高临下的说教词汇，例如"你必须要给我……"等。在本案例中，Z老师在看到孩子书包里的一本课外书时，写到："这是很棒的。""相信你能像彭妈妈一样，成为一个作家……"这些话语，都是很值得借鉴的。她的话语从孩子的角度来思考，采取鼓励的方式来教育孩子，让孩子体验到被信任、被接纳的快乐，从而努力提升自我。其二是针对孩子的性格与兴趣爱好，改变书信留言的语言风格。十个孩子有十种不同的性格特征，在书信留言的时候，我们的语言风格需要根据孩子的性格来选择。若是较内向的孩子，则文本语言不应过于开放或直接，应含蓄委婉点；若是较活泼开朗的孩子，文本语言则可以直截了当，直抒主题，当然也应注意语气的平缓。在书信留言时，家长不妨从孩子的兴趣爱好或偶像着手，从而吸引孩子的注意力，拉近和孩子的心理距离。

诚然，书信留言也只是教育孩子的一种方法。在家庭教育中，你可以用多种方法对孩子进行教育。不管怎样，只要你采用文字的形式与孩子进行真情交流，就有可能收到事半功倍的效果。

06
赏识教育：
学生都是可读之经典

【教学案例】

记得10年前看过《读者》（2004年第二期）上的一篇文章，记忆犹新。说的是：加拿大埃德蒙顿一所小学的老师布置了一个拼图作业，孩子们带来了自己的作品，老师和孩子们一起分享他们的成果。老师用赞赏的目光浏览了孩子们的作品，然后请大家谈谈拼图作业的体会和感受。想起最近常去中小学观摩教学的一些事情，突然有再次阅读的冲动。几番折腾，终于找到原文。细细品味，仍有收获。想来它对我们中小学课堂教学很有启发和参考价值。

加拿大埃德蒙顿一所小学的拼图课

加拿大埃德蒙顿一所小学的老师布置了拼图作业。孩子们带来了自己的作品，老师将和孩子们一起分享他们的成果。

老师用赞赏的目光浏览了孩子们的作品，然后请大家谈谈拼图作业的体会和感受。

S_1：我拼图的时候，先看一下包装上的图画，心中有一个轮廓，然后把外框拼好，再从外向内，这种方法拼得比较快。

T：很好。认识一个问题从总的概貌入手，然后去了解细节，就像我们要认识一个陌生的城市，用一张地图，比一条街一条街去走要快得多。

S_2：我拼了很长时间也拼不好，所以请爸爸妈妈和奶奶帮忙完成了拼图。

T：很好。这是一种teamwork（团队合作），记住：如果你遇到自己一个人难以解决的问题，可以求助别人，大家共同完成。

S

S_3：我最高兴的时刻是把最后一片放进拼图的时候。

T：很好。享受成功是一种非常愉悦的感觉。

S_4：我面前是一大堆杂乱无章的拼图片，我根本找不出它们的规律，我试了很多次也无法拼出图案，我心情很急躁、烦闷，干脆把它装起来，再也没有打开。

T：很好。有时放弃也是一种选择。人各有长处，你一定有另外的专长。

S_5：我拼了一部分，拼不下去了，看着剩下的200多片图片，我再也不想拼了，不过我觉得包装纸上的图画很漂亮。

T：很好。谁也不可能事事都成功。你没有亲手拼成，但你懂得去欣赏别人的成果，这也是一种优秀的品质。

S_6：我拼的时候很气恼，有时候刚拼好这一块，一不小心碰着了另一块，图画就又乱了。

T：很好。你拼的每一块与周围的图都是和谐默契的，这说明成功与你周围的环境因素是分不开的，就如同你们小朋友间要处好关系，和谐是福……

可以看出，每一个孩子都在真实表达自己的喜悦、无奈、失望……而老师总能从孩子的经历中，找出值得他们在以后的生活中珍惜和体会的哲理。

这就是加拿大埃德蒙一所小学的拼图课。

（资料来源：http://blog.sina.com.cn/s/blog_67ef1d8a0100z38n.html）

思考题：

1. 尊重与赏识学生，在教育中有什么样的作用？

2. 加拿大埃德蒙顿一所小学的老师布置的一个拼图作业，给我们哪些启示？

3. 教师在教育教学过程中应如何尊重和赏识学生？

【诊断·反思】

赏识教育：学生都是可读之经典

1. 尊重学生的存在

在现代文明的社会中，尊重成了人与人交往间最基本的道德标准与行为规范。在语文领域中，《现代汉语词典》对"尊重"的解释有三层涵义，即：（1）尊敬、敬重，如尊重老人，互相尊重。（2）重视并严肃对待，如尊重历史，尊重事实。（3）庄重（指行为），如放尊重些。[1] 在本文中所指的尊重主要为第一种涵义。同时在伦理学领域中，尊重是一个处理人际关系的重要概念，它既是个人德行的重要组成部分，也是个人道德人格的起点和基础，更是个人道德行为能力的具体表征，是对一个人社会行为的基本要求和约束。[2] 只有正确理解尊重的各项涵义，明确尊重应是双向行为，从尊重的视角来处理教育领域中的师生关系，才能更好地促进教学的有效开展与进行。中国传统的师生观念是师道尊严，是一种学生对老师的单向尊重。荀子提出的"天地君亲师"，将教师与天地、亲人处于同一地位，大大地提高了教师的崇高地位，意味着学生对教师要有着无条件的服从与尊重。在西方，20世纪著名的教育家蒙台梭利为我们刻画了儿童的生活：成人拼命压抑儿童。成人教导儿童不要干扰或烦恼他们，直到儿童被驯服为止。[3]

儿童的地位并不如我们在书上或者电视荧幕上看到的那样坚实，相反岌岌可危。随着社会文明的快速发展，这种单向尊重的师生观，慢慢出现了与当前社会发展不协调的现象，如：在注重人人平等的社会中，学生的部分课程权利未得到实施；教师对学生进行体罚、对学生差异无法正确对待等。近年来，在社会各界的大力支持下，传统的师生观得到了一定的改变。由单向尊重的师生观转变为注重教师、学生双边的民主平等观念。民主平等作为我国新时期的具有中国特色的社会主义核心价值观，而教育作

---

〔1〕 中国社会科学院语言研究所词典编辑室. 现代汉语词典（第7版）[K]. 北京：商务印书馆，2016：1754.
〔2〕 王等等. 论课堂教学中尊重学生的理念及实践策略 [J]. 当代教育与文化，2013（5）：4.
〔3〕 玛利亚·蒙台梭利.《童年的秘密》[M]. 北京：中国长安出版社，2010：237.

为一个国家兴旺发达的根本，在教育中落实民主、平等尤为迫切。民主平等的师生关系要求教师将学生看作与自己处于统一地位的"人"，要一视同仁地对待所有学生，不分三六九等，不带有色眼镜看人。我国《中小学教师职业道德规范》中明确规定了教师要"公平、公正地对待学生"，换言之则是，教师要尊重学生与自己的平等地位，并公平公正地尊重每一位学生。[1]

平等的师生关系并非绝对的平等，教师只有正确地看待什么是平等，如何来平等地对待学生，才能使尊重成为促进教学的催化剂。所谓平等并非绝对的平等，是讲教师与学生在人格上的平等。然而部分教师仅从字面意思来理解平等二字，将自己的教师地位抛之脑后，取而代之的是不论何时何地都完全以朋友的身份与学生进行交流与教学。这样的师生关系中，教师对学生没有任何的威信，在中小学阶段很容易出现学生不服管理、教师管不住等情况，从而阻碍教育教学的正常进行。因此，师生之间的彼此尊重就显得尤为重要了，这样不论是对于教师组织课堂教学的有序进行，还是对于学生品格修养的陶冶都将取得质的飞跃。

随着当前"以人为本"教育理念的发展，师生观被给予重构，强调以尊重学生为核心，将学生看做是一个拥有独立人格、具有独立思考能力的完整的人；强调学生在尊重教师的同时，也要求教师对学生给予尊重。尊重学生是影响课堂教学的重要因素，一个不尊重学生的教师，往往把自己当做课堂的主体，忽视了学生的主观能动性，限制了学生的自主思考，只会一贯的对学生进行灌输式教育。然而就教育而言，填鸭式灌输的知识、呆滞的思想不仅没有什么意义，往往极其有害——最大的悲哀莫过于最美好的东西遭到了侵蚀。[2] 在这样的课堂氛围下，学生是不可能全心全意地投入课堂之中的，若没有学生的真心投入，那教学效果可想而知。同时需要说明的是，这样的填鸭式课堂，如果学生还认真地接受知识，那只能是扼杀千千万万个有创造可能性的天才。呆滞的思想除了训练机器一样的东西之外，不能产生出更有效的东西了。把学生都训练成一个模子，这样的教育不是教育，这样的结果注定是失败的。学生是鲜活的生命个体，一

〔1〕闫芳. 从师道尊严到尊重学生——伦理学视野中我国师生关系的变迁 [J]. 河北师范大学学报教育科学版，2012（2）：14.

〔2〕怀特海. 《教育的目的》[M]. 北京：中国轻工业出版社，2016（10）：2.

个教室尚且只有一个老师,但却有很多学生;一种教育模式它也只是为数不多的教师拥护下的相对静止的模式,但却要解决一个国家的教育需求。需要什么样的人才,就应该采取什么样的人才培养模式。当下来说,创新无疑是最为需要的了。创新性人才只能产生于尊重个性化、差异性培养的教育环境中。其实学生本身就是多样性的,他们有着独特的个性,不一样的才华、天赋,这本身就是我们在一直苦苦追寻的东西。学生是一个发展中的个体,是一个实实在在的存在,教育不应对他们进行灌输,而应给予适时的引导。尊重才能保障学生生命的活力,才能实现教育的张力,才能让学生得到自我发展。因此,尊重学生的存在,尊重学生的独立性是达到预期教学效果的关键,也是课堂中师生互动的催化剂。

那如何做到尊重学生呢?可以从以下几个方面来进行思考。其一,教师要学会赞赏学生,尊重学生的差异性与多样性。本案例中这位老师对每个学生的作业分享都用赞赏的目光来看待,对他们每个人的作业过程都给予积极的评价。但是这位老师的态度很到位,既不全面肯定,也不全盘否定。而是以发展的眼光来看学生,给予学生充分的信任,相信他们可以变得更好。这位老师充分尊重学生的主体性,站在教师的高度,弯下腰努力与学生的想法达到学生够得着的高度,更加全面地理解同学们的真实想法。真诚而不虚伪,是教师获取同学们心声的一门教学艺术。真正地站在同学们的立场上,倾听同学们内心的声音,并给予每个学生与其能力水平相当的及时反馈。肯定的赞赏,表述得言简意赅;充分的理解,表达得至真至善。教师尊重每一个学生的想法和观点,把他们引导到适合他们成长的道路上,这才是育人的现实表达。这是在肯定学生个性发展的基础上,挖掘同学们的发展潜能。其二,要给予学生实施课程权利的机会。学生是课程实施的直接受益者,享受教育是学生的基本权利,也是教育公平的基础。尊重学生,最基本的就是要尊重学生的受教育权。因为学生是教育的基本要素之一,足以证明学生在课程实施中的重要性。我国提倡教育公平,近年来,教育公平一直是教育界的热门话题。学界和政府曾一直认为要实现教育公平,必须做到教育起点公平—教育过程公平—教育结果公平。所谓起点公平就是要保障每个学生有受教育的权利和机会,也叫机会公平;过程公平就是要求接受的教育质量得到保证;结果公平就是要求能够进入社会,得到相应的职位,要求教育解决就业问题。所以,保障学生实施课程权利的机会是一种教育公平。从古至今，学生在社会上抑或是学校中、家庭中都是处于劣势地位，属于弱势群体。学生是一个家庭、一个社会、一个民族的未来，因此，维护学生的基本权利，帮助学生按照他自身发展的规律渡过"关键期"，是全社会的责任和义务。我们说教学可以理解为教师的教和学生的学，这是最基本的、最简单的理解方式。教师的教学需要学生的合作，学生的学习需要教师的引导，在某种意义上讲，教学是一种合作关系。基于教育目标的师生之间的合作，是一种师生之间的主体间性，需要彼此尊重。在具体的教学实践中，教师要充分尊重学生的相关权利，给予学生选择课程、评价课程的权利，同时在课堂教学上要尊重学生的受教育权，不体罚学生、不将学生赶出教室外、不占用学生的课外时间等。充分还权于学生，不仅在课堂上还权，而且在课时上还权。真正做到尊重学生的主体权利，尊重学生人格。其三，教师要宽容学生。俗话说"海纳百川，有容乃大"，案例中的教师能够包容每一位学生，留足了学生发展的空间，也展现出教师思想的开阔之处，学识之渊博，这对学生的发展在心理上是一种积极的肯定与鼓励。其实，宽容学生是尊重学生的一个具体表现，在对待学生的无心之过，或某些小错误时，教师要学会宽容学生，给予学生改错的机会，不要断然否定学生的错误，应当慢慢地引导学生，让其自己去发现错误，并改正错误，让他们在错误中学习与发展。古希腊教育家苏格拉底在这一点上已经说得很明确了，想必大家都对他的产婆术非常熟悉，他认为教师就是那个引导学生发展的人，教学过程需要循序渐进。教师的宽容将会带给学生一个完整的世界，塑造成一个完整的人。当下，让人比较悲痛的事情，莫过于新闻中常常报道的"某某学生因考试、因人际关系等而自杀"，这样的消息让我们不得不反思当下的教育。而此刻我们发现，其实有些事情真的可以"退一步海阔天空"。这最根本的就是宽容，常怀一颗宽容的心。对于学生来说，他们成长得更健康、快乐；对于教师自己来说，教学更轻松、有幸福感；对于社会来说，秩序更井然、和谐；对于国家来说，其乐融融。宽容不是失掉原则，宽容不是纵容犯罪，宽容不是软弱无能，而是一种对于生命、生活的尊重，是一种成熟稳重的人生态度。宽容学生，是唤醒一个沉睡的精灵。

2. 分享学生的学习体验

在检查孩子作业的时候，我们很多时候很难做到像这位老师一样用心分享学生的学习体验，并用简单易懂的话给予反馈，如"如果你遇到了自己一个人难以解决的问题，可以求助别人，大家共同完成（团队建设的培养）""享受成功是一种非常愉悦的感觉（快乐感的培养）""有时放弃也是一种选择（生活哲理）""谁也不可能事事都成功。懂得去欣赏别人的成果，这也是一种优秀的品质（学会欣赏）""成功与你周围的环境因素是分不开的（协调能力的培养）"。正如作者所说"可以看出，每一个孩子都在真实表达自己的喜悦、无奈、失望……而老师总能从孩子的经历中，找出值得他们在以后的生活中珍惜和体会的哲理"。教师并没有把注意力放到拼图最终是否成功上，而是从学生们的学习体验中挖掘出每个人不同的收获，点拨学生在这次拼图活动中体会和学习到更多的经历，而不是一味地关注为什么有些同学拼图成功而有些同学拼图失败。学习是一种过程而不是一种结果。[1] 学习结果本身并不是学习目的的全部，学习过程更加丰富了学习目的，在学习过程中学生不断地汲取营养，不断地思考和顿悟，不应以成功和失败为界限分类，而是所有的同学都可以从中分享经验，让自己不断成长。故事中老师正是注重学习的过程，着眼于学习的过程，才会让每位同学有如此收获。与此有所差异的是我国的中小学教师，老师们习惯性地将成功和失败作为划分学生的标准，甚至给同学们贴上"好学生""坏学生"的标签，教师们总是更喜欢分享成功的经验，吸取失败的教训，不注重学生的学习体验，不知道其实在失败中同样可以收获知识。就像故事中的教师一样，虽然有些同学是在家长的协助下完成拼图，教师并没有批评学生未独立完成作业，而是告诉大家当遇到一个人解决不了的难题时，团队合作同样十分重要。教师并不是一味说教，仅仅通过语言向小学生们解释团队合作会使学生们难以理解，教师从同学们的学习体验中告诉学生什么是团队合作，只有真正地理解了团队合作的内涵才能将其融入于血液当中，并在以后的工作、学习中派上用场。老师对于放弃的学生

---

〔1〕 张而立，张丹宁. 体验学习的哲学思考. 中国电化教育，2013：19—23.

也没有批评，而是告诉学生们放弃也是一种选择，相信同学们在老师的熏陶下，都会体验和学习到生活哲理，并在这些生活哲理的影响下过着幸福快乐的生活。

善于分享学生学习体验的背后隐藏着的是老师对学生的理解。"理解一切，即宽恕一切。"许多老师认为学生不够听话，故意扰乱课堂秩序，跟老师对着干，于是便对学生严加管制，令老师意想不到的是，严加管制过后带来的竟然是更加僵硬的师生关系。其原因就在于教师没能真正地理解学生，理解才是有效沟通的桥梁，教师只有真正理解学生才能宽容学生的所作所为，才能进入到学生的世界，看到那个世界的五彩斑斓。充分的理解之后，便能建立良好的师生关系。故事中的教师一定能够与班级的同学建立良好的师生关系，因为教师懂得理解学生的感受，尊重学生的行为态度。从每个同学不同的经历和感受出发，根据同学们具体的情况进行分析。整堂课都在愉快轻松的氛围中进行，不仅使学生们收获了知识，更加深了教师和学生之间的感情。建立起感情和信任之后，学生对教师便有一种天然的信任感，他相信老师能够带他去了解、认识更广阔的世界，自然也就对学习一切知识都是积极的态度。这样的师生互信，能够极大地提高课堂的效率。所以我们应在课堂当中善于分享学生的学习体验，真正地理解每一位同学的真实想法，然后再根据具体的情况对症下药，这样便可以取得良好的课堂效果。

在课堂教学中，分享学生的学习体验，它营造的是一种良好的学习与教学氛围。能够分享的东西，一定是学生心中足以认真对待的、弥足珍贵的东西，也是有价值的东西，它是学生赋予了独特价值的珍藏品。因此，学生的学习体验对学生来说，因为只有一次的全身心体验，无疑，它是珍贵的。学生愿意把他视为珍惜的东西与大家分享，他渴望被大家认可，尤其是老师的认可。事实上，他的学习体验确实也是值得认可的。美好的东西都值得被欣赏。诚然，学习体验是一种美好的体验，理应得到更多人的欣赏。教师能够分享学生的学习体验，这是对学生学习态度的尊重，是对学生学习行为的鼓励，也是对学生学习的认可和支持。案例中的教师对学生们分享的学习体验给予了绝对的肯定和深度的分析，这是教师对学生智力活动充分尊重的表现。

3. 赏识每一位孩子

加拿大埃德蒙顿这所小学的老师以这样的方式上拼图课，首先反映了这位老师先进的教育理念，启示我们用智慧的眼光去发现孩子身上的闪光点，使孩子尽可能舒展心灵，发挥潜能。每个孩子都是独立的个体，他们生长在不同的环境和家庭背景中，性格特点和优势各有不同。不能因为学生听话或者是成绩好就将其判定为"好学生"，每位同学身上都有不同的闪光点，作为教师我们要善于发现不同学生身上的闪光点，这也就是"赏识教育"。赏识教育的前提是"识"，教师要认识了解学生从而尊重学生，其表现是"赏"，教师要欣赏赞扬学生从而发现学生闪光点并树立其信心。[1] 只有认识到孩子的闪光点，我们才能对他进行准确地赞扬，帮助其发展潜能、树立自信而不是一味地打压。每个孩子都有积极向上、要求进步的一面，有些学生自暴自弃，究其原因很可能是被家长或者老师打压得失去了自信，从而破罐子破摔。相信孩子，给孩子机会，他会向你证明他的"优秀"。自暴自弃的孩子只要给他一点鼓励，他就会找到生活的乐趣，会发现原来自己也可以是值得被认可的，原来一切皆有可能。这样的孩子其实更需要家长和老师的关怀，他自己的内心已经认识到事情的迫切性，急于找到解决问题的办法，如果这个时候老师或者家长还在旁边说风凉话或者否定的话，那么情况就是逼迫孩子放弃，逼迫孩子无法实现自我，从而走向极端。所以，老师就应该在孩子困难的时候鼓励他，不要只看到事情的结果，抓着结果不放手。像案例中的老师那样试着关注学生的学习过程，他们努力了，他们的态度很好，适当的引导、赏识能够成就孩子们的另一方潜能。这样虽说有无法完成课堂教学任务的危险，但至少孩子们的人格是完整的，有哪样比孩子们的体验更重要呢。他们的生活态度是积极的，他们对于一切事情都有勇气面对，这就是自信的养成。具有自信的学生则会不断地要求自己进步，自己寻求解决事情的方案，并且能够持之以恒，直到取得更好的成绩。

其次，说明这位老师真正做到了因材施教。承认差异，在教育中如果

---

〔1〕 朱慧艳.《"赏识教育" 在小学语文教学中的运用〔A〕. 2017 年课堂教学改革专题研讨〔C〕, 2017 (04): 248.

排除差异化，那就是在毁灭生活。[1] 能用平和的心态去对待孩子的优缺点，从而能使孩子们在受教育的过程中感受到自身价值被肯定，以良好的心态面对学习，快乐学习。"因材施教"就其本身的概念而言，要求教师的"教"要去适应学生的"学"。[2] 教师的"教"完全是为了学生的"学"，而不能以自己的原有想法和观点为中心，应该设身处地为学生着想，真正地从学生出发。因材施教隐含的是教师对学生的那颗真挚热爱的心和感情，是教师的无私奉献精神的完美呈现。千篇一律的台词总显得做作、不真实，但真实的、带有感情的台词又是另一番效果。教育必用心育之，现实的课堂中，我们不乏发现教师在课堂上对学生的肯定评价并不一定得到学生的认可。而案例中的老师那开口的一句"很好"却能听出来自内心的肯定与认可。我们说不一般的人一定有他的过人之处。这位老师给予学生评价的每一字每一句，都是依据学生的感想和看法，而给出的反馈。他的过人之处不仅仅在于他的胸怀宽广，对每位学生的博爱，更在于他的教学热情和智慧。故事中的这位教师并没有以常人成功和失败的标准来划分学生，而是围绕着每个学生的经历，在每个学生不同的经历中告诉学生不一样的东西。虽然有些同学在"标准要求"下看似失败，但老师仍然可以从他们宝贵的经历中提炼出他们所需要的知识。依据不同学生的差异，因地制宜地进行教育，丝毫没有打击同学们的自信，反而通过肯定他们让他们找到了自身的价值，并能够一直积极地进行学习。这种随机应变的因材施教值得每一位教师学习。

再次，赏识孩子，热爱生命，珍惜生命，真正做到以儿童为中心，以学生为中心。教师作为成人无论是经验还是经历都比儿童丰富得多，但我们不能以成人的思维和标准要求学生。因为，在很大程度上，通过书本学习得到的通常是二手信息，因此，书本知识永远不具有那种亲身实践的价值。[3]

而教师的经验和知识有很大部分也是所谓的"书本知识""二手信息"，这样一来，如果教师还只是按照书本知识教授学生的话，那么学生得到的将是"三手信息"，这远没有学生亲身体验的具有价值。所以学生

〔1〕 怀特海. 教育的目的 [M]. 北京：中国轻工业出版社，2016 (10)：15.
〔2〕 郑东方. 赏识教育的真义 [N]，2013—12—11.
〔3〕 同〔1〕。

的学习体验无论是成功还是失败，只要能够从中汲取到有用的知识和精华，这就充分发挥了学生个人体验的价值，对学生来说都是一笔宝贵的财富。任何教育如果忘记了学生是有血有肉的主体，那么都会付出惨痛的代价。我们不能忘记学生才是教学活动中的主体，所有的教学活动都应该紧紧围绕着学生，儿童本质上是生活在成人之间的自然人，但成人很少考虑到儿童的存在。[1] 作为教师，只有真正地赏识学生、热爱学生，才有机会走进学生的心里，走进学生的世界，才能够更进一步地了解学生。赏识学生并不是说无条件地承认、迎合学生的一切想法、行为，而是用发现的眼光去挖掘学生的潜能。因为学生既需要帮助又需要独立，学生在这样一种自相矛盾的状态中，有着这样一种内在需要："帮助我让我自己来做!"在这过程中，需要一个具有更高智慧的成人来指导，教师便成为这个合适的成人。但是，在这方面，我们的观念既不是要成人为儿童做一切事情，也不是要成人在一种被动的环境中让儿童放任自流。[2] 我们在这里需要强调的是，教师必须把学生摆到一个相当正确的位置上，承认学生的主体地位。在课堂教学中"以学生为本"，研究学生、研究教学，用合适的、学生易于接受的方法进行教育。可以说，任何人希望为了社会利益而实现一些目标，就必须毫不犹豫地关注儿童。不仅使他摆脱心理畸变，而且也从他那里了解我们自己生命的实际秘密。[3] 因此，赏识教育不仅是教师作为职业而需要对学生做出的必要努力，而且对教师自身发展具有重大意义。教师研究学生，也在研究着他自己。赏识学生是从心里把学生作为一个有趣的灵魂，鲜活的生命。例如故事中的教师，正因为他足够赏识学生、热爱学生，才能够用如此智慧的方式让每位同学在不同的经历中发现自己的价值，并且学习到有用的知识。赏识是对学生生命的尊重，是一种生命哲学。

在中小学课堂教学中，尊重学生的存在是课堂教学成功的前提；注重让学生学会分享各自学习的体验是对完成教学目标的升华；教师学会对孩子赏识，对其因材施教是培养个性人才的关键，只有用发展的眼光看待每一位学生，才能让其善其所长，真正地学会去生活。

---

〔1〕 玛利亚·蒙台梭利. 童年的秘密 [M]. 北京：中国长安出版社，2010：236.
〔2〕 同〔1〕247.
〔3〕 同〔1〕247.

<h1>07</h1>

<h1>数学阅读
教学的设计</h1>

【教学案例】

D老师是一位小学数学教学经验非常丰富，十分重视小学生数学阅读训练的老师。观摩D老师讲授的《三位数乘两位数》（人教版四年级数学上册）中的应用题，我们发现，D老师很重视数学阅读教学，回顾整堂课的教学设计：一是回顾旧知，采取让学生回忆数学公式并复述的方式；二是应用题型教学，首先让学生读题目、画题干、找关键信息，再让全体同学齐读题目后，请个别同学汇报自己所找到的关键信息；三是通过对关键信息的解读来学习新的知识点，再让学生读定义；四是让学生读数量关系式，熟读且会背诵。在应用题教学过程中，我们很明显能看到教师会有意识地培养学生良好的阅读习惯，培养学生通过阅读来寻找题目的题干及解题关键信息，提升学生解决数学问题的能力，有目的地加深学生运用正确的数理逻辑的体验，有效地实现小学数学课程目标，促进小学生数学思维的发展。在议课环节上，大家认为，应当注重小学数学阅读教学，数学阅读教学符合小学生认知情况、小学数学特征和小学数学教师的成长需求。同时，在实施数学阅读教学过程中也要考虑教师的教学理念、授课类型、学生的学情等因素。

教学片段：

所教内容是人教版《三位数乘两位数》中的例五：

（1）一辆汽车每小时行70千米，4小时行多少千米？＿＿＿＿＿＿＿

（2）一人骑自行车每分钟行225米，10分钟行多少米？＿＿＿＿＿＿＿

这两个问题有什么共同点？（都是知道每小时或每分钟行的路程。还知道行了几小时或几分钟，求一共行……）

一共行了多长的路，叫做路程；每小时（或每分钟等）行的路程，叫做速度；行了几小时（或几分钟等），叫做时间。

教学过程：

T：首先复习昨天学过的数量关系，一起说。

Ss：单价×数量＝总价

T：谁还补充？

S_1：总价÷单价＝数量

S_2：总价÷数量＝单价

T：大家一起说一遍。

全班同学一起说。

T：今天我们学习行程问题，读3遍。

齐读。

T：请大家读题找信息。

Ss：一辆汽车每小时行70千米，4小时行多少千米？

T：下面请同学汇报一号信息，表扬积极举手并姿势端正的同学，你来说。

S_3：一辆汽车每小时行70千米。

T：（划出一号信息，圈记1），二号信息，是谁来汇报？

S_4：4小时行多少千米？

T：（划出二号信息，圈记2），多少千米，不是二号信息了，是？是什么？是问题，求什么。

每小时行70千米是什么意思？用我们数学语言表达？

S_5：多快？

T：数学语言上是怎么表达的？

S_6：速度。

T：速度（板书，重复并强调），听过的同学坐直（很大部分同学端正坐姿），速度（老师带读）。你们发现了什么？

T：速度就是每小时走了多少？

S_7：每分钟走了多少？每秒……

T：所以速度就是以"1"为单位的时间内（学生跟读）所走的长度（跟读），（连续再读一遍。）那么这里的速度是？

S_7：每小时行70千米。

T：（板书70）表扬眼神快的。时间是？（板书）

S7：4小时。

T：（板书）要求的是？

S7：路程。

T：（板书）70×4＝？

S7：280。

T：前面是信息，后面是问题。这题已知什么？求什么？（指着板书）已知速度和时间，求路程。

T：速度×时间＝路程，全班学生齐读关系式。

T：带读书本上的定义：一共行了多长的路，叫做路程；每小时（或每分钟等）行的路程，叫做速度；行了几小时（或几分钟等），叫做时间。

T：2号公式，路程÷时间＝速度；3号公式，路程÷速度＝时间。哪些题目用这样的数量关系？

S8：已知路程和时间，求速度。已知路程和速度，求时间。

T：在书本上写上补充的数量关系式，每个例题下面写上相应的数量关系式，再用铅笔解答，写完同桌三人互相检查。

T：练习：读题，汇报信息，要求的是大家一起说出来。

思考题：

1. 小学数学阅读教学的现状如何？

2. 小学数学阅读教学实施的影响因素？

3. 如何更好地实施小学阅读教学？在数学阅读教学中应当注意哪些问题？

数学阅读教学的设计

1. 数学阅读教学的内涵

人们普遍建立了终身教育观念，终身学习的意识不断增强，而终身学习的能力也不断得到提升。学习型社会的建设由口号走向实践，所谓的全民阅读、全科阅读已经开启。接受知识很重要，但学会学习才是学会生存的根本。如何在教学过程中使学生学会学习是教育工作者一直思考的问题。当前学生发展核心素养备受一线教师、教育工作者和教育专家的关注。

数学是一门研究数理逻辑、数量关系、空间结构变化的学科。阅读是提取、加工文本信息的一个以理解为核心的认知过程，是自我学习知识的一种重要学习方式。数学阅读就是通过数学文本获取数理知识、理解数量关系、感知空间结构变化的过程。其可看作类属于阅读的一种，从认知程度上来看，同阅读一样，也可分为浅层阅读和深入阅读两种形式。浅层阅读停留在浅见的、浅显的层面上，而深入阅读则是需要在发挥学生主观能动性的基础上发现数学信息、探求数学问题。数学阅读教学则是一种主要体现在教师的教和学生的学对于文本获取数学信息的智育活动。数学的学习不仅仅是题海战术，数学教学更不是仅仅依靠多讲解习题来笼统代替。数学名词定义、定理、方法、公式都依赖于数学语言的呈现，数学语言是通过文字、符号的表达，教师需要借助数学阅读教学让学生在过程中思考、记忆、理解和表达。

2. 小学数学阅读教学的意义

大多数学生的数学阅读意识、数学阅读习惯和数学阅读方法尚未形成。对于应用题题干信息把握不全、各条件的逻辑关系把握不够等，这些都说明部分小学生的阅读能力较弱。在小学阶段，数学课堂上阅读教学显得尤为必要，小学生在阅读的过程中可以加深对文本信息理解并加工储存数理知识。同时，很多教师对数学阅读教学的重要意义没有足够重视，有意识地培养学生数学阅读习惯更是少之又少。数学教学过程中常常呈现"为了解题而解题"，我们教育教学中最应该谨记的是"授人以鱼不如授人以渔"。学生只有掌握了数理知识，才会促进逻辑思维的运转，才能解决数学问题。在小学数学教学中，重视数学阅读有着非常重要的教学价值和意义。

①从学生认知特点分析来看，数学阅读教学符合小学生实际认知规律的发展。根据皮亚杰的发展阶段论，小学阶段的学生（6~13岁）处于具体运算阶段及具体运算向形式运算转化阶段，其思维具有具体性和形象性等特点，数理逻辑的抽象运算、逻辑推理能力较弱，学生的学习迁移能力较弱，学习习惯还处于塑型时期。

②从小学数学学科特点来看，小学数学主要是让小学生对数学有初步的认识，其主要包含了数的认识、数的关系、简单的图形问题等，要求数学教学的教学内容贴近生活，便于学生对于知识的迁移。但由于数学学科本身较语文、英语等学科具有抽象性、逻辑性较强等特点，数学语言的表达形式也较为抽象。因此，教学方式大多选择直观教学，教学生活化，紧密联系学生已有经验，数学知识大多需要详细的文字解释。小学数学的知识点适合用阅读教学，同时通过阅读教学有效地完成教学任务、实现教学目标。

③从小学数学教师成长需求方面来看，不管是新手型教师，还是经验丰富的教师，都需要把握课程改革的方向，充实提升自我，促进教师专业化成长。教学改革的核心内容之一是教学方法的改革，小学数学教师不能因小学阶段知识的简易，而忽视教学方法的改变或调整。小学数学教师运用数学阅读教学，首先是树立一种以学生的知识、经验、能力为学习视角的生本理念，然后是作为一种有效的教学方法，促进学生核心素养的发展。

3. 小学数学阅读现状

（1）数学阅读理解重视不够

阅读是对文本的加工和理解过程，小学数学阅读主要涉及到由数字、抽象符号以及语言词汇等构成的应用题、文字题、图表题等题型的阅读。[1] 当下数学课堂中依旧存在以教师讲题为主，学生练题为辅的课堂现象，在这种课堂中，教师实施的"题海战术"往往易让学生对数学学习形成错误的认知，易使学生将数学学习仅理解为解决问题，过于注重解题的结果，而轻视了解题过程中对题干文本信息的理解能力与对课本内容的

阅读能力。一旦离开教师的帮助，自己独立解答应用题时，许多学生的回答往往不完整，存在断章取义的现象；答案的书写过于杂乱，主次不明，无法准确完整地使用数学语言来表达。

（2）数学阅读理解训练缺乏

在数学教学实践中，不论教师还是学生，往往忽视了阅读对数学学习的重要作用，缺乏长期的数学阅读理解训练。在面对应用题解题时，学生经常易出现审题片面，前后题意关联不明确，无法从题目中找出关键词，提炼出有效的数学信息，导致出现做题速度过快但正确率较低的情况。

（3）重知识记忆轻推理过程

数学定理或数学公式的推理过程是一个逻辑推理的过程，需要有着严密的数学语言表达能力和数学思想。要达到对数学语言和数学思想的理解，牢牢记住数学定理，就需要在数学阅读时多思考，了解其推理过程。而在许多小学教学中，部分教师碍于课时的有限性及考试大纲，往往会忽视部分定理及公式的推理过程，直接告诉学生定理及公式，让学生记忆，应付考试。

4. 小学数学阅读教学影响因素

（1）教学理念

教师的数学阅读教学理念，即教师自身对阅读教学的理解与阅读方法的掌握，都将渗透在其教学设计与课堂教学之中，决定着课堂教学过程中时间的分配、方法的选择、问答的设置、互动与交流。小学数学阅读教学和传统课堂相比，教学穿插数学阅读教学便于教师更好地关注学习相对困难的学生，同时，增强小学生数学的理解能力，发挥他们的主观能动性，激发他们学习数学的兴趣，促进他们的独立思考能力。如何促进学生对知识的理解，是教师备课的优先考虑因素，备课就是备学生。教师从学生的理解视角出发和从自己的理解视角出发，进行的教学是不一样的。不能依从自身教学习惯而对学生的认知结构欠考虑。阅读教学是一种以理解为基础的促进教学的方法，也是一种生本教育理念，是发展学生核心素养的有效方法。教师教育理念决定着数学阅读教学是否可以实施。

（2）教学内容

数学阅读教学受教学内容的影响，主要表现在授课类型的不同，即随着授课类型的不同，阅读教学设计中的教学时间分配就有所差别。按照授课类型划分，数学课主要包括新授课、复习课、习题课和试卷讲评课。新授课在教学设计时可安排一定的时间运用数学阅读教学的方法，使学生在理解的基础上促进逻辑思维的运转。复习课复习大量知识点、定理和解题方法，通过数学阅读教学重复加深记忆，课堂教学可以用大量时间来运用。习题课和试卷讲评课以习题讲解为主，在习题讲解过程中应用数学阅读教学方法需要根据具体题目具体安排，典型问题可着重用这一方法去分析问题、加深学生对此类题型的记忆，但计算题或者布置计算任务就不太适合用这一方法。

（3）学生学情

小学生的已有知识储备、数学思维、数学认知结构、阅读心理、阅读习惯、阅读方法等学习情况都是数学阅读教学实施应考虑的因素。学生原有数学基础是他们的知识储备，数学阅读教学需要联系学生已有知识经验才能对新知识产生认知。数学阅读教学需要联系学生已有知识经验，将新旧知识建立联系，才能对新知识产生认知。小学生的数学逻辑思维影响着学生的思考问题方式，实施阅读教学需要根据学生的思维方式开展。学生的数学认知结构决定数学阅读教学具体安排。学生的阅读心理对阅读是否有兴趣，是否排斥、抵触。学生的阅读习惯和方法决定着阅读的效果是否能实现预期目标。对小学生的学习情况的了解是实施数学阅读教学的基础。

（4）教学氛围

从教学环境来看，学校的整体教学氛围潜移默化地影响着数学阅读教学是否可以顺利实施。一般而言，学校的同一学科都是以教学组为单位进行备课，教学风格相似，所以一所学校数学教学的主要方式是以讲解教师为主还是学生自主学习亦或二者参半，决定着数学阅读教学是流于形式还是可以顺利实施。此外，数学阅读教学可以看成是学校的隐形课程，学校有意识地培养学生的一个习惯、一种能力，让学生学会学习。因此，不同的学校教学氛围所实施的数学阅读教学情况也不一样。

5. 小学数学阅读教学训练策略

（1）提高对小学数学阅读训练的认识

阅读是人类社会生活的一项重要活动，是人类汲取知识的主要手段和认识世界的重要途径。[1] 阅读是从视觉材料中获取信息的过程，而多数人对阅读的视觉材料理解仅停留于文字与图片上，轻视了对符号、公式、图表等的理解。然而随着科技的进步、"数字化"社会的凸显，一个人仅具有对文字与图片的阅读能力明显不够，对符号、公式等视觉材料呈现的某些产品使用说明书、股市走势图的阅读理解将存在一定难度，不利于解决生活中的实际问题。[2] 由此可见，在数学教学中重视学生数学阅读习惯和能力的培养，显得尤为重要。《数学课程标准》强调：注重学生各种能力的培养，其中包括数学阅读能力、数学应用能力和数学探究能力。[3]因此，抓紧数学教学中学生阅读能力的培养，应该成为我们小学数学教学研究的一个不容忽视的课题。审视现有数学教学的现状，我们的数学教学多数是落在单纯的解决数学问题上，题海战术的运用，枯燥而乏味的计算和推理并未较好的按数学课程标准的要求去培养学生的"数学阅读习惯和能力"，反而使学生逐渐失去对数学的学习兴趣，削弱了学生数学学习的动力，导致部分学生厌倦数学、害怕数学。因此，要真正落实课标的要求，就必须先要求教师提升对数学阅读教学的认知度与认可度。

（2）提高教师数学阅读教学能力

提高教师数学阅读教学能力的基础是要转变教师的数学教学观念。为此，学校要重视培训的开展，组织教师学习数学课程标准以及最新的教学理念，让教师跟上时代潮流，明确数学课程标准中数学教学阅读的重要性及对数学阅读教学的要求。同时，要加强教研组的教研活动，组织教师学习研讨数学教材，挖掘教材中有关阅读的内容，形成数学阅读教学的研究小组，注重并加强数学阅读教学与研究。阅读教学作为一种理念，教师可以对如何教学的思考、对学生成长的发现、对自我教学的监控，更新自身教育教

〔1〕杨红萍，喻平. 数学语言对数学阅读的影响研究 [J]. 数学通报，2010，49（9）：19—23.
〔2〕付蓉. 提高初中生数学阅读能力的实践研究 [D]. 天津师范大学，2006.
〔3〕中华人民共和国教育部. 数学课程标准 [M]. 北京师范大学出版社，2012.

学思想，促进自我专业能力不断发展。阅读教学作为一种方法，可以和数形结合等多种方法结合在一起来解题，教师对阅读教学的理解渗透在教学组织过程中，教师自身具备的阅读教学能力则将影响阅读教学开展效果的好坏。再加上小学生这一群体自身认知发展并不完善，还不能完全自主地学习，需要教师恰时地引导，那么，为了更好地教，教师就需要不断提升自我的数学阅读教学能力和教学素养。数学阅读教学较一般课堂教学更注重师生互动，教师需具有充足的知识储备，以解答学生的疑惑，营造数学阅读教学氛围，数学教师要加深对数学阅读教学的学习和理解，加强数学阅读教学，减少师生课堂交流误解。通过集体备课、互相听课、多次磨课，形成数学阅读教学氛围，促进数学教学优质化，提高数学阅读教学能力。

（3）培养小学生数学阅读习惯

培养小学生数学阅读的意识，就要让其明确数学学习是应用生活、方便生活的重要意义。逐渐培养学生的数学阅读兴趣，结合鼓励性评价，可以激发学生阅读动机，引导其学会正确的阅读方法，不断地提升小学生的阅读能力。教学中，教师引导学生阅读，通过阅读教学，发现新旧知识内在联系的有意义学习。让学生带着问题，梳理问题后把新知识和已有知识进行联系，归纳总结方法，或者让学生联想运用了什么数学方法、数学定理解题。学生数学阅读习惯是需要长期培养的，不是一蹴而就的。不仅要在课堂上有意识培养，课外也要经常性阅读。课后，教师可布置复习学过的知识点，复述概念、定理，反思、改正错题。课后阅读《数学报》等数学刊物或杂志，巩固知识点，拓展学生视野，深化学习数学知识的意义，发现生活中的数学问题，感受数学的趣味。小学数学阅读教学并非可以一蹴而就，而是一个需要长期坚持的教学方法，"授人以鱼不如授人以渔"，让学生学会学习，才能获得自主发展，在分析数学阅读教学实施影响因素的过程中加深对其认识。因此，让数学阅读教学真正地得以实施就需要从这些方面寻求策略。从教学的本质论上说，数学阅读教学促进了学生核心素养的发展。

6. 数学阅读教学训练方法

（1）重视数学阅读教学设计

小学数学课堂教学中，如何设计数学阅读教学环节并付诸实施尤为重要。进行课堂教学环节预设，对阅读教学时间的安排，要注重教学的有效性。教学计划中运用阅读教学方法要适当，计划一定的时间，太短或次数太多则可能过犹不及。教师指导学生学会阅读的过程需要先带领，再让学生自主阅读。首先，需要正确解读数学语言，再结合问题训练。如："求三月份总共缴纳多少电费？"这个问题很多学生把三月份误以为是三个月的总和，但实际上三月份指的是每年的第三月，先示范如何剖析问题，包括出错的地方，然后让学生学会剖析。其次，让学生在阅读的过程中把关键信息标注记号，如案例中的教师让学生寻找信息、汇报"一号信息"、汇报"二号信息"、得出题中实际上表达的意思等。从而，学生通过标记掌握了的具体信息条件，弄清了需要解决的问题，同时也经历了思考的过程，长此以往，学生的习惯便逐渐养成，解决问题的思路也会变得愈发清晰，表达趋于完整。教学过程中，多以鼓励、表扬等课堂评价带给学生成功感，激励学生，强化数学阅读方法。数学教材的情景设计，在介绍数学文化，利用课程资源方面符合学生的生理特征、知识基础与接受水平，符合教育的原理和数学学科的特点，是学生进行数学学习的重要课程资源，具有很高的阅读价值。[1] 因此，一定要重视对数学课本的阅读。数学课本的阅读一般有课前、课中和课后阅读。

①课前预习是学习的一个重要环节。恰当的课前预习有助于提高学生独立获取新知的能力，学生带着预习中不懂的问题听课，也必定会增强听课的效果。课前预习离不开对文本的阅读，为提高学生预习阅读的有效性和针对性，教师应事先给学生明确预习的范围和要求，让学生标记出文本中的重难点和疑点。若有必要还可以编制一些导学的练习题，促使学生主动预习。在新手课前，教师还应检查预习的情况，并让学生提出反馈信息，以此督促学生养成主动预习的好习惯，也能提高课堂教学的效率。

②课中阅读应当是集读、思、议、练为一体的活动。对于数学定义、公式和法则等数学基本知识点的阅读，教师应基于其合适的引导和学生自主探究的过程，让学生逐字逐句的阅读，读出字里行间所蕴藏的含义，抓住定义、法则中的关键字眼，体会数学的思想、观念及解题方法。同时，教师应充分利用教材例题设置的情景进行教学，引导学生讨论和思考，提升学生的自主学习性和学习积极性，在讨论中，解决自己在阅读过程中所

〔1〕 陈玉清. 浅谈小学数学教学中学生阅读能力的培养 [J]. 课程教育研究，2013（30）：164-165.

质疑的地方，使读书变成学生真正意义上的自主行为。

③教师应根据教材需要安排学生课后阅读。课后阅读要对学过的知识进行整理归纳和概括，起到温故知新、举一反三的作用。要让学生逐渐养成不读懂学习内容，就不动笔计算的好习惯。教师还要在班级内营造数学阅读的氛围，定期出数学黑板报，举办数学阅读趣味数学知识竞赛、数学智力竞赛、数学游戏等，激发学生数学阅读的积极性。课后阅读还要与学生的实践活动紧密结合，要让学生在课后阅读的基础上将学到的数学知识在实践活动中得到充分应用。鼓励学生自觉主动地发现生活中的数学，从生活中发现数学问题，引导学生通过查阅相关书籍，上网查询等方法去解决问题，使阅读与学生的实践有机结合。

(2) 引导学生课外数学阅读

苏霍姆林斯基说过："在学龄中期和后期，阅读科普读物和科学著作，跟在学龄初期进行观察一样，起着同样重要的作用。"对于学有余力的学生，不能使他们的数学阅读仅仅局限于数学课本，要引领他们多阅读一些数学课外读物，如《中、外数学家的故事》《趣味数学》《数学万花筒》以及与数学有关的读物等，鼓励学生在学好课内知识的前提下读自己喜欢的数学课外书、报，上网查阅有关的数学知识，或认真收集整理课外作业、寒暑假作业中的趣题、趣事等，使他们的思考不断向深度和广度发展，从而让他们在更广阔的空间中得到发展。为此，我们呼吁科普作家们能编写更多适用于小学生阅读的课外有关数学史料或趣味数学的读物，也建议《小学生数学报》等数学报刊开辟"好书推荐"栏目，推荐最新的数学科普类读物，对广大的小读者们进行数学阅读方面的引导。

在小学生的数学学习中，注重和加强对学生阅读方法的指导，有利于克服学生学习中对教师的依赖性，增强独立性；有利于加强学生对数学语言的理解，加深其对数学思想方法的理解，使之形成更好的数学思维；有利于充分挖掘学生的潜能，促使学生主动获取知识，形成良好的数学学习习惯，培养发现问题、分析问题、解决问题的能力；有利于学生融合各学科的学习方法，形成适宜于自己的思维模式和数学学习方法；有利于学生进行学科间知识的整合，促进学生综合素质的提高，为学生成长为"一专多能"的复合型人才奠定坚实的基础。

08
化学复习课
整体设计

【教学案例】

观摩高中化学复习课，授课教师 Y，复习课的主要复习内容是"化学能与电能"和"化学反应的速率与限度"，是人民教育出版社高中化学必修（二）第二章的内容。复习课开始，Y 老师讲解本节复习内容的重要性：人类社会的发展离不开能源的消耗，能源的产生本就是化学反应的过程或结果，化学反应的基本特征是新物质的生成，即在化学反应中物质发生了某种变化。正因为化学反应对人类的重要性决定了本章节在整个化学教学中的地位。

Y 老师对本节复习课主要设计了两个环节。第一个环节是 Y 老师带领学生系统复习"原电池的构成条件与化学反应速率与限度"，第二个环节是 Y 老师就相关课后习题进行讲解。

第一个环节，30 分钟。Y 老师反复强调"原电池的构成条件与化学反应速率与限度"是高中化学的重点与难点。在整个教学过程中，Y 老师始终以自己为主导，带领学生在半小时内系统、反复复习了上述两个内容，对知识作了系统总结，指出了其中的易考点与易错点，并时刻不忘提醒学生做笔记。整堂课学生都紧跟 Y 老师快节奏的步调，不敢疏忽。在复习"原电池的构成条件"中，判断原电池正负极是一个重要内容，Y 老师选择抽答的形式对学生进行提问，题目内容呈现在课件中，由几个化学装置的图片构成，老师要求学生判断究竟哪个选项是原电池的装置。在老师的指导下，学生回答正确，老师对学生的回答加以肯定，之后学生齐读判断原电池正负极的依据。在复习化学反应速率与限度时，老师先点名一位学生，请他在黑板上写化学反应速率的公式，之后用不同颜色的粉笔进行了修改。"决定化学反应速率的因素"是重点，老师先让学生回忆有哪些影响因素，之后在课件上呈现出了浓度、温度、催化剂、固体表面积、其他条件等因素。通过大量反问形式的提问，与以上因素发挥作用的具体情况拟建立联结，在复习"化学平衡状态"时，老师沿用了上述的做法，通过"逆、动、等、定、变"进行了梳理，同样强调了易错点，并提醒学生做笔记。

第二个环节，15分钟。Y老师对学生在新课学习时已经做过的习题进行讲解。Y老师首先对需要分析的习题情况进行了统计说明，并引导学生提出哪些习题需要解惑。在习题讲授过程中，Y老师的教学重点并不是"为什么要选择该选项"，而是详细分析了"其他选项为何不能选"。对每个选项都进行了分析。在对选项分析的过程中，Y老师采取先由学生进行分析的方式，若学生分析不严谨，Y老师再行补充。

思考题：

1. 复习课有哪些教学价值和意义？
2. 复习课的有效性主要反映在哪几个方面？
3. Y老师在该复习课中的亮点和不足点有哪些？

【诊断·反思】

化学复习课整体设计

复习课对学生系统掌握知识、发展思维能力极为重要。复习课对教师弥补教学中的缺欠，提高教学质量也是不可缺少的环节，复习课要真正达到有效果、有效用、有效率的目标并不是轻而易举的事。复习课并不是对已学知识的简单总结，教师如果不精心设计，就达不到预期复习效果。

化学复习课是以引导学生巩固所学知识并提高学生分析问题和解决实际问题的能力为主要任务的一种课型。注重效果的复习课既能够帮助学生系统梳理知识、培养其聚合思维与发散思维，也可以帮助教师弥补教学中的不足，提高教学质量。虽然，教师和学生都能意识到复习课的重要性，认为复习有利于知识的巩固与逻辑建立，强调反复练习，但这些都是基于实践经验总结而来的。自艾宾浩斯用节省法对人类记忆遗忘的特点进行研究以来，在教育教学实践中，人们认识到对知识的复习必须要遵循心理活动的特点和规律，有研究者认为有效的复习需要把握复习时机、运用分配复习的策略和运用"尝试背诵"的策略[1]。尽管复习课是所有课程教学环节中不可或缺的一环，但随着教学理念的不断更新，复习课对于教师的专业水准、教学方法等的要求自然也更高，这导致习惯于传统复习课模式的老师抱怨"复习课太难上了"。

有效教学的教学观提倡教学效果、效用与效率，有效果、有效用、有效率是其三个维度[2]。有效教学的主体是学生，对一节课的教师教学活动是否是有效教学的评价不是基于教师对知识的讲解程度抑或是其认真程度，而是学生在课堂教学中或课后是否有所收获，是否获得了发展。学生的进步与发展是评价一堂课是否有效的唯一指标[3]。化学作为一门自然学科，涉及到很多枯燥的概念与理论，因而，无论是化学教学还是化学学习难度都是比较大的。化学课的特点也为教师的教学活动提出了更高的要求，教师必须在教学活动中采取有效教学方法，激发学生的学习兴趣与内驱力，对于化学复习课的教学更应如此。

1. 化学复习课应注意的问题

（1）教学观念

传统教学观视学生为一个空的容器，教师教学过程就是往容器里倾注知识的过程，这是典型的"填鸭式"教学。这种教学严重低估了学生的认

〔1〕纪延华. 基于心理学的复习的策略分析 [J]. 当代教育科学，2006 (15)：36—36.
〔2〕余文森. 有效教学三大内涵及其意义 [J]. 中国教育学刊，2012 (5)：42—46.
〔3〕崔允漷. 有效教学：理念与策略 [J]. 人民教育，2001 (6)：46—47.

知能力、知识储备的差异，教师在课堂中表现出过于简单化的倾向[1]。在此教学观下，"一言堂"等现象十分普遍。新课程改革背景下，教师的教学观念发生转变，新型教学观认为学生是教学活动的主体，教师角色应当是学生学习的组织者、指导者与促进者。教学观念的转变，为教师提出了更高的要求。Y老师在此次授课中，与学生互动频繁，鼓励学生积极提问。课中，Y老师进行提问，学生都说出了自己的答案，有一学生的答案与其他学生明显不同，Y老师提问该生，请他解释自己选择该项的原因，期间，Y老师没有表现出任何负面的情绪，而是很耐心地与该生进行了交流，学生说出了选择其他选项的原因，Y老师随后对所有选项进行了分析，学生加深了对相关知识的理解。但发现诸多转变的同时也发现了Y老师可能面临的一些问题，Y老师在教学过程中表现出了一定的观念转变，然而这种观念的转变对教学方法的影响的确比较小。例如，Y老师在对知识的复习中，多次采用了带学生填空的方式，在"化学反应速率是用来描述化学反应过程的快慢的物理量"这句话中，Y老师会读横线之前的部分，学生需要答出横线上的语句。尽管Y老师加强了与学生之间的互动，但这种互动方式是机械的、无创造性的，仍然带有以教师为主体的教学观念。除此之外，新型教学观念尊重学生的发展水平，提倡依据学生的发展水平进行课程活动。本次复习课选取了内容极为重要且知识繁多的一个章节作复习，这对于高一学生未免有些压力过大。

（2）教学手段

网络信息技术的发展给教育领域带来了很多机会，以多媒体技术为核心的信息教育技术早已扎根于课堂教学之中，多媒体的广泛使用也使其成为学校教育的热门话题之一。多媒体教学是指在教学过程中，根据教学目标和教学对象的特点，通过教学设计，合理选择和运用现代教学媒体，并与传统教学手段有机组合，共同参与教学全过程，以多种媒体信息作用于学生，形成合理的教学过程结构，达到最优的教学效果。对多媒体的使用应当是有无限可能的，然而，有些教师未能充分认识到多媒体技术带来的

---

〔1〕 张建伟. 从传统教学观到建构性教学观—兼论现代教育技术的使命［J］. 教育理论与实践, 2001 (9)：32—36.

种种可能性，仅仅用其作为课件放映的平台，或者说，只是将以前的板书教学的内容换了个地方而已。Y 老师的教学过程使用了多媒体技术，且课件的制作层次分明，例如 Y 老师用不同颜色的字体表示知识侧重点，使学生能够一目了然。可见，Y 老师在课件的制作上颇下功夫，然而，正如上文所提，该课件的制作更像是旧式板书内容的翻版，没能很好的利用多媒体技术。整个课程 Y 老师仅仅采用了 PPT 中文字呈现与图片呈现的功能，其他诸多功能：视频、音频、教学软件都没有使用。这也是很多教师在多媒体教学中所遇到的问题，将多媒体教学的内容局限于课件的制作，未能充分发挥多媒体的效用。这种使用方式的教学效果与传统的板书教学效果可能差异不显著。

（3）教学方法

美国著名教育家杜威主张"教育即生活""教育即生长""教育即经验的改造"。近代教育学家陶行知先生曾说道，"生活教育是给生活以教育，用生活来教育，为生活向前向上而教育。教育要通过生活才能发出力量而成为真正的教育"。传统教学中教师往往忽视了教学内容与生活的结合，而注重对学生解题能力或背诵能力的训练。教学生活化或生活化教学，指教师通过捕捉生活中的学科知识，挖掘学科知识的生活内涵，将抽象的教学建立在学生生动、丰富的生活经验之上，引导学生通过合作、探究等学习方式，陶冶情操，获得有活力的学科知识、技能和方法，并能学以致用，创造性地解决生活中的实际问题，实现学科教学的生活化[1]。化学影响人类生活的方方面面，人类离开化学，社会就不可能发展。从宏观上看，化学解决了人类历史上众多难题，能源的使用促进了工业的发展，化肥与农药的使用使农作物产量提高，保障了人类的生存。微观上讲，合成纤维为衣着提供了更多的选择，沐浴露等清洁用品有利于个人卫生的保持，蓄电池保证了手机、电脑等产品的长时使用。以上的便利都是通过化学反应才能实现的。然而即便化学与生活联系如此紧密，也未曾发现 Y 老师的教学过程中知识与生活的联系，Y 老师更多的是要求学生对相关原理的掌握，对概念以及化学式的背诵。

〔1〕张文，高玉柏. 生活化教学的实施策略［J］. 中国教育学刊，2006（10）：47—49.

3. 化学复习课策略

3.1 科学教学设定目标

明确的教学目标是实现教学优化的重要前提，是教学方法的选择、教学媒体运用和教学评价的依据，是教师教、学生学的方向指南。[1] 有效的教学目标应当是明确的，应该基于学生认知发展水平、知识的储备等。因此必须设立具体的、具有层次性的教学，传统教学中，教师教学目标单一，忽略了学生之间的认知水平与知识储备的差异性，尤其是复习课上，要求学生掌握某项知识成为了唯一的目标。这种一刀切的教学目标不利于学生的发展，也不符合教育理念，因而教学目标应当针对学生的个体差异进行分层，若学生掌握了达到符合自己发展水平的知识，教师就应当认为这是一种进步。例如在"影响化学反应速率"的学习部分时，对于后进生，教学目标可以设置为需要他们了解浓度、温度、催化剂、固体表面积等对化学反应速率均有影响即可，对于普通学生可以在上述基础上加上了解上述因素如何对化学反应速率产生影响，而对于认知发展水平较高，理解能力较强的学生在复习课时应当有更高要求，不仅要求他们理解反应原理，而且还需要将化学知识与生活实际联系起来，可以进行举例说明。

3.2 科学选用教学内容

在此环节教师应做到基于学生发展水平选择恰当的教学内容进行组织，这一切应是为了更好地促进学生的全面发展。化学复习课内容的选取应当符合学生所能接受的水平。以上述教学为例，单节课内复习"化学能与电能""化学反应的速率与限度"两部分重点内容对于学生着实过多，对于接受能力有限的学生学习任务过重，反而会丧失对化学的学习兴趣。可以选择其中某一章节进行详尽的复习，例如仅选择"化学反应的速率与限度"，教师在对本章节进行复习时，应当充分考虑学生个体的差异性，先前知识的差异，思维方式的差异以及兴趣上的差异。例如，学生往往在

〔1〕黄梅，宋乃庆. 基于三维目标的教学目标设计〔J〕. 电化教育研究，2009（5）：101—105.

思维方式上存在差异，有的学生逻辑思维能力较强，有的学生则有较强的具体形象思维。在进行本章节的复习时，针对逻辑思维能力较强的学生，教师可以通过建立知识结构树图，选择一些思辩性较强的习题让该类学生进行思考；而对于具体形象思维倾向的学生，这种学习方式显然是事倍功半的，因此，针对此类学生，教师可以充分利用图形与视频等形式对学习内容进行描述；有的学生主要采用直观思维对信息进行处理，针对这类学生，最有效的办法就是运用实验器材让学生进行操作。教学内容的选取是课堂教学开展的一项重要内容，"化学反应与能量"是一章入门章节，更详尽的内容在人教版化学选修 4 里会进行学习，因而，在对此章节的复习中，应该侧重于对学生学习兴趣的培养以及相关知识的考察，而非对此进行深入学习。因为教材的编写一般是遵循学生的发展情况的，提前深入学习可能效果欠佳。

3.3 有效使用多媒体

多媒体教学的范围很广，课件的制作仅仅是其中一个点。在化学课教学中，尤其是复习课中，有效的使用多媒体可以激发学生学习化学的兴趣，培养学习动机。多媒体的应用，能够使枯燥无味的化学公式、化学理论活起来，使其从抽象变具体。在化学课的第一次新课中，一般情况下只要不是特别危险的实验，教师都会进行实验以给学生一个更加直观的印象，但是在复习课中，教师较少用到实验，原因在于化学材料的购买经费不足且教师认为没有必要再次实验。然而，学生通过自己动手可以更好地了解化学反应过程，也能够激发其学习兴趣。但是在习题中，化学习题通常包括多个化学材料，甚至有时需要多个试管，面对高额的化学材料的购买费用，教师似乎显得无能为力。多媒体教学有效解决了此问题，使用化学游戏软件可以节省大量实验费用，且能够相对直观地反应实验过程，更为重要的是，学生可以进行操作，这无疑可以增强学生对于化学的学习兴趣，也能使枯燥无聊的化学复习课上出新意与趣味。例如 sokobond、Chemist-Virtual Chemistry Lab、Chemistry by Design 等化学类游戏或应用都获得专业人士的好评。这类化学游戏具备界面简洁，操作性强，容易上手等特点。且大部分化学游戏软件是免费使用或者一次性收费，终身使用。且化学游戏软件不仅满足学生对于书本习题上相关实验的操作，同时能够激发学生学习主动性与创新精神，学生可以通过软件自由使用任何剂量的化学试剂，使用任何化学容器，这些都不受限制。可见，多媒体的有效使用增强了化学复习课的趣味性。

3.4 教学生活化

前文已经提及化学的种种特性表明化学与生活的联系是相当密切的。因而，相对于其他人文学科，化学教学的生活化似乎比较容易。但实际上化学复习课的教学生活化着实不易，其实教学生活化并不是新观念，然而要真正做到教学生活化，对教师有很高的要求。教师不仅仅需要具备专业的知识素养，更需要充分了解学生心理以及学生所关注的问题，并且要具有能够巧妙将学科知识与生活现象结合的能力。对于化学复习课，由于在先前的教学活动中教师可能已经进行过生活化教学，教师们往往在复习课上对教学生活化没有那么重视了，或者是教师的知识储备无法从新的角度进行生活化教学。为解决上述问题，教师可以在复习课上，侧重于教师与学生对"化学与生活"的讨论上。例如，在对"化学反应的速率与限度"复习时，教师可以与学生讨论"生活中有哪些现象可以用化学反应速率的影响因素来解释"，教师进行举例，试图达到抛砖引玉的效果。如"炎热的夏天食物容易坏，因为温度高，反应速率加快。而放在冰箱里面就不容易坏了"。列举生活实例的益处在于使化学学习回归生活，知识本就基于生活得来，而后为生活服务。教学生活化相比于传统教学方式有利于教学目标的达成。在化学复习课上运用教学生活化应当注意以学生为主体，学生的回答只要有理有据，符合要求即可，切忌固定答案，固化学生思维。

09
课堂提问的
点名学问

【教学案例】

2013年3月15日，有幸观摩了宜章县八中L老师讲授的一堂化学课（见图）。教学内容是人教版九年级下册第十一章"盐和化肥"。L老师从生活中的盐与工业用盐的实际生活案例导入新课，不时通过学习和课堂实验对生活中几种常见盐的名称、化学式、俗名、用途、色、态和溶解性等开展教学活动。L老师对教学内容非常娴熟，尤其是与学生的有效交流和反馈给我留下了深刻的印象。45分钟的教学，L老师对学生点名提问，每次都能叫出每个学生的名字。课后，校长告诉我，L老师教初中3个班的化学，每个班60多名学生，他的课堂每次点名都能做到如此，而且教学效果非常好，令人钦佩。这使我想起很多时候去中小学观摩教学，发现很多老师一堂课下来要么老是找几个熟悉的学生提问，要么用手指着某个叫不上名字的学生来提问。由是观之，中小学课堂教学中老师的随堂点名提问是一个值得思考的问题。

思考题：

1. 中小学课堂教学中，点名提问有何作用？

2. 中小学课堂教学中，实名点名提问与非实名点名提问对学生有何不同影响？

3. 中小学课堂教学中，点名提问应注意哪些问题？

【诊断·反思】

课堂提问的点名学问

在学习过程中，科学而有效的提问不仅能够促进教师与学生之间信息的双向交流，还能促进教师与学生情感的交流，及时唤起学生的注意，创造积极的课堂气氛，激发学生的学习动机和兴趣，真正发挥教师的主导作用和学生的主体作用，可以从侧面展示教师的教学艺术和教学魅力。

1. 课堂提问的重要功能

（1）增进师生交流，活跃课堂气氛

教师教学的提问行为具有增进师生交流、集中学生注意、激发学生兴趣、启迪学生思维、检查学习结果、活跃教学气氛、获取教学反馈信息等多种教学功能，好的提问是教师高效率教学行为的一个重要特征[1]。在这样高效率的课堂中，学生的学习效果不言而喻，在学习知识的同时也与老师建立了更加亲密的关系。一个好的问题不仅能够促进学生对所学问题进行思考，还能进一步促进教师和学生的情感交流，全班几十位同学很难

---

〔1〕 马会梅. 教师教学提问行为研究［J］. 教育探索, 2009（05）：88—89.

有机会得到老师特殊的关注和照顾，点名提问时在全班同学中选出一位同学进行提问，这位同学无疑成为全班的焦点，也是促进老师和学生单独交流的好时机。得到老师的特殊关注后，让每位同学感受到自己的独特性和老师的重视，就会不断提高对自己的要求。L 老师的点名提问更是能够让学生真切地感受到老师对自己的关注，许多老师由于教授的班级众多，并以此作为记不住学生姓名的借口，无法做到应对自如的点名提问，只是随机按照花名册点名提问，或随手邀请前排、身边的学生回答问题。记住每位学生的名字表达了教师对学生的尊重，学生在得到老师的关注和尊重后，觉得自己是一个值得被重视的学生，所以会情不自禁地提高对自己的要求。

传统的注入式教学是教师一个人的"一言堂"，老师生硬死板地传授讲解知识，学生机械地背诵知识，学生和老师并不能很好进行互动，学习效果可想而知。在提问过程中教师如果能够注意学生的心理补偿机制，在学生回答不出问题答案时，教师可以进一步将问题由难变易，进一步将大问题分解成小问题引导学生一步步思考，帮学生"解围"。这样既缓解了学生紧张的情绪和课堂尴尬的气氛，也能使回答问题的同学获得一定的成就感和自信心，激发学生回答问题的积极性，使课堂始终保持轻松欢快的氛围。

(2) 集中学生注意力，激发学习兴趣

每节课 45 分钟的课堂时长，对于任何一个成年人来说都无法保障 45 分钟的高度集中，对于正处于青春期的初中生来说，生性活泼好动的他们更无法保持长时间的高度精力集中，在精力不集中的情况下，无论老师讲解得多么通俗易懂、娴熟精炼，学生无法消化吸收，也不能取得良好的教学效果。老师整堂课的讲解无法保障每位同学都可以全神贯注地听进去老师讲的每一句话，生性活泼好动的学生在课堂上分心走神是再正常不过的事情了，很多学生虽然坐在教室，却不知他们的心思在何处神游，这样的学习效果和效率可想而知。如何能够保障学生集中注意力，将走神的学生及时拉回课堂，让学生时刻集中注意力，紧跟老师思路，就需要老师在课堂上适时地进行课堂提问。正如案例中 L 老师的做法，45 分钟的时间内对全班同学进行了多达 22 次的点名提问，平均每两分钟就要提醒一次学生，好好注意听讲，认真思考。相信学生在这样频繁提问的课堂中很难走神，每当要走神的时候都能够及时被老师拉回课堂。

单纯的知识讲解势必会让学生感到无聊，好的提问能够激发学生的学习兴趣，使枯燥无聊的课堂变成趣味的知识传播。这就要求教师能够适时准确地掌握提问的恰当时机和拥有丰富的教学经验。例如，课前学生刚刚从放松的课间进入课堂学习，注意力无法一下子完全集中，这就要求老师及时提问，通过提问将学生迅速引入到课堂当中来；在上课的过程中，长时间的讲解让学生感到疲惫，教师要通过提问充分调动学生的积极性；讲到重点难点的时候，教师应把大的问题分解成几个小问题，引导学生一步步进行思考[1]；如果课堂气氛不够活跃，老师要通过提问，调节课堂气氛，让每位同学都能够充满热情和兴趣地认真听课。好的问题以学生目前的知识水平和能力为基础，在此基础之上进行提问，问题如果太难，学生回答不出，不但处于一种焦虑紧张的状态还容易使学生产生挫败感，长期以往，学生不敢回答老师的问题，或者根本将老师的提问置之不理，影响学生的学习效果；如果问题过于简单，缺乏深度和广度，不能引起同学的思考，也同样无法调动学生的积极性，同时容易产生骄傲自满的情绪。一个好的问题不仅不能过难过易，还要以学生的兴趣点作为学习的出发点，不能从成人的角度出发进行问题的设计，青少年和成人的成长环境、生活经历都大不相同，成年人认为有意思的东西青少年不一定感兴趣，作为教师应与时俱进，积极关注青少年感兴趣的问题和事件，将它们与课堂知识结合起来，通过课堂提问，激发学生的学习兴趣，从而活跃课堂气氛。

(3) 开阔学生思路，启迪学生思维

积极思考是研究问题的内部动力和条件，只有通过自己认真积极的思考才能真正地理解领悟知识。在课堂上，如果没有提问，老师只是机械式地向学生灌输知识，那将无法引起学生的思考，也就不会锻炼和提高学生的学习能力、思考水平。课堂提问是教师开启学生心智、促进学生思维能力发展、增强学生主动参与意识的基本控制手段[2]。不同层次水平的提

---

〔1〕 陈卫国. 中学生课堂问题行为初探［J］. 当代教育科学，2007（5）：87—88.
〔2〕 沈小碚，袁玉芹. 影响小学教师课堂提问效能的因素分析及其策略研究［J］. 课程·教材·教法，2013，33（08）：36—41.

问调动的学生思维含量不同，引发学生的思考程度不同。因此，教师要依据学生现有的知识和能力以及课程目标的要求，设计最为适合的提问层次，从而使学生的思维达到最为活跃的状态[1]。解答问题时运用综合性的理论依据同样有利于学生发散思维和综合能力的培养，要求教师能够把学生学过的知识和理论结合在一起，将其横向或纵向地联系起来，锻炼学生熟练掌握知识能力的同时能够灵活地运用知识。

知识回忆水平的提问一般在课前的导入阶段，用于诊断学生现有的知识水平和复习知识。理解水平的提问适用于检查学生对所学知识的掌握情况，一般用于讲授新课之后。应用水平的提问要求教师把学生之前所学的概念、规则、理论等知识结合在一起，要将旧知识迁移到新知识当中才能够顺利解决问题并找到问题的答案。分析水平的提问要求学生运用已经学过的知识分析新接触的知识，理清事物之间的关系和结构。综合水平的提问要求学生对知识进行整体性的理解，并将这些问题用一种全新的方式结合起来，此种提问方式适合合作学习、探究学习以及小组合作。评价水平的提问要求学生根据自己的经验和思考，从不同的角度对问题进行评价，说出自己的理解和看法，首先要求学生对知识有一定程度的深入理解，能够综合运用知识同时帮助学生形成自己的世界观。通过不同的方式进行提问都是为了启迪学生的思维，不断提高学生的学习能力和学习水平。

2. 课堂提问的重要性

（1）引导学生积极参与教学活动

教学过程当中，课堂并不是教师一个人的舞台，学生也应积极地参与到教学活动中，课堂是教师和学生共同的舞台，缺少哪一部分都不能构成完整高效的课堂，学生并不是从属于老师，无论是学生还是老师都是课堂中的主角。课堂并不是老师一个人的课堂，只有学生积极配合老师，共同参与到课堂的活动中才能保证课堂的教学效果。如果学生在课堂上精力不集中，授课能力再突出的，授课技巧再娴熟的教师也无法将知识传授给学

[1] 王春华. 论课堂教学中提问的层次性与思维含量 [J]. 北京教育（普教版），2005（5）：12—14.

生，在学生注意力分散的时候，势必不能全情投入到课堂当中，老师整堂课的讲解也无法保证每位同学整节课都可以全神贯注地听讲，生性活泼好动的学生在课堂上分心走神是再正常不过的事情了，很多学生虽然坐在教室，却不知他们的心思在何处神游，这样的学习效果和效率可想而知。注意是一切形式的学习和解决问题的基础，注意的基础是焦虑，教师的任务就是造成适当水平的焦虑，使学生的注意力高度集中。[1] 课堂的点名提问给了学生一定的外部刺激，让学生在稍微紧张的情绪中努力集中全部精力，顺着老师指导的方向认真思考，防止注意力的分散。同时不同学生在面对不同难度的问题时，呈现出的刺激程度不同。著名教育心理学家Lindgren（1985）指出，复杂任务比简单任务包含更多的刺激，而刺激具有唤醒我们中央神经系统的功能，刺激越多，觉醒程度越高[2]。在点名提问时，根据学生的"最近发展区"提出在其解决范围内的问题，能使其具有一定紧迫感，可以更加专心认真地对问题进行分析、反应，然后归纳并得出问题的答案。课堂上的点名提问能够保证学生集中注意力，将走神的学生及时拉回课堂，让学生时刻集中注意力，紧跟老师思路，使学习效果最优化。

（2）激发学生学习积极性

对于知识的探索总是从疑问开始的。灌输式的教学之所以无法取得良好的教学效果就是因为不能使学生产生疑问，无法激发学生的学习积极性。一味地灌输只能让学生机械式地记忆，而不能发自内心地主动求学。好奇心是支配学习动机的重要内容，好奇心是接受新知识、处理信息的第一个步骤。好的问题能够充分使学生产生好奇心，在好奇心的驱使下又充分调动了学生的学习积极性。课堂提问还能够激发学生的学习动机，因为教师的提问面对全班同学，对于问题的回答在一定程度上展现了学生的知识水平和能力的大小，每一次的点名提问都相当于一次在全班同学面前的展示，所以每位同学都想要抓住机会，好好表现，希望能顺利回答出问题并得到老师和同学的赞美和许可，使自己的自尊心得到满足。这种竞争意

〔1〕郑佩芸. 课堂提问与焦虑控制［J］. 外语界，2003（03）：26—30＋53.
〔2〕同〔1〕。

识促使每位同学在课前做好充分的准备，认真地预习、复习，通过阅读其他的课外书拓宽自己的知识面，努力思考老师会提什么样的问题，能够在其他学生都不会的情况下精彩展示自己的能力，这也就诱发了学生的学习欲望。当教师看到学生的进步或努力，对学生进行肯定的时候，学生的自尊心和自信心都得到了满足，又进一步促进学生继续进行学习，形成良性的循环。当没有回答出问题的同学看到别人能够知道问题的答案时，也会想要通过自己的努力得到老师和同学们的认可。

（3）教师及时了解学生学习的掌握程度

教师课堂反馈行为是教师为了判断学生的学习情况、了解自己的教学效果、促进学生的有效学习而开展的对学生学习信息的采集、分析和利用活动[1]。在课堂教学中，教师讲课的效果如何，往往通过课堂提问即时检验，教师可以通过提问了解学生课堂掌握知识的情况，以及学生对哪些地方不能够透彻地理解，探明错误产生的原因和学生的漏洞，以便更好地进行反思，不断提高自己的教学水平，针对学生的特点和薄弱的地方进行不同的教学，争取让更多学生能够透彻理解更多知识点。课堂提问不仅能让教师得到反馈，学生同样能在课堂提问中得到有益的反馈，学生可从教师的反馈信息中了解自己的知识和能力的发展情况并改正不足之处和强化正确的行为[2]。例如当老师讲授新知识的时候能够听懂，但当老师提问时却不知道该如何回答，说明对知识点的掌握还不够熟练，需要进一步加强联系；当听完新课后，能够顺利回答教师提出的问题，说明至少已经透彻理解了教师所讲授的内容。甚至有些自以为正确的想法和观点，在课堂回答问题时才发现原来是和问题的答案大相径庭，通过课堂提问，学生能够不断地审视自己，改进自己的学习态度、方式，使自己的学习效果更有成效。案例中刘老师采用了点名提问的方法，能够根据每位同学不同的个性和特征进行提问，清楚地记住每位同学的名字表明教师对学生的尊重和了解，根据学生的不同特点进一步进行明确的提问，例如，有些学生正在走神，老师通过点名提问将其及时拉回课堂当中，继续认真听课；有些同学平时容

〔1〕 叶立军，彭金萍. 教师课堂教学反馈行为存在的问题及化解策略 [J]. 当代教育科学，2012（04）：37—40.
〔2〕 叶立军，斯海霞. 代数课堂教学中教师评价行为研究 [J]. 教育理论与实践. 2011.（8）.

易粗心大意，老师在提问细节方面的问题时可以点名提问这些同学，让其更加细心地注意细枝末节，减少粗心，变得更加仔细认真地对待问题。

3. 课堂提问的技巧

（1）精心设计筛选问题

教师要想充分发挥课堂提问的优势作用就要首先对课堂提问的重要性有充分的了解和认识，也要对所教授的知识有全面的理解和感悟，不能在课堂上随心所欲地提问题。教师在课堂上提问的所有问题都是经过精心准备的，一节课只有 45 分钟的时间，提问的机会也只有有限的几次，所以教师要好好把握每一次提问的机会。只有问题提得恰当才能够充分激发学生的思维共鸣，引起全班同学的思考，激发学生的求知欲望。有时教师所选择的问题不恰当，不仅没有激发学生的思考，还白白浪费了提问的机会，有时还会毁了一堂原本很好的教学课。同时教师还要注意避免无效提问，有时教师的随口一问，可能就把学生的思路带到了偏离课堂的方向上，无法继续顺利按照原定的方向进行。课堂提问存在的问题各种各样，比如问题过于空泛，指向不清晰，为提问而提问等，这些都是教师在课堂提问时应该注意的方面。

（2）注重语言的艺术性

提问时，教师应注重问题的语言艺术，如果教师的语言过于精炼，学生无法理解问题的含义，这样的问题起不到任何的作用，学生不能理解老师所提问题的含义也就根本谈不上进一步思考了。相反许多老师担心学生不能理解问题的含义，使用繁杂的语言一遍一遍地进行解释，这样不仅耽误了课堂的时间，还容易使学生产生厌烦的心理。有些教师故意加上其他语句对问题作进一步说明，教师可能觉得说得越多学生理解得越明白，可实际上，说得越多，学生更容易找不到问题的核心思想和关键，同样影响学生对问题的思考。所以提问时教师要注意语言的简洁性、通俗性和关键性。学生只有清楚明白了问题的含义，才能对问题进行思考性的解答。这就要求教师在提问时注意语言的艺术，能够让学生在简洁的语言中，清楚明白地理解问题的含义并进行深入思考。

（3）难易适度，面向全体学生

提问前教师应站在深入研究教材的基础之上，针对班级学生的实际情况进行教学，教师要控制好问题的难易程度，既不能让学生回答不出老师的问题，也不能让问题过于简单，要让学生"跳一跳才摸得着"，让每位同学通过自己的努力可以解决问题，得到问题的答案。难度大的问题可以通过导入或将其分解成小问题。还要针对不同的学生群体提出不同的问题，针对学习能力较弱的学生，要多提一些简单的基础性问题，增强他们的自信心，激发他们更多的求知欲，较难水平的问题可以让能力一般的同学先回答，其他同学再慢慢补充。教师的提问同样应该注意梯度，不仅是指正确把握所提问题的难易度，还指学生接受知识程度的把握。《学记》中说："善问者如攻坚木，先其易者，后其节目。"在学习的过程中也是这样，应该先易后难，由浅入深，循序渐进，就像砍木头要先从容易下手的地方着手一样，循序渐进。

课堂提问是中小学课堂教学中老师们经常使用的一种教学手段和形式，也是老师在课堂教学中促进学生学习、引发学生思考的综合性艺术。点名提问既显示教师对教学内容的熟知程度，也体现出老师对学生的了解和熟悉程度，体现的是教师的"心"，对教学内容熟悉的用心和对学生熟悉的用心。尤其对现在的中小学大班额教学的现实，每个老师每堂课要做到这点虽然说有一定难度，但是，从有效教学的角度来说，是值得我们每个老师重视的。

10
课堂教学的
提问艺术

【教学案例】

　　人教版小学四年级语文教材中收录了巴金先生写的一篇游记《鸟的天堂》。独木成林的大榕树上栖息着许多白鹤、麻鹤、灰鹤和其他鸟雀，构成了一个蔚为壮观的"鸟的世界"。

　　语文公开课上，老师引导学生朗读和分析课文，并要求学生默读作者第二次去"鸟的天堂"时描写鸟的句子。之后进行师生交流互动。老师问："同学们，鸟儿在干什么呢?"同学们回答："鸟儿在飞，鸟儿在嬉戏，鸟儿在相互梳理羽毛，鸟儿在唱歌……"此时的课堂气氛十分活跃。紧接着老师追问："同学们，鸟儿在唱什么歌呢?""我是一只小小鸟。""小鸟说早早早，你为什么去学堂?""小白灵飞来，收拢了翅膀，爱上这一片绿色的海洋。""天边的太阳微微笑，树上的小鸟吱吱叫。""死了都要爱。""爱我别走。"……一下子有的说，有的唱，整个教室异常热闹。面对这种"出乎意外"的热闹，老师不知如何进行下一环节，顿时觉得很尴尬。

（资料来源：人教版小学四年级下册语文）

思考题：

1. 通过上述教学案例，有哪些值得我们思考的问题？
2. 课堂教学中，有效提问的价值和意义是什么？
3. 课堂教学中，教师有效提问应注意哪些方面？

【诊断·反思】

课堂教学的提问艺术

有效的课堂提问是提高教学效率的关键所在。它主要是通过师生在课堂上的提问与回答的互动，让学生获得普遍进步，实现个体的充分发展。有效的提问能驾驭参差不齐、瞬息万变的学情，能激活学生的思维，调动学生学习、探究的兴趣，既能让学生有所悟、有所获，又能使学生感受到一种身心的愉悦和享受，从而使课堂教学事半功倍。

1. 对课堂教学有效提问的认识

对话是探索真理与自我认识的途径，对话以人及环境为内容，在对话中，可以发现所思之物的逻辑及存在的意义[1]。提问则是对话的一种表现形式，也一直是国内外教师教学的有效互动方式，是师生间的一种交流与互动。在国外，苏格拉底的产婆术是典型的对话式教育，主张师生共同寻找真理。教师通过与学生对话，提出一系列问题，让学生自己顿悟出答案。爱因斯坦也说过："提出一个问题比解决一个问题更重要。"在国内，孔子注重启发式教学，认为"不愤不启，不悱不发"，强调教师要把握好提问的时机与度。陶行知也说过："发明千千万，起点是一问。"在课堂教学中，教师提问的有效性以及追问的适时性都是促进课堂有效生成的重要方式，也是教学目标实现的重要手段。在本案例中，从整个课堂教学视角来评判，该老师语言表达清晰，声情并茂，注重吸收新课程改革思想，课堂互动良好，学生学习积极性高。严格意义上讲，这是一堂比较成功的公开课。但是，细究这堂课，还是有些环节有待于完善，其中不足之处即是教师的随意设问和追问，如"鸟儿在唱什么歌呢？"该问题的追问与课堂教学内容相脱离，与原本预设的课程设计相偏离，看似学生回答地热火朝天，但实属本堂课的败笔。有效的课堂提问是相对于低效提问、无效提问而言的，它能驱使个体积极思维、主动参与，不断提出问题、解决问题，促进学生的思维从无序向有序化提升，从疏漏向精密化提升，从散点向结构化提升[2]。小学四年级是学生思维发展的关键期，是从具体形象思维向抽象逻辑思维发展的过渡期。教师的有效提问是引导学生思考与学习的关键，促进学生思维发展的催化剂。一个有效的课堂提问或追问，能让学生积极主动地思考问题、并努力解决问题，从而使教学效果达到 $1+1>2$ 的效果。

2. 课堂教学有效提问现状

随着新课改的深入发展，教师的教学方式、教学观念得到了改变，教师更注重与学生间的课堂互动，但部分教师受自身专业素养不高或教学经验不足等限制，将原本"满堂灌"的现象渐渐转变成了"满堂问"，教师

〔1〕 雅斯贝尔斯著，邹进译. 什么是教育 [M]. 生活·读书·新知三联书店，1991.
〔2〕 卢正芝，洪松舟. 教师有效课堂提问：价值取向与标准建构 [J]. 教育研究，2010 (4)：65—70.

课堂提问仅存留于问题的量上，而不注重问题的质，教师对提问的重视不够、研究不深，或是为追求活跃的课堂气氛，或是因为误解了启发式教学原则，设计了许多不恰当的问题[1]，最终导致整个教学过程看似互动激烈，学生讨论得有声有色，但课堂教学效果却不令人满意。中小学课堂教学中，常见类似的教学情境，教师在教学中，根据教与学的实际情况，常常不经意地提出一些原本未设计的问题，然后又根据学生的回答，进一步追问。"学起于思，思起于疑，疑起于问。"很好地告诉我们学会提问的重要性。但若是无效的提问，将会限制学生的思维发展，同时，这种随意设问也有可能导致两种截然相反的结果：一是教师收放自如，并能对学生五花八门的回答进行合理点评，顺利回归主题，凸显教师的教学机智；二是放得出收不回，不能对学生的各种回答给予正确评价，也不能有效地引导学生根据教学主题进行思维拓展，出现教学中断等消极教学行为，不利于整个课题教学的节奏把握。课堂提问是师生互动的常用手段，那如何才能提高教师课堂提问的有效性呢？可以从以下几个方面来进行分析：其一，提高教师的专业素养。课堂提问的设计是一门艺术性的设计，教师除了要对专业知识精通，还要对相关专业知识有所了解，尤其是心理学，要熟悉各阶段学生心理发展的特点，找准学生的兴趣点。教材是教师教学的工具，教师在进行教学设计时，要精准剖析教材，找准重难点，预设好问题情境。其二，掌握多种提问方式，注意提问的坡度。提问类型多种多样，只有熟悉各种提问方式，在恰当的问题情境中选择合适的提问方式，才能使教学事半功倍。同时学生主体是动态的，提问要注意学生的认知发展水平以及整体的实际水平，要注意结合教学内容的逻辑结构，层层递进、环环相扣，从易到难，慢慢增加学生的自我效能感。其三，提问要切中要害，把握时机。"不愤不启、不悱不发。"要注重提问的时机与度。学生对教师随意设问与追问，而表现出的超乎教师意料的行为，教师应积极面对学生的表现，或通过简短评价顺势转入下阶段教学，或因势利导深掘该问题和进一步拓展学生思维。教师可以结合学生已有基础和接受能力，以班级学生的中上水平为主体基础，设计可以启发思考的、难易适当的、最适

---

[1] 贺玉苗. 浅谈中学语文课堂有效提问的方式 [J]. 长江师范学院学报，2012，28 (10).

宜的问题，结合课堂教学内容和进度，基于不同教学环节的具体教学目标，在学生"愤"和"悱"时，适时抛出问题，让大多数学生很快参与进来，再通过难易分层的补充性问题，兼顾优秀学生和学习基础较为薄弱的学生，实现"面向全体、兼顾个体"的教育需求，也让提问真正起到"启"和"发"的理想效果。

3. 小学语文课堂提问中的主要问题

当前，小学语文课堂提问环节中存在许多问题，降低提问效率，不利于小学语文教学活动的开展。首先，从课堂提问的内容看：教师设置的问题数量相对较多，且提问水平较低，不能使学生的思维能力得到提升；教师设置的问题相对较为零碎，缺乏逻辑结构性，有的问题与学生实际相脱节，尤其不能将问题设定在学生思维的最近发展区域内；部分教师的课堂提问只相对于部分学生而言。其次，从课堂提问的技巧方面看，教师存在的问题主要有：提问后，教师等待学生回答的时间少，学生不能对问题有效考虑；部分提问不具备引导性或启发性，即使学生能够回答，但与后续教学的联系性不强；教师未能及时对学生的回答作合理评价[1]。

那么，针对于上述小学语文课堂提问存在的主要问题，改善小学语文教学中课堂提问存在的问题有以下几个方面的措施：

（1）增强教师课堂提问的意识

小学教师应该关注小学生的特点，注重采用课堂提问这种方式来促进学生对语文知识的学习。教师应该意识到课堂提问的重要作用，应该利用课堂提问来活跃课堂氛围，调动学生的参与积极性。只有学生愿意参与到课堂中去，和教师一起积极思考，才能在实现对相关语文知识学习的基础上，促进学生学习能力的发展。例如，小学教师在讲授《称象》这篇课文的时候，可能会凭借自己的生活经验和学习过的知识，觉得这篇课文很简单。而对小学生来说，对这篇课文似是而非的理解状态，可能会使其丧失学习的兴趣。这时候，教师就应该通过课堂提问的方式来促进学生的学

---

〔1〕 房文莉. 小学语文课堂教学中德育渗透的问题与对策研究 ［D］. 扬州大学，2016.

习。首先，教师提问："同学们你们知道大象有多重吗？"这时候学生因为对具体的数量词没有概念而众说纷纭，产生了兴趣。然后教师再提问："有没有知道应该怎么给大象称重的呢？"学生再次讨论得到各种结果。最后，教师再引入对这篇课文的学习，学习曹冲是怎么给大象称重的。这就通过提问调动了学生的学习兴趣，提高了学生的思维能力。

（2）根据学生的实际情况设问

小学教师在语文课程教学的课堂提问中，应该重点考虑小学生的思维发展特点和具体的学习情况，只有这样符合实际情况的提问才能使得学生更能切身体会到课文的内容，以及教师要求的学习目标。教师应该注意提问的方式和提问中采用的词汇，应该是小学生能够理解的，不是抽象复杂的一句话。只有这样才能真正实现课堂提问的意义，促进学生的发展。例如，教师在讲授《小蝌蚪找妈妈》这篇课文的时候，应避免用到生物学上专业性比较强的指代词，应该采用浅显的语言来提问。教师问："你们知道自己的妈妈长什么样吗？"对于这个熟悉的问题，学生会不假思索地说出各种答案。教师又问："小蝌蚪的妈妈是谁呢？为什么不认识自己的妈妈呢？"在学生的讨论中进入到课文的学习，学生就能在理解的基础上提高对相关知识的兴趣，进而能够更好地投入到新知识的学习中。

（3）教师的提问要有针对性

教师的教学目标是要实现全体学生的共同发展，而不是只注重个别学生的发展。这就需要教师在课堂提问的时候，也能针对全体学生进行提问，关注提问的效果。在提问过程中，教师可以有针对性地抽问，重点对一些性格内向的学生进行提问，学生回答完，要真诚地对答案加以点评，增加学生下次回答问题的信心。例如，教师在讲授《乌鸦喝水》这篇课文的时候，在课堂提问环节，就应该有针对性地进行设问。教师提问："有没有同学知道乌鸦是怎么喝水的？"学生给出各种答案，教师请个别学生回答。教师继续追问："那么，你们知道怎样才能喝到长颈瓶子里的半瓶水呢？"学生众说纷纭后都有了自己的答案，教师再分别请不同的学生单独回答这个问题，实现有针对性的提问。由此，使得课堂提问能够尽可能让每个学生都能参与，促进全体学生的发展。

4. 课堂教学有效提问策略

首先要明确为什么要进行语文课堂提问？课堂提问有很强的可操作性，优质的课堂提问可以更好地了解学生的学习困难，检验学生对学习重点和难点的掌握程度，从通过教师与学生的问答互动中来帮助学生进行知识点的学习，引发学生自主思考，拓展学生思维，提升注意力，培养学生兴趣，树立自信心等。

如何使得课堂提问更有效？在语文课堂教学过程中，课堂提问要从几方面入手：

（1）控制"度"，化难为易

语文是丰富多彩的，课堂是复杂多变的，这就要求我们应预设课堂提问。预设课堂提问是备课过程的重要组成部分，其预设的有效性主要取决于提问的目标和内容[1]。首先，预设问题的目标应该明确，要充分考虑学生的身心发展水平，要有利于全体学生主动参与，并且发展学生的思维水平；其次，预设问题的内容应该有效，预设的问题要与学科教学目标直接相关，突出和强化教学的重点和难点，且预设的问题要具有开放性、挑战性和启发性[2]。提问力求表述清楚、详实、准确，切忌笼统、含混不清、模棱两可；要让学生感到所提出的问题既不是高不可攀，又不能唾手可得；对一些繁难复杂的问题，可转化为一系列小问题、浅问题，或以旧探新，或铺路搭桥，或触类旁通，以平缓坡度，化难为易，在解决一个个小问题的基础上深入到问题的中心。这样即能真正把课堂还给学生，让他们成为课堂的主人。学生只有通过自己的思维劳动取得成果，才会感到由衷的喜悦，才会进一步激发学习的积极性和主动性，培养分析问题、解决问题的能力。例如教学《鸟的天堂》一课时，对文本中描写鸟和榕树的句子，学生很容易找到，如果将问题设计为："文中描写鸟和榕树的句子有哪些？"学生会很快答出，问题没有难度，没有了思考的空间，也就体会

[1] 吴举宏. 试论课堂提问的有效性 [J]. 教育理论与实践, 2013, 33 (23)：53—55.
[2] 卢正芝, 洪松舟. 教师有效课堂提问：价值取向与标准建构 [J]. 教育研究, 2010, 31 (04)：65—70.

不到成功的快乐，无法调动学生的积极性，更谈不上培养能力，那么稍作改动，变为"课文写出了这里的鸟和榕树有什么特点？从文中画出相关的句子"。在思考时就要先想一想哪些句子是描写鸟和榕树特点的，然后才能思考下一步如何作答。这样的提问能给学生一定的思考空间，培养学生的审题能力、分析能力及表达能力，这样的课堂提问势必会收到良好的教学效果。

(2) 把握"量"，循序渐进

语文课的内容多而杂，要在 45 分钟内让学生理解消化，作为引线作用的提问，就要注意处理好"量"的问题。过去不少课堂是一问到底，表面上显得热热闹闹、气氛活跃，而实质上收效甚微、误人误己。要避免这种误区，就要问得适时，问得巧妙，问得有趣，问得有价值，真正体现学生的主体地位和教师的点拨作用。一节好的语文课单靠一两个提问当然不能解决问题，提得过多过繁又会让学生有被老师牵着鼻子走的感觉，因此教师应该根据教材特点和学生实际，设计出一系列有计划、有步骤、既科学又系统的提问，做到有的放矢，逐步引导学生向思维的纵深发展。适时、适量、富于技巧性的提问能培养学生思维和各种综合能力，极大地提高教学效果。《鸟的天堂》一课教学中，可设计以下问题："鸟的天堂是什么意思？为什么课文里几次提到了鸟的天堂，有的加了引号，有的没有加呢？第二次去鸟的天堂看到的景色与第一次为什么不同？什么原因使这颗榕树成为鸟的天堂？"在这样的诱导下，一般学生都会认真阅读，积极思考，考虑怎样把自己的理解归纳总结，并清楚地表达出来。抓住文题牵一发而动全身，问题明了而思路清晰，由浅入深，有的放矢，学生完全可以顺着课题这一线索，把握整篇文章的内容、主旨以及写作方法，收到预期效果。其实教师在备课时只要认真挖掘教材，吃透教材的精髓，精心设计有效问题，力争做到少而精，就能让自己教得轻松，学生学得快乐，获得良好教学效果。

(3) 讲究"法"，面向全体

课堂教学要面向全体，全方位兼顾。为实现有效课堂提问，教师在设计课堂教学问题时，应该针对具体问题具体学生类群设计具体的提问分配方式，设计不同层次的问题，由简到繁，由易到难，这样才能真正做到因材施教。我们认为，合理分配答问对象这种技巧的关键点有三：针对不同层次的学生，采用不同的提问方式，变换不同的角度，一是支持一些学业失败者；二是鼓励那些尝试回答者；三是重视学业成功者所做出的贡献，让每位学生在课堂上都能找到自信，充分自如地展现自己。[1] 如教授《鸟的天堂》一课，就可以运用教学生活化，针对不同层次的学生提出不同的问题，如："作者见过不少榕树，都能称为鸟的天堂吗？""作者是按什么样的顺序来写这篇文章的？""作者几次经过鸟的天堂？看到的景象有什么不同？"整堂课的教学气氛活跃，无论是哪个层次的学生都有话可说，都有表现的机会。收获成就感的同时，也会激发更高的欲望，当他们的表达欲望，表现欲望都被激发，我们的教学就达到了目的。提问要得法，还必须利用学生的好奇心，激发学习兴趣。提问的内容要新颖别致，对学生熟知的内容，要注意变换角度，使之有新鲜感，这样就能激起他们积极思考，踊跃发言。提问的形式要不断变化，如整堂课采用形式单一的提问，就会使学生感到乏味，造成学习上的"疲倦"，从而使教学的效率下降，甚至趋向无效。另外，提问的时机对学生的创造性思维有着极其重要的影响，若时机错误则可能导致学生思维阻塞，启而不发。教师在设计提问问题时，建议在以下几个地方进行问题设计：①"为什么"引导学生去思考？为什么会这样？②在新旧知识有关联的地方设置问题，一方面引导学生进行旧知识的回顾，加深印象，另一方面可以启发学生转折性思维。③在重点教学内容的地方设置问题，让学生可以更深刻地记忆教学要点内容。

（4）动以"情"，因势利导

良好的课堂气氛是完成教学的有利条件，平等融洽的师生关系是营造课堂气氛的关键，提问又是课堂气氛调控的最佳手段。有效的课堂提问还少不了教师"动之以情"。教师在活动中，应注意自己语言措词及语气语态，要有一种亲和力，拉近与学生心灵的距离，这样才能同学生进行平等

---

[1] 张丽. 试论有效课堂提问的技巧 [J]. 上海教育科研，2003（12）：25—2

的思想交流；学生也才会抛弃思想顾虑，走进老师的思维中。老师提问的措辞及语气要恰到好处，很多时候在提出问题时可以说"你知道吗？你想说吗？谁来告诉我？谁愿意告诉大家你的想法？……"看似很随意的几个字，听起来却特别亲切，不给学生高高在上的感觉，而成为学生的朋友，这样才能让学生乐于走近教师，乐于倾听，乐于表达，最终达到乐于共同探讨的目的，踏上探求知识之旅。

只有恰当的提问才能促进教与学，有效的课堂提问可以激发学生的兴趣，挖掘学生的潜能，作为语文教师，需要把学生作为课堂主题，尊重学生的想法，使学生学会思考，通过不断改进提问方法，达到调动学生兴趣、提高学生的逻辑思维能力和思辨能力，进一步培养他们的学习能力，从而达成学生从被动学习到主动学习思考的转变，达到真正的教学目的。巧妙运用课堂提问的艺术，是提高语文课教学质量的有效手段。语文课堂的有效提问要着重从两个方面入手：

一是要围绕教学目标，设计有效的提问。教师必须紧紧围绕教学目标，并针对教学的重点和难点而进行课堂提问的精心设计，理清每一节课的主要教学任务，明确哪些知识点需要做提问设计、哪些知识点需要直接进行复习巩固或告知、哪些知识点仅需要做出提示；思考针对不同类型的知识点如何进行最适宜的问题预设、应该采取什么内容和方式引入问题；预估针对预设提问学生可能会做出的不同回应和反馈，设计根据不同的反馈所需要进行的启发引导方法；分析运用不同的问题或启发方式所要达到的目标是要发展学生哪方面的能力和品质等。例如《江雪》一诗的教学，教师可以紧紧围绕"体会诗的意境和作者的思想感情""理解重点词句，理解全诗意思"为教学目标和教学重点，抓住"独"这一诗眼，首先提问："你从这首诗中读到怎样的画面？"启发学生思考和总结对于本诗的初步印象和理解，激发学生的学习兴趣，为做进一步的详细探究打好基础；再用"径"字发问："我们之前在'远上寒山石径斜'中学过，'径'指的是什么意思？""《江雪》这首诗中'万径人踪灭'中的'径'是什么意思？""你认为'万径人踪灭'一句中用得最传神的字是哪个？这句话描写的是怎样的场景？""通过'千山鸟飞绝'的'绝'字和'灭'字，你感受到的是什么?"等问题,聚焦重点,引导学生在朗读、分析和感悟中掌握"径""千山""蓑笠翁"等重点词汇和诗句含义的基础上,通过想象和画面的诗意描绘去感受"独"的诗歌意境,并结合作者当时的背景深刻体会作者所表达的思想感情。

二是立足课程教学内容,设计合理的提问方法。只有善于提问,精于提问,才能收到良好的教学效果。课堂教学提问是一种教学艺术,其内涵丰富,绝不是上述两个方面所能概括的,有效的提问还应具有梯度和连续性,以前后连贯,逐层深入;提问也需要有一定的生成性,以留足空间,促进探索;提问还需要有一定的亮度,以一种新鲜的姿态呈现,吸引学生兴趣,并促进学生的创造性发展等。因此作为一名小学语文教师,对于课堂提问的艺术和技巧,需要不断地研究和总结,才能更好地掌握"提问",并运用自如,进而更好地提高课堂教学的效率和质量。

11
自主学习
课堂的构建

【教学案例】

一天，去某小学观摩教学，听了数学 Z 老师《分数的意义和性质》的教学，感觉很有意义，摘录课堂教学中部分实录，既为分享亦可为该内容教学提供些许有益的参考。

《分数的意义和性质》

T：同学们好，大家还记得吗？我们在三年级的时候学过对分数的认识。（屏幕展示）同学们讨论中……

T：今天我们一起来学习新的内容，分数的意义。（屏幕展示）

T：请同学们看图，露出的部分是一个整体的 1/4，这个整体该是个什么样子呢？你能大概地把它画出来吗？（学生画）谁愿意把你的作品与大家分享？

T：可以这样画吗？

Ss：可以。因为这里一共有 4 个小三角形，露出来的是 1 个，就是它的 1/4。

T：还有不同的画法吗？（学生纷纷展示自己的作品）

T：判断这些图形是否符合要求，关键看什么？

Ss：怎样的 4 个三角形？

Ss：应该是和露出来的一样的 4 个三角形。

T：好。这个整体究竟是什么呢？（联系生活实际）

S₁：不对。这 4 个三角形不连在一起，不是一个整体。

S₂：我觉得是对的。虽然它们不连在一起，但是我们可以把它看成是一个整体。

S₃：我觉得它不能被看成一个整体，因为 1 个三角形就是一个整体，而这是 4 个三角形。

S₄：我认为它是一个整体。比如，一个人，我们可以看成整体；一组人，我们也可以看成是一个整体；一个班，也可以看成是一个整体。

（学生交流与辩论）

T：同学们说的好，我们可以把我们班看作一个整体，我们把这个整体用自然数"1"来表示。对我们同学个体来说就是这个整体中的一份子……

老师在学生交流和讨论的基础上，引导学生加深对"平均等分""整体1""分数的含义"的认识，形成一致的意见。

思考题：

1. 通过上述《分数的意义和性质》教学片段实录，我们从中能发现 Z 老师在数学教学中有哪些亮点？

2. 结合《小学数学课程标准》，如何实现数学课程教学目标？

3. 小学数学教学过程中，有哪些值得注意的问题？

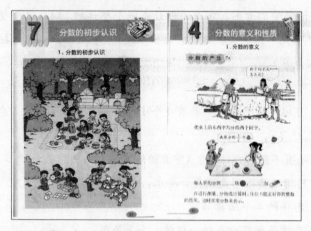

（人教版小学数学三年级上册）　　（人教版小学数学五年级下册）

自主学习课堂的构建

1. 关注学生学习体验

传统的小学数学教育还比较注重让学生掌握基础知识，停留在"以教师、教材、课堂为教学三中心"的层次上，过于注重教学结果，忽视了学生学习的过程，缺乏给学生自主探究动手操作的机会，让学生获得的往往是书本的间接经验而没有"再创造"的体验。《2011 年版数学课程标准》中指出："课程内容的选择要贴近学生的实际，有利于学生体验与理解、思考与探索。课程内容的组织要重视过程，处理好过程与结果的关系；要重视直观，处理好直观与抽象的关系。""数学课程目标包括过程目标，过程目标使用'经历、体验、探索'等术语表述。"这个过程性目标实际上是让学生经历发现知识、获取知识整个过程，获得良好体验[1]。让学生亲身体验知识的发生、发展过程，亲身经历一个分析比较、判断推理、抽象概括的思维过程，这是衡量我们教学效果的重要标志之一。正如皮亚杰所说："在逻辑——数学领域，儿童只对那种他亲身创造的事物才有真正的理解。"小学数学是学生接触数学的开端，因此教师在进行数学教学时应关注学生的情感体验和学习体验，注意教学内容与学生生活的紧密联系，让学生在生活的情境中感受、体会、理解数学，并学会用所学的知识来解决实际问题。分数的意义对于学生来说是一个比较抽象的概念，而小学阶段学生的思维特点还处于一个具体形象思维向抽象思维转变的阶段，且以具体形象思维为主。因此，教师如何通过运用直观教具和学具，引导学生从具体的实例中逐步归纳出分数的意义是本课教学所要解决的关键问题。Z 老师在课堂课中通过"画一画"的环节，把学生引入教学活动，提高了学生的参与度，增强了学生自主学习的体验，让学生在通过画一画并想一想后，能主动去思考问题，注重引导学生实现了从把单个物体看成一个整体，到把一些物体看成一个整体的思维跨越。在整个教学过程中，教

---

〔1〕 冯玮. 让学生在体验中学习数学 [J]. 天津市教科院学报，2014（2）：84—85.

师既注意到不生搬硬套概念，又关注了数学学习与生活实际的联系，以提升学生的数学思维为核心，引导学生在动手实践、自主探究与合作交流中去体会课堂教学充满童趣的想象和精彩。充分关注学生的学习体验，能让人人学到"有价值的数学"，让学生在自主思考探究中体验学习的乐趣，进而来提高学生的思维发展与解决问题的能力。

在关注学生学习体验的同时，教师也要注意以下几个问题：其一，要避免问题情境的设置不当。有些教师过分注重教学内容与学生生活紧密相连，设置情景过于生活化，情境设置只是为了需要情境而设置，没有凸出教学目标及教学重难点，而这样的情境设置不但不会促进学生学习，还会影响教学效果，降低教学效率。其二，避免学生合作过于形式化。为了关注学生数学学习的体验，教师一般会让学生进行小组合作讨论，但并非所有的教学内容都适合运用合作讨论，要注意运用合作讨论的时机，同时也要注意合作讨论时，教师要给学生充足的合作讨论时间。[1]

2. 注重课堂教学艺术

所谓教学艺术，是指教师娴熟地运用综合的教学技能技巧，按照教学规律和美的规律进行的独创性教学实践活动。通俗地讲，就是教得巧妙、教得有效、教出美感、教出特点。[2] 随着新课改的推进，"以人为本""以学定教"的思想越来越受到重视，课堂教学改革亦受到日益重视，注重教师的课堂教学艺术也成为了众多一线教师的必修之课。课堂教学艺术是课堂教学改革发展的一定产物，是优秀教师的必修课。良好的课堂教学艺术能塑造一个轻松和谐的氛围，能激发学生的学习动机，引导学生自主学习、自主思考。由于数学课程学起来相对枯燥、抽象，学生在学习时会不由自主地出现逃避或厌学等情绪，在数学课堂上，注重教师的课堂教学艺术则更加必要。数学课堂教学艺术是指教师遵循数学教学规律和美的规律，以富有审美价值的独特的方式方法，创造性地组织教学，使"教"与"学"双边活动协调进行，使学生能积极、高效地学习，并感受数学美和

〔1〕 张睿. 小学数学体验学习研究［D］. 东北师范大学，2012.
〔2〕 李如密. 中学课堂教学艺术论纲［J］. 教育学术月刊，2012：95—98.

教学美的精湛的教学技巧。[1] 课堂教学艺术主要包括语言、提问、导入、结束、板书、留白、幽默等艺术形式。[2] 其中，提问、语言、导入及结束是较重要的三种课堂教学艺术形式。其一，语言艺术。语言艺术主要体现在教师在课堂上如何评价学生、如何用语言来引导学生以及如何用简单精炼的语言让学生了解所学。小学阶段的学生，语言掌握还不够完全，因此教师在教学时，要注意把握语言用词的准确及恰当，不能过于繁琐或书面化，尽可能用最简单的词汇、最精炼的话语让学生明白你所表达的意思，从而让他们更容易了解和掌握所学知识；在课堂教学中，学生表现优秀的时候，教师不必吝啬自己赞扬的语言，可以通过恰当的语言给予他们适时的表扬，从而来激起他们的学习积极性，让他们得到自我肯定。其二，提问艺术。学起于思，思起于疑，而要想解决疑问，提出问题则是前提。苏格拉底的"产婆术"即通过不断地设问及追问，让学生自己发现答案，因此，教师在课堂上有目的地进行有效的设问与及时的追问，让学生经历生疑、质疑、解疑等循环过程，能有效促进学生思维的不断发展。Z 老师在课堂教学中巧妙地提问，"可以怎样画?""还有不同的画法吗?""判断这些图形是否符合要求，关键看什么?"，由浅到深的有效设问，不仅使学生产生学习兴趣和动力，诱发学生进一步的积极思维活动，也体现了她的教学艺术。其三，导入艺术。一个精彩的导入环节是呈现一堂优质课程的开端，教师多数主要用的导入形式有情境导入法、直接导入法、回顾旧知法等，而不同形式的导入方法要根据不同类型的课程以及不同阶段的学生特点来进行选择，如在新授课时，在小学阶段，教师往往可以选择情境导入法，去选择学生感兴趣的话题进行导入，从而引起学生的学习兴趣，让学生对新知的教授更感兴趣也更主动；在中学阶段，教师则可以选择直接导入法，开门见山地向学生传授新知。在本堂课中，Z 老师采取的则是回顾旧知的导入法，通过 5 分钟回顾三年级上册"分数的认识"等知识，从而让学生重现有关分数的知识记忆，加强新旧知识的联系。其四，结束艺术。恰到好处的结课艺术也是一堂优秀课程的体现之一，往往结课的形式有直接总结式和设问式。不同的结课形式可以根据课程内容、教师的教学习惯来选择，但无论哪个形式，每节课的结

〔1〕 曹一鸣. 数学教学论 [M]. 北京: 高等教育出版社, 2008.
〔2〕 宋丹丹. 探析数学课堂教学艺术 [J]. 中国教师, 2014 (1): 83-85.

束必不可少，且不能匆忙结尾，要艺术性地结束课程，引导学生更深层地巩固所学或思考下节课要学的知识。

3. 引导学生自主学习

随着"以人为本"与终身学习思想的发展，学生的主体地位越来越得到重视，教师的地位也从课堂主体向课堂主导转化，教师的作用也从传授向引导来转变。再者，小学阶段是学生学习的基础阶段，是培养学生学习习惯的重要时期。因此，在课堂教学中，教师引导学生自主学习、自主思考，锻炼学生自主学习能力是很有必要的。教师在引导学生自主学习的前提有以下几点：其一是教师得转变以书本知识为本位、以教师为中心的传统教学思想，要改变传统的师生关系，建立新型平等的师生关系；其二是在引导学生的前提下，要遵循学生的发展规律，充分了解学生每个阶段的心理与认知特点，因材施教，注重学生的个体差异，考虑学生的最近发展区；其三是在引导学生自主学习的基础上，要培养学生的创新意识。21世纪是科技飞速发展的时期，随着2016年中国学生发展核心素养的发布，创新意识更成为了培养学生的一个核心着力点。学习的过程并非是单单接受知识的过程，而更应该是将所学知识经过自己的加工，学会创造性地使用知识并能动地运用到实际之中。教师如何引导学生自主学习，可从以下几个方面进行思考：

第一，课前准备，联结新旧知识。《数学课程标准》中指出：数学教育应该"在学生的认知发展水平和已有的知识经验基础之上"，教师要引导学生自主学习就要先帮助学生搭好走向新知的桥梁，教师需要充分熟悉教材，并对各年级教材的内容进行归纳总结，要在新授时帮助学生回忆其曾学过的知识，从而建立新旧经验的联结。

第二，加强合作学习，培养合作意识。课标中谈到"帮助学生在自主探索和合作交流中真正理解和掌握基本的数学知识与技能、数学思想和方法"，因此，教师在课堂教学中要多开展合作学习模式，加强学生的小组合作，培养他们的合作意识。因为学习者只有通过学会与他人合作，才能更好地自主学习。再者，当老师不在身边时，若学生遇到问题，同伴群体亦将是很好的帮助者。

第三，"数学应源于生活，回归生活"。要想引导学生的自主学习能力，则学习材料需要引起学生的兴趣，毕竟，兴趣是最好的老师。因此，教师在教学中要尽可能地将课本知识与学生的生活实际相联系，让学生学会从生活中去发现问题，学习知识，最后再将所学知识回归到解决生活实际问题中去。在本堂课中，Z 老师在教学中能注重教学的开放性和思考性，教学设计中的"画一画""谈一谈"等环节都让学生有自主选择的权利和广阔的思维空间，通过有层次的有效设问，通过比较一个物体，一个图形，一个整体等的认识，使学生理解单位"1"不仅可以表示一个东西，一个计量单位，也可以表示一个整体的含义。同时，Z 老师还在参与学生讨论的基础上引导学生一步步地概括出分数的意义，并通过最后读课本上的定义使学生更加明确分数的意义和性质，加强学生的记忆，让学生更深刻地记住所学的新知。

分数的意义和性质是较抽象的数学知识，在面对小学阶段的学生时，要如何将抽象的知识让学生更轻松更好地去理解和掌握，教师关注学生的学习体验是前提，只有放开手让学生去实践，让他们在实践中实现知识的"再创造"体验，才能更容易让学生接受；其次，加强课堂教学艺术是关键，一堂精彩的课除了学生的尽力配合外，教师的教学艺术亦是出彩点；最后，引导学生自主学习是课程开设的最终目标。只有掌握了自主学习的能力，学生才能去更好地发展其他方面的才能，最终才能实现人的全面发展。

12
复习课的
要义与策略

【教学案例】

2012 年 10 月 10 日，与研究生们走进某中学，观摩了七年级数学老师 H 老师的一堂数学复习课。复习内容是"有理数大小的比较"。根据教材文本，该复习课主要涉及三个知识点：一是"正数大于一切负数"，二是"两个负数，绝对值大的反而小"，三是"在以向右为正方向的数轴上的两点，右边的点表示的数比左边的点表示的数大"。

老师先对该节复习课的内容进行了安排，采用课堂当场作业检查与反馈的复习方法，学生开始练习。同时，安排三位学生上讲台到黑板上展示自己的作业，然后，老师根据学生作业的情况一一进行点评。最后，老师问："同学们，你们都知道了吗?"同学们回答："知道了。"

此时，我发现，坐在我前面的学生在做其中的（3）小题的时候出错了（如下图）。我告诉这个学生说："你的这道题做错了"。她看了一下自己做的（3）小题，也不说话，接着做第（4）小题。我估计这个学生并没有明白，就对她说："你的第（3）小题做错了"。这时，她停下来看了第（3）小题，她回过头来对我说：是这样，没有错。

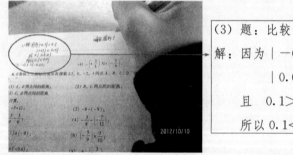

（3）题：比较 -0.1 与 -0.01 的大小。

解：因为 $|-0.1|=0.1$

　　　　 $|0.01|=0.01$

　　且　$0.1>0.01$

　　所以 $0.1<0.01$

初看起来，这位同学完成的这道课堂作业题似乎是因为她的粗心导致了错误的结果。我们仔细琢磨这位学生做错题的原因，确实可以用粗心来解释，但又并非完全是这么回事。作为复习课，对学生系统掌握知识，发展思维能力，是极为重要的。通过复习，使学生能够准确熟练地掌握基础知识，并能灵活运用；使这些知识在学生头脑中横成链，竖成串，形成知识网络，把学过的知识系统化；使学生扬长避短，查漏补缺，弥补学习过程中的不足；使学生深入系统地掌握知识，发展思维能力，提高分析和解决问题的能力。真正上好复习课并不是轻而易举的事。如何上好复习课，是值得我们思考的问题。

思考题：

1. 通过上述教学案例，我们从中能发现哪些问题？
2. 思考复习课有哪些意义、价值和功能？
3. 如何上好一堂复习课？

【诊断·反思】

复习课的要义与策略

复习课是学校教学活动的一个重要环节，也是学生掌握知识不可缺少的重要步骤。复习课并非对已有教学内容的简单重复。有效的复习课，对于学生来说，能让每个学生在教师的指导下，准确熟练地掌握已学知识，提高学习效率，加深理解，灵活运用，形成知识体系，增强综合应用能力，发展思维能力，达到融会贯通、精炼概括、牢固掌握的目的。就教师而言，能使教师弥补教学中的不足，提高教学质量也是不可缺少的环节[1]。数学是一门系统性、逻辑性很强的学科，同时也是一门内容丰富、应

---

[1] 李伯黍，燕国材等. 教育心理学 [M]. 上海：华东师范大学出版社，2000.

用广泛的基础课程。在教学过程中，为了使学生能够巩固和提高自己所学过的基础知识和基本技能，锻炼学生的逻辑思维，复习课显得尤为重要[1]。

1. 正视复习课教学中的问题

对于复习课，部分教师对于复习课的性质与内涵认识不足，其主要体现在以下几个方面：其一是教师缺乏复习课教学的课型意识。复习课不同于新授课，更不同于练习课，它不仅是对旧知的简单重复再现和机械的练习重复，更多的应是对知识的巩固梳理、系统化和方法的提升。而有的教师认为复习课只是重复教学的过程，把复习课上成作业课，让学生练习完成教材上编写的习题或与教材配套的"同步训练"习题，认为复习课就是让学生会解几道题目就可以了；有的教师则将复习课理解为考试课，认为只要学生会做题了，就能培养学生的解题能力了；有的教师则考虑到那些学习能力相对较差的学生，将教学内容重复讲一遍。如此的复习课教学，不利于发挥学生学习的主动性，激发学生学习的潜能，也不利于提高学生发现问题、分析问题、解决问题的能力。其二是课堂气氛沉闷，学生参与度不够。教育家苏霍姆林斯基曾告诫我们：希望你们要警惕，在课堂上不要总是教师在讲，这种做法不好……让学生通过自己的努力去理解的东西，才能成为自己的东西，才是他真正掌握的东西。[2] 而在复习课中，我们常见的还是教师在台上"口若悬河、谆谆教导"，学生在下面"奋笔疾书、听之藐藐"，学生的主体地位没有在根本上得到改变，教师在复习课上过于发挥了主导作用，给学生独立思考的时间较少，采用传统单一的"灌输讲解式"即"教师复习基础知识→学生解题→教师点评→学生整理"的复习教学模式很难满足各层次学生的需求，复习教学效率低下。同时，课堂气氛较沉闷，学生参与呈现两极分化现象严重。成绩优异的学生很容易跟上教学节奏，参与度较高；而另一部分成绩中下游的学生则难以跟上课堂教学节奏，即使复习课的教学点都是旧知，但这部分学生连基本概念、方法都没清楚地掌握，更别说将旧知系统化、深层化。复习课安排不

---

〔1〕 叶立军，陈莉. 初中数学复习课教学存在的偏差及其应对策略 [J]. 教学与管理，2013 (15)：91—93.

〔2〕 徐月霞. 浅谈提升初中数学复习效益的有效形式 [J]. 中学数学，2012 (4)：70—70.

当，效率不高，学生容易产生厌烦情绪，同时，教师也疲惫不堪[1]。

(1) 复习课的特点

课是有时间限制的、有组织的教学过程的单位，其作用在于达到一个完整的、然而又是局部性的教学目的。[2] 复习课就是对已学过的知识技能进行巩固梳理，发现知识间的逻辑关系，使知识系统化，提高学生解决实际问题能力、举一反三的一种课型。与新授课相比而言，教学任务的不同致使复习课呈现如下特征：

①知识的归纳整理。无论何种科目的复习课教学，教师都要帮助、引导学生将所学的相关知识进行归纳、梳理，进行纵、横向的整合，进而做知识的强化与整体综合训练，形成结构化、系统化的知识。

②知识的迁移训练。作为一种基本课型，复习课不同于新授课的探索发现，也有别于练习课的巩固应用，它承载着"回顾与整理、沟通与生长"的独特功能，在整个教学活动中处于承前启后的重要一环。[3] 复习并不等于简单的知识点重复学习，它最终目的在于培养和提高学生梳理归纳知识、运用知识解决问题的能力。在复习过程中，注重加强学生对知识的迁移训练，培养学生举一反三、触类旁通、解决实际问题的能力。

(2) 复习课的教学原则

①自主性原则。在复习课的教学过程中，教师应注重充分发挥学生学习的自主性，也就是说要让学生积极、主动参与复习，特别是要让学生学会归纳、整理，不要用教师的归纳代替学生的整理。引导学生疏理知识、寻找规律、判断正误，激发学生学习的兴趣、积极性和主动性。

②针对性原则。在复习课的教学过程中，教师应突出重点，有针对性，做到有的放矢，对症下药，注重实效。尤其要发现学生的薄弱之处，对此因材施教，针对个别学生存在的问题，紧扣知识的易混点、易错点设计复习内容。

③系统性原则。在复习课的教学过程中，教师应根据知识间的脉络联系，系统规划复习课的教学内容，使学生所学的零散知识点系统化。

〔1〕 郑俊儿. 初中数学复习课的教学设计探索 [D]. 浙江师范大学，2010 (6).
〔2〕 李秉德. 教学论 [M]. 北京：人民教育出版社，1991：245.
〔3〕 何善亮. 复习课教学存在的问题及其改进建议 [J]. 当代教育科学，2012 (2)：37—40.

2. 重视复习课教学设计

复习课教学不是新课教学的简单重复。根据观察，我们可以看到，在中小学课堂教学实践中，很多时候很多教师注重新课教学设计而忽视复习课教学设计。教学设计是教师根据学生的认知发展水平和课程培养目标，制定具体教学目标，选择教学内容设计教学各个环节的过程。[1] 其实，复习课也应是教学设计中的一个重要组成部分和环节。新课教学是现象到本质的探讨与发现过程，教师注重学生在这一学习过程中的体验，而复习课教学是本质预测现象，从所学新知规律探究应用的过程，注重学生的知识迁移能力与实际应用能力。复习课不仅局限于对旧知的回顾，还要在原有学习知识的基础上有所提升，巩固和加深已学知识，并对所学知识进行系统整理、归纳，使之内化到学生原有知识结构之中。教师通过分析讲解例题，培养学生综合运用知识的能力。那么，如何做好复习课教学设计，主要考虑以下几个方面：一是从学习目标来看，学习目标是师生经过教学后预期要达到的结果或标准，是学习者通过学习后预期产生的行为变化。合理的目标对复习课来说，起着导向、激励、调节和评价的作用，可以唤起学生的重视和兴趣。因此，在复习课的教学设计中，教师要在透彻理解课程标准的前提下，明确复习课学习的总目标和具体目标，设置科学具体的学习目标，并用通俗易懂的话语表述，让学生一看就能明白自己要学习什么，应达到何种标准以及如何达到等。显然，案例中该生不正确的作业结果反映出学生对其学习目标理解并不清晰，致使其学习目标并未实现。二是从学习内容来看，相对于新授课来说，复习课的学习内容缺少一定的新鲜感，所教知识都是旧知，复习课的关键则在于检验学生对这些零散知识点的掌握情况，并在此基础上对旧知进行系统归纳，使学生能够通过新旧知识之间的纵向比较和邻近知识之间的横向比较，加深对知识的理解程度，使学生构建完整的认知结构，做到举一反三，提高学生的解决问题能力。这节复习课重点的内容是学生通过学习"有理数大小的比较"，理解"正数大于一切负数""两个负数，绝对值大的反而小""在以向右为正方

---

[1] 乌美娜. 教学设计 [M]. 北京：高等教育出版社，1994：11.

向的数轴上的两点，右边的点表示的数比左边的点表示的数大"的含义，并通过作业练习呈现其学习效果。从这位同学课堂作业的结果可以看到她对学习内容没有真正的理解和掌握。三是从学习难点来看，初中数学课程学习是学生数学思维训练的基本途径，所谓数学思维能力，就是通过教学活动，教师有效引导学生用数学的观点去思考问题，同时，关注学生知识与技能的理解和掌握。但是，很多时候，由于课堂教学的现实复杂性导致教师很难具体关注到每个学生在课堂学习中是否真正掌握了学习难点。所以，即使是复习课，老师也很难注意到每个学生作业反馈过程中对学习难点掌握的实际情况。四是从学习效果来看，表面上，这位同学在课堂上能随着教学进度正常学习和复习，但一旦遇到考试或课程检验，就很容易出错。即使在我当时两次指出这位学生错题结果后试图引导她改正，但她依然没有看到自己错在哪里，这就是为什么我们常常听到学生家长和老师对有些学生评价时所说的"这个学生平时学习很认真，看不出什么问题，怎么一到考试就效果不好"的原因了。

3. 注重复习课教学策略

复习课是中小学课堂教学中常见的课型。有效的复习课教学策略，能使学生巩固基础知识、加深对知识理解的深度，形成良好的认知结构，同时还可以帮助学生对阶段学习查漏补缺，巩固提高。主要方法：一是引导学生反思，培养问题意识。问题反思是培养问题意识的基础，反思是学生对所学知识的一种更深层次的学习过程。数学复习课的内容不同于新授课，教师应该问在重点处，释在疑点处，答在要害处，启在不确定处[1]。我们要构建"反思"型课堂，即复习课中，教师引导学生归纳其中解决问题时用到的知识、方法和思路，以及解题的基本步骤和书写格式，引导学生反思、归纳和揭示复习题中隐含的规律，达到整理知识，提炼方法，感悟思想，积累解题经验的目的。如本案例中，比较 -0.1 与 -0.01 的大小，需要学生在复习的时候反思什么？在反思中发现什么？这就需要教师在复习课中引导学生通过习题练习感知和感悟。对于这个学生而言，为什

---

〔1〕叶立军，陈莉. 初中数学复习课教学存在的偏差及其应对策略［J］. 教学与管理，2013（15）：91—93.

么在提醒她做错了题后仍然不知道错了？因为她并没有理解比较一组数的大小的真正含义。二是知识梳理，使知识系统化。建构主义认为，学习过程是学习者自我认知结构的组织和重新组织的过程，如果学习者能抓住知识之间的内部联系，将零散知识以其逻辑关系串联起来，学习者就能更为系统、全面地理解、掌握所学知识[1]。而复习课的核心问题就是知识结构的梳理与创建，引导学生将已有的知识储备按相应的标准与原则进行分类、梳理，使知识脉络化、条理化，发现知识间的逻辑关系，将内部存在联系的知识点通过比较与分析，串起来形成知识体系。这样对所学零散知识进行一个处理，有利于知识的保存，有利于准确、快速地提取和迁移，而且还能促使学生迅速地反应和迁移，更有利于提升学生分析问题和解决问题的能力。就比较一组有理数的大小而言，关键的问题是需要学生经过习题练习，在面对比较数的大小的问题时，联想该类习题考查，加深对"右方向为正方向的数轴，右边的数比左边的数大""两个负数，绝对值大的反而小"知识点的理解，那教师可以先通过思维导图的形式将知识点呈现出来，让学生自己去发现知识点间的联系，再通过习题练习的方式进行巩固。三是评价检测，及时反馈。评价检测不论是对教师的教还是学生的学都起着信息反馈的作用，教师可以通过复习课检测教学成效，反思教学效果，以利于及时改进教学，学生则通过复习课了解自己的学习成果、弥补学习缺陷。复习课上，教师大多采用本案例所使用的复习方法，当堂检测，由教师公布正确答案。但是，很多情况下，往往是在学生做完练习后教师讲解，再反问学生"知道了吗？"，学生一般都会不假思索地回答"知道了"，这样，教师很难顾及到所有学生，然而，对每个学生而言，是否真正掌握了所复习的内容，也许是另外一回事。学生在黑板上展示练习的同时，如果老师尽可能关注每个学生的练习情况，在发现问题的时候，及时给予指出，或者在学生练习完后，学生自行核对或相互批阅，能及时反馈学生的学习缺陷，及时矫正弥补。

总之，教师应当加强对复习课的重视程度，明确复习课的真正内涵，创新复习课的教学设计，真正做到"温故"并"知新"，提高复习课教学的有效性。

---

[1] 韩梅. 对上好小学数学复习课的思考 [J]. 教育探索，2015（4）：30—32.

13
探究教学：
失范与规范

【教学案例】

听一位老师上数学课。内容是"平行四边形的面积"（小学五年级上册）。进入探究环节，老师给每个学生发一张事先准备好的平行四边形白纸。

T：同学们，你们手中的白纸是什么形状？

Ss：平行四边形。

T：现在我们开始学习探究，请同学们将你们手中的平行四边形转化成已学过的图形。

巡视同学们学习探究的表现，我发现只有一部分同学能按照老师意图并根据教材图例剪拼成长方形。有的将白纸剪成两个三角形和一个长方形，有的则将手中的纸张对折，剪成两个三角形，有的则反复转动手中的平行四边形，不知如何是好。

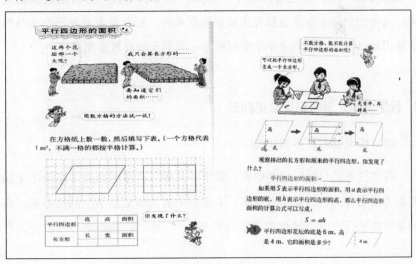

（图片来源：人教版五年级数学上册）

思考题：

    1. 什么是探究学习？教学中常见的有哪些问题？

    2. 探究教学的本质是什么？

    3. 教学实践中，教师应该如何有效指导学生探究学习？

【诊断·反思】

探究教学：失范与规范

1. 何谓探究学习？

    探究学习是基础教育课程改革所提倡的一种学习方式。探究学习是指学生在教师的引导下，通过自主参与，进行发现问题、分析问题和解决问题等一系列的探究活动，来获得知识、技能、情感与态度的发展，尤其是创新精神和实践能力发展的一种学习方式[1]。在老师的引导下学生发挥主观能动性，引导学生通过动手、动眼、动嘴、动脑，主动地去获取知识。这些知识是学生亲身探究主动建构起来的。探究学习有利于学生将所学知识加以整合，有利于学生学以致用；有利于提高教学质量。

2. 教学中探究学习指导常见问题

    （1）探究学习任务不明确

    探究任务时目标一定要明确，要求要具体。这样的探究才能给学生探究思考指明方向，提高学习效率。本案例中的老师交给学生的任务是"将准备好的平行四边形转化成已学过的图形"，每个学生的学习理解能力有

---

[1] 郭莲花. 探究学习及其基本要素的研究 [J]. 学科教育，2004：8—12.

所差异，对于数学知识基础好的学生来说能明白教师的要求，有的学生则不一定明白，所以很难起到良好的教学效果。如果教师能具体细化探究任务，将问题改成"把平行四边形转换成与之相似的长方形"，学生们会更容易明白教师的意思，并进行更加高效的思考，教学也会取得更加良好的效果。探究学习更加注重探究任务的方向和结果，如果探究任务不明确，那就难免使探究活动多走弯路甚至失去意义，因为探究学习就是围绕着探究任务而进行的。如果学生不能够清楚明白地理解探究任务，无法积极主动地参与到活动中，也就难免造成效率低下，也很难使自己的能力得到全方面的发展，也就违背了探究学习的本意。

（2）探究问题指向不明确

探究学习顺利并有效进行的关键在于教师如何智慧而科学地进行提问，通过教师一步一步地引导，学生才能对问题进行深入的思考。由于教师的教学思路不够完善、教学设计也比较简单，教学案例中教师直接将问题抛给了学生，并没有对学生进行一步步地引导，探究学习没有取得良好的教学效果也就在情理之中了。由于每位同学的思考能力和理解能力不同，再加上问题的跨度很大，导致一些同学根本无法理解老师的意思，更谈不上积极思考了，这也就使不同学生的课堂收获不同。即使有些同学发自内心地想要认真学习，也会因基础不够、苦于找不到方向而最终放弃思考，所以说教师没有兼顾到全体学生，没有进行有效的提问，不利于探究教学取得良好的教学效果。如果教师可以先简单带领学生们复习一下已经学习过的图形，再引导同学们思考已经学过的图形和平行四边形有哪些相似之处，之后再让同学们自己思考，一定会有更多的同学理解教师的意思并积极地参与到思考当中来。在探究学习当中，教师一定要给同学们指出清晰的方向，并进行高质量的、明确的提问，而不是让学生自己漫无目的地独自思考答案。教师的引导思路和所提出的问题是同学们进行探究的重要线索，教师的思路不清晰，便很难使学生在此次探究活动中真正有所收获，使自己的能力真正得到提升。教师的提问对于探究学习有十分重要的作用，探究学习就是问题学习，所有的思考和分析都是围绕着问题，所有的努力都是为了解决问题。一旦老师的问题出现偏差，或者不够明确，势必会影响整个探究学习的进行。同时我们应注意教师所提出的问题既不能超出他们的能力范围，又要高于他们现有的能力范围，教师的引导就像是放到学生脚下的台阶，学生必须自己努力地抬起脚才能一步一步地迈上台阶，收获知识，也就是要关注学生的最近发展区。所以值得我们注意和思考的是，在学习探究中，如何明确教学思路和目的，使同学们围绕着高质量的问题进行思考和锻炼之后，能够真正有所收获和提高。

(3) 探究学习本质不明确

探究学习的本质在于学生知识体系的自主构建，否则就会出现为探究而探究的假象。不能把探究学习当成一种形式，而是要真正引导学生，在学生们产生疑问之后自主地进行积极思考。探究学习的目的不仅仅是要求学生们获得知识，更是要学会学习，培养出像科学家一样的科研能力和态度，以便在以后的学习或生活中遇到问题时，可以自如地应对而不是不知所措。探究学习更加注重探究的过程而不仅仅是结果，教师更应该在过程当中引导帮助学生，而不是将抽象的问题抛给他们，让学生们自己漫无目地探究思考。在探究过程中应该利用探究的形式，培养学生们的探究意识、探究态度和探究能力。如果仅仅将问题抛给学生，让他们自己思考，不注重培养他们的探究能力，就违背了探究式学习的本意，更称不上是探究学习。其中探究意识又包括探究兴趣和品质等，只有树立了探究的兴趣才能在以后的学习中继续探索，不断地发现问题、解决问题。探究态度包括积极探索的主动性、合作性、对待科学知识的严谨态度，只有具有了科学的探究态度，才能在探究知识的过程中更加顺利。探究能力包括思维能力、想象能力和表达能力等。这三大基本要素并不是相互孤立的，而是密切联系在一起的，只有具有了探究意识，才能有机会培养探究态度和能力，探究态度的形成同样促进了探究意识和探究能力的发展，探究能力的培养更是离不开探究意识和探究态度。为了能更好地提高学生的综合能力，教师就要在平日里的探究学习中更多地引导、全面地促进学生的探究意识、探究态度和探究能力。只有教师正确理解探究学习的本质和内涵，才能在实施探究学习的过程中更好地发挥探究学习的优势，让同学们真正在探究学习中获益。

3. 教师有效指导学生探究学习策略

(1) 明确探究任务

本案例中教师如果把"请同学们将你们手中的平行四边形转化成已学过的图形"改为"请同学们将你们手中的平行四边形剪拼成与它面积相等的一个长方形",然后引导学生明白任务中的关键词"一个""面积相等""长方形","一个"是指将这个平行四边形拼成一个长方形,而不是将它剪开任意拼成长方形;教师要求要把这个平行四边形剪开拼接成长方形而不是其他的图形;"面积相等"是指必须把剪开的图形全都用上,而不能有任何的遗留,也不能把平行四边形完全剪成长方形,那样面积就不相等了,这样再让学生动手操作,效果就会好得多。因为教师在明确了探究任务之后,同学才能完全理解教师的意思,从而朝向正确的方向进行积极思考。如果教师给学生们的任务十分模糊,学生们无法真正理解教师所提出的问题,那学生们只能像案例中那样漫无目的地进行探索,甚至彻底放弃探索和思考,无法使探究学习顺利进行。教师如果可以像本文建议的那样清晰明了地向学生具体说明探究任务和要求,也就是说清楚这节课我们到底要做什么,就可以把探究问题清楚明白地摆在同学们的面前,从而使他们进行积极的思考:我应该如何做才能解决问题?在积极的探索中自然而然地培养学生各方面的能力,拒绝被动式的灌输,学习完全是主动的、自发的,由好奇心驱使他们进行的思考。明确探究任务是探究学习顺利进行的前提。

(2) 提高探究问题的质量

探究学习方式特别强调问题在学习活动中的重要性[1]。所以要想使探究学习取得良好教学效果,必须进行有效的提问,使同学们在高质量的问题中进行思考。问题是探究学习的灵魂,也是探究学习的起点。只有学生自己在生活中发现问题,或是教师引导同学产生问题,才能使探究学习

---

[1] 余文森. 论自主、合作、探究学习 [J]. 教育研究,2004 (11),27—30.

顺利进行。问题的质量高低决定了整个探究学习能否顺利进行，并能否真正促进学生能力的发展，问题是整个学习的动力。在探究过程中学生又不断产生新的问题，在分析问题解决问题中学生不断地提高自己的各种能力，可以说探究学习的学习过程就是发现问题、提出问题、分析问题和解决问题的过程，所以说探究学习自始至终都离不开问题。教师如何正确有效地提问关系到探究学习能否顺利有效地开展，教师在提问的过程中要注意：一是问题的顺序性。问题的提出应该是层层递进并且有一定逻辑顺序的，在教学过程当中，教师不能打破问题之间原有的逻辑顺序，而应该遵循问题的顺序，由易到难，一步一步引导同学们进行思考。二是问题的难易程度。问题的难度应该在大多数同学的能力范围之内，或者是同学们曾经所接触过的但又不完全了解的内容，也就是说学生一定要有相应的知识基础，不能漫无目的地凭空想象。同时问题又不能过于简单，如果问题过于简单，没有任何的挑战性，就无法激起学生们的学习欲望，最终达不到预期的结果。三是问题要具有矛盾性。只有抓住学生认知或者是情感上的冲突，才能吸引他们的注意力，激发他们的兴趣和探索欲望。例如，在本教学案例中，平行四边形是同学们没有学习过的图形，也不知道如何计算得出它的面积。教师却引导大家说我们可以把平行四边形转换成我们学习过的图形，与同学们原有的认知产生矛盾，从而激发了学生们的探索欲望。四是多角度全方位地提出问题。从一个问题出发，从各个角度进行思考和提问，有助于学生更加全面地思考问题。在横向纵向的探索中积极寻找问题的答案，让各种思维积极地碰撞出火花。

（3）加强探究的针对性

教师应根据学生的知识基础和知识结构的实际情况引导学生探究。在探究教学过程中，教师引导同学们思考的问题应建立在已有的基础知识之上。如果不以学生已有的知识为基础，就像巧妇难为无米之炊，学生的思考肯定会漫无目的，无法达到预期的教学效果，教学效率也不高。如果所探究的内容与学生已有的知识相脱节，那也同样无法使学生正确思考。这就好像只有扎扎实实打牢地基，才能在此基础上建设高楼大厦。与学生已有的知识相脱节，就算老师将探究学习设计得再好，也无法取得良好的教学效果。老师只有将探究学习建立在学生已有知识的基础之上，才能更加轻松地引导学生进行探究学习，不断提高自己的思考和探究能力。同时，教师应力求将学生所学的各门学科联系起来，利用每门知识的不同侧重点促进学生的全面发展，充分发挥学生的逻辑推理能力、语言运用能力以及动手操作能力等。将各门学科联系起来不仅有利于学生巩固各门学科的知识，更是可以发挥一加一大于二的作用。全面提高学生的综合素质和能力，做到学以致用，使同学们真正感受到综合运用各门学科的成就感。教师在教学过程当中应注意学生探究的问题要尽量与生活实际联系[1]。探究学习只有源于学生生活，才能更好地与学生相联系，才能更加有助于学生进行深入的探索和思考。科学知识本身就源于生活，学生学习科学知识是为了更好地适应社会生活，少走弯路。如果只是一味向学生灌输知识，那学习只能是被动的、无趣的，所以我们要把知识还原于生活之中，培养学生在生活中发现问题、解决问题、探索问题的能力，这些同样离不开教师恰当、正确的引导。所以并不是所有的知识都可以进行探究学习，也并不是所有的知识都适合进行探究学习，这就需要教师正确地进行筛选，选择那些在学生能力范围之内的、贴近学生生活的知识进行探究学习。

通过以上对教学案例的分析，我们从中或多或少得到了一点思考。探究学习是有助于培养学生探究意识、探究态度和探究能力的学习过程，但只有在教师正确的引导和帮助下，探究学习才能更好地发挥它的作用，学生才能够得到全面发展。所以我们要不断学习探究学习成功案例的长处，分析探究学习失败案例的缺点，扬长避短，使探究学习能够最大限度地发挥自己的优势。

---

〔1〕 熊士荣，徐进. 发现学习、接受学习、探究学习比较研究 〔J〕. 教师教育研究，2005, 17 (2)：5—9.

14
角色表演：
问题及方法

【教学案例】

　　与研究生一起去某小学观摩上课。小学五年级，学生 36 名。教学内容为小学英语第三单元 "Do you want some rice?" 第二课时。L 老师授课。上课伊始，L 老师先对第一课时中学习过的单词进行了简单回顾，紧接着 L 教师播放多媒体课件，并领读课文对话内容，最为重要的部分是小组分角色表演。接下来，L 教师按照座位排序，每 4 位学生分为一组，分角色朗读课文。在小组练习时，L 老师由前至后走到了每个小组中，俯身询问是否有不会读的单词并立板书记录下来。三分钟后，老师通过 "one、two、three" 口令暂停了练习，对学生反应的 "Mrs" "children" "Mr" "Miss" "sandwiches" 几个存在疑惑的单词进一步讲解。而后，继续分组练习。七分钟左右 L 老师请学生上台分角色进行表演。

　　首先是第一组，由 L 老师直接点名上台表演。四名学生站在讲台站成一排，手中拿着书本开始朗读。

　　T："The children are having lunch in Lingling's home."（旁白）

　　S₁："Do you want some rice, Peter?"

　　S₂："Yes, please. Thank you, Mrs Chen."

　　S₁："Do you want some soup, Anne?"

　　S₃："Yes, please, Mrs Chen."

　　S₁："Do you want some soup, Dongdong?"

　　S₄："No, Mummy. I want some more vegetables, please."

　　S₁："Here you are."

S₄: "Thank you very much. Mom."

第一组表演结束后，教师问："大家觉得他们表演的好吗？"下面的同学极少发声，只有个别同学回答"好"或者"不好"。同时，有的组的学生仍在座位上尝试表演。L老师见同学们的回应不够积极，便转向台上表演的同学，问："你们觉得自己的表演怎么样？"学生1回答说有单词读错了。L老师便顺着学生1的话展开指导："角色表演第一步必须要把台词（单词）认清、读准。另外，因为你们是第一组，总体表现的还可以，比较流畅、到位。所以，可以给你们五角星奖励。"

在对第一组点评结束后，同学们积极举手，教师选择了第二组上台表演。在第二组表演的过程中，L老师提醒了表演者要注意读音、连贯性等问题，要求其他学生认真听。第二组同学的表演结束后，L老师对其中一名大胆朗读、声音洪亮的学生提出了表扬，但另三位同学表现出紧张害羞的状态。L老师一边对第二组的表现进行总结——有一定的面部表情，表演比较生动，相比较第一组更加流畅；一边在每位表演者的书上打上五角星作为奖励。但没有对组内学生的表现给出评价。

在L老师的鼓励下，其他组同学踊跃举手，接着第三组上台表演。第三组同学学习了前两组的经验，表现比较出色，L老师同样也以画五角星为奖励并作出评价：每个小朋友的表情都很到位，句子读得很通顺，很少有停顿的地方。接着对角色表演提出新的要求："下面的一组同学能否不借助书本，把台词完全记忆下来呢？能够达到这样水平的小组可是非常棒的哦。"

对于新的要求，同学们热情高涨，尤其是一直举手也没有被选中的小组。此时，班级纪律略差，争吵上台表演的声音盖过了教师维持纪律的声音。最后一组依旧由老师点名，上台表演。脱离书本使表演难度加大，但第四组学生除个别词语遗忘之外，基本脱离了书本。表演结束后，L老师对第四组学生进行点评：台词最多的学生稍有遗忘，其他三位表现正常。接着给予每个学生五角星奖励。

正当同学们仍旧跃跃欲试时，下课铃声响起，课程结束。L老师占用下课时间对本堂课进行简短的总结并布置好课后作业。

思考题:

1. 教师在小学英语课堂教学中运用角色表演的方法应注意哪些问题?

2. 通过教学案例,L老师的课堂教学有哪些问题值得我们思考?

3. 评价与激励对于提高小学生英语口语学习兴趣有何意义?

【诊断·反思】

角色表演:问题及方法

"Do you want some rice?"一课贴近生活现实,L老师较好地运用角色表演的方法进行教学,学生也对课程内容非常感兴趣。L老师结合生活实际并提供机会训练学生的口语能力,在每一次小组表演结束后做出相应点评,逐渐提出新的更高的要求,遵循了教学的循序渐进原则,使教学过程有章可循、有条不紊。在点评之后给予了一定奖励,鼓励学生继续表演。总体上来说整堂课程节奏清晰,课程气氛非常活跃轻松,师生配合度较高,教学任务完成良好。但是,该课堂教学存在值得商榷的地方。尤其是在学生角色表演后,及时准确评价学生值得思考。

1. 应注重课堂教学中的评价与激励

(1) 及时评价能激发学生学习兴趣

在训练小学生口语能力方面有很多实践性较强的方法,如值日报告、短文朗读、问题回答、看图说话、小组讨论、辩论比赛、演讲比赛等。[1]本教学案例中所选择的教学方法主要是角色表演。英语口语训练中的角色表演是指在教学中充分利用文本形象,创设具体生动的场景,激发学生的

---

[1] 李楚梅,蒋焕新. 运用形成性评价提高英语口语教学 [J]. 教学与管理,2013 (2):139—141.

学习兴趣，活跃课堂气氛，引导学生从整体上理解和运用语言，[1] 敢于表现和发言，从而达到锻炼和发展学生口语能力的目的，是一种较为常用的教学方法。

教师在角色表演教学方法中的作用不同于其他方法，表演开始前首先需要教师发挥示范作用，用肢体语言、表情以及必要的中文翻译使学生明白所学的内容，激发他们的表演欲望。[2] 同时，学生表演前，教师需要给出评价标准，使学生明确如何表演属于合格、优秀，并对学生的表演效果及时给予评价，以激发更多学生的表演兴趣。在表演过程中，虽然教师不宜打断表演，但应将学生的口语表达以及各项表现记录下来，以便及时给出评价。对前面几组应多用积极评价，将学生表现与之前的评价标准作对比，给予口头或物质性奖励，烘托角色表演轻松愉快的氛围，强化学生积极主动参与表演的心理。

案例中的角色表演是在教师示范和学生充分理解单词的含义及正确读音后展开的，这是这堂课的亮点。在教师提出选择第一组上台表演时，其他小组仍在继续模拟表演。第一组表演结束后教师询问下面的听众对第一组的评价，回应的声音很少，没有真实的评价意义。从教学设计意图和步骤来看，教师意图使学生循序渐进地提高口语表演水平，不会因任务过难不愿尝试而放弃训练。将教学任务分层实施是值得肯定的。接着教师在第一组自评后对第一组的表现给出了点评：单词朗读准确流畅，总体上完成了任务。第二组、第三组表演后教师同样给出了及时评价和奖励，进而提出更高层次的口语表达要求。在整堂课的轮流表演过程中，L老师的评价都非常及时并以表扬为主，标记五角星作为奖励，对于其他未表演的小组来说是一种非常有效的激发表演欲望的措施。

（2）评价不当影响教学效果

分组角色表演实质上属于小组合作学习中一种表现性强的学习方式。为了使组内每位组员都能够得到等同的训练和表现机会，就要求教师在真正的角色表演过程中认真观察组员口语表演情况，表演结束后给予准确、

---

〔1〕 周化媛. 试论角色表演在英语阅读教学中的应用 [J]. 教学与管理, 2012 (09)：100—101.
〔2〕 段晓凯. 角色扮演法在英语教学中的应用 [J]. 教学与管理, 2013 (06)：129—131.

具体的评价以促进学生口语能力的发展。笼统的评价用语会导致学生进步缓慢。

本案例中 L 老师在第一组表演结束后向其他学生询问对表演者的评价，只简洁地以"好"和"不好"为评价，评价过于笼统，所以学生的回应甚少。L 老师对第一组的评价"总体表现的还可以，比较流畅、到位"中的"总体表现"是哪些表现？"到位"是指读音准还是表情好？学生从这种模糊宽泛的评价中无法提取出自身具体的优点和缺点，以至于寻找不到进步的方法和可以改进的方向，这样自然会影响到学生学习英语口语的效果。因此，英语课堂中对学生的评价不能简单地以"good""very good"或"great"等常见词语评价学生的表现。避免评价语言的单一性，应根据学生的不同表现给出细致化的评价。[1] 根据不同年级学生的特点，也有所不同。如对低年级学生，可在表演时给出"I believe you!""Super"等赞扬性的评价；对于中高年级的学生，则可以使用"There's a difficult word to read. You read it very well."（一个很难的单词你读的非常标准）或是"You are braver than last time."（你比上次的表演更勇敢一些）这一类具体明确的评价语言。

案例中的 L 老师在每一组表演结束后出于鼓舞其他组表演的想法选择及时的赞扬性评价是可取的，但在评价用语方面应做到根据不同小组详评各自表现。以询问第一组学生的表演为例，将"大家觉得他们表演的好吗？"这一问题具体化为"大家认为他们的单词读音都正确吗？"或者"大家认为他们的句子读得通畅吗？"等类似语言，一方面使学生理解了评价的标准，有利于学生在自己的表演时准确表达；另一方面使表演者明确了自己小组表演的优缺点，有利于提升口语的表达能力。

2. 课堂教学评价应关注全体学生

小学阶段的学生自我中心思想突出，喜欢表现自我，不能够理解小组合作学习对他们的影响和意义。[2] 小组分角色表演为学生提供了自主、

---

〔1〕 秦锡根. 浅谈激励性评价在小学英语教学中的运用 [J]. 上海教育科研，2008（02）：93.
〔2〕 文涛. 论有效的课堂小组合作学习 [J]. 教育理论与实践，2002（12）：53—56.

合作与探究学习的机会。英语课堂中简短的角色表演机会较多，分组时可根据座位划分。而谁做主角，谁为配角则由组内学生自己确定。在实际组内分角色时，通常成绩较差的学生发言权少，易沦为配角。因此，教师对学生的表演进行评价时应该根据学生的具体情况和表现，准确评价主角的表现和配角的配合。必要时对表现不够好或学习成效较差的学生多一些关注。

案例中 L 老师在对所有表演组展开评价时选择的对象都是以小组为整体，如第一组"总体表现还可以"；第二组"有一定的面部表情"；第三组"句子读的很通顺，很少有停顿的地方"。只着眼于整个小组，使得评价对象过于单一，学生的接受能力不同则有可能造成组内学生差异越来越明显。在第一组的学生自评中，学生 1 提到单词读音错误，实际上并非学生1 出现错误，而是学生 4 所读的"vegetables"少了"s"的读音。而 L 老师并没有准确的评价学生的读音问题，只是给出了评价标准：单词要读准确。可以看出学生 1 是该组的主角，学生 4 所存在的失误也是由学生 1 指出，其表现欲较强，那么此时在教师提出评价与指导时，学生 1 的吸收程度会比组内其他学生更高一些，但学生 4 有可能会产生"教师只关心学生1 并不关心我""原来我拖了小组后腿"之类的消极想法。设想下一次的角色表演，学生 4 可能会因缺少进步动力而消极对待口语表演。从长远来看不利于学生 4 的英语课程学习，甚至影响交际能力。并且，笔者观察到第一组内的学生 2 声音过小，第二组的第三位学生将"Mrs Chen"读作了"Mrs Lv"，第四组的最后一位同学因为脱离了书本而紧张过度声音发颤。但这些情况在 L 老师的评价中都没有体现。

如何更好地处理角色表演中主角配角的问题，教师可以建议小组内学生轮流担任不同的角色，平衡主角配角的次数。[1] 教师在对学生的角色表演做评价时，可先以小组为对象，引起小组内所有学生的注意，再逐一对每位学生或几个重点学生（如表现特别优秀者、进步明显者、成绩较差生）进行评价，尽量降低因评价偏差造成的心理落差、学习能力差异变大

〔1〕 刘茜茜. 浅谈英语教学中激励性评价的运用 [J]. 山东省青年管理干部学院学报，2010（2）：142—143.

的可能性。正确发挥准确评价激励学生提高自信心的作用。[1]

3. 课堂教学中应重视形成性评价

多元评价主体能提高教学有效性。所谓形成性评价是指对学生日常学习过程中的表现、所取得的成绩以及所反映出来的情感、态度和策略方面的发展做出的评价，这个评价是通过对学生学习的整个过程持续观察、记录和反思之后得出来的，是为了取得更好的教学效果而修正其本身轨道所进行的评价，是一个发展性评价。[2] 在英语课堂教学中，应用形成性评价应着眼于学生英语能力的培养，同时保持对英语学习的兴趣，最终能够将英语知识和技能准确地应用到生活实际当中。角色表演中使用形成性评价能够最大限度地发挥学生参与课堂评价的作用，通过小组学生自评、学生互评、师长点评等评价主体的多元性保证学生参与活动的积极性，并在角色表演过程中感受到自己的作用，获得认同感与自信心。[3] 避免单一评价主体片面评价对学生英语口语发展的不利影响。有研究者认为，形成性评价实施过程中重要的方法之一就是小组讨论，学生互评。[4] 通过分组角色表演，促进学生集体观、合作精神的养成，形成积极的情感态度。

英语口语小组角色表演中，多元评价主体在教学实践中不仅需要运用形成性评价，还需要相应的终结性评价作辅助，以呈现某一阶段的学习效果，促进学生英语口语能力的提高。[5] 两种评价一主一辅，在体验轻松愉快的学习过程中掌握口语技能与知识内容。

本教学案例中，L 老师熟练地应用了形成性评价，评价时切入点合适，根据每组不同的表现给出不同评价。第一组"比较流畅"，第二组"有表情、更加流畅"，第三组"很少的停顿"。学习是一个螺旋式上升的过程，学生表演的口语训练内容始终未变，达到上升和发展的是学生对角

[1] 强琴. 激励性评价策略下过程体裁法在高中英语写作教学中的应用研究 [D] 内蒙古：内蒙古师范大学，2013（05）：16—39.
[2] 李楚梅，蒋焕新. 运用形成性评价提高英语口语教学 [J]. 教学与管理，2013（2）：139—141.
[3] 陈向明. 小组合作学习的条件 [J]. 清华大学教育研究，2003（3）：11—16.
[4] 张晓荣，杨宏. 形成性评价在英语教学中的运用 [J]. 教学与管理（理论版），2010（4）：132—133.
[5] 鲁燕. 形成性评价在高中英语教学中的应用研究 [D]. 南京：南京师范大学，2013：66—74.

色表演内容的理解和掌握。L 老师在第一组表演结束后先请其他同学对表演者们进行评价，再请组内学生自评，最后教师点评，这一过程在一定程度上充分发挥了学生的主体性，学生们能够认识到自己不仅是被评价的对象，还是评价的主体，不再一味被动接受教师的观点。从理论上来说，本案例中第一组学生在得到评价后会主动分析自身的优缺点，自动调控自己的学习过程。其他未表演的学生则可以在听取各种评价的基础上继续改进表演内容。这种自我调控的过程是积极主动的，不是在严格要求下才出现的学习心理变化。教师在做出形成性评价时，应关注多元化评价，尊重每位学生的发言权，保护每位学生的自尊心。

此外，本案例中，由于 L 教师对课堂教学中如课堂纪律的整体把控不足等问题导致课堂教学时间不足，第四组表演刚结束下课铃声就响起，因此，L 老师在课堂教学结束时来不及对课堂教学进行终结性评价，而是延时下课，利用课间时间对学生的表现进行了简洁的点评："看得出每个小组都在积极地准备，而且表演得越来越生动，好像你们就是书中的角色一样。但是在观看他人表演时请同学们保持安静，认真听。"终结性评价是对一节课的总结，但由于时间问题，L 老师也来不及围绕本节课的主题对本堂课展开详细的终结性评价。

4. 课堂教学中应保护学生的创造性

德国教育学家第斯多惠曾言："教学的艺术不在于传授本领，而在于激励、唤醒和鼓舞。"而在英语口语教学中更是如此。自美国著名评价学专家斯克里芬 1976 年提出课堂教学中的形成性评价，此后它在我国逐渐被推广。英语分组角色表演从微观上看是为了训练学生的英语口语交际能力、表达能力，以及学习英语知识。但从宏观上理解，角色表演还是锻炼学生人格，培养学生全面发展的有效教学路径。因此，在通过形成性评价点评学生角色表演时，应遵循其基本原则：激励性原则、多元性原则、反馈性原则、系统性原则以及发展性原则。[1]

---

〔1〕 李楚梅，蒋焕新. 运用形成性评价提高英语口语教学［J］. 教学与管理，2013（2）：139—141.

形成性评价的发展性原则强调将学生看作学习主体，充分发挥学生主动性，从多方面评价学生的表现和能力，包括性格、态度、思维等；着眼于学生的长远发展，综合考虑学生全面的、终身的发展。角色表演是学生亲身实践的机会，是直接将书本上的知识在真实的生活情景中表现出来，即使与自己的生活实际并非完全一致，但存在和实际相互切合的点，这个点正是学生将书本知识应用到实际生活的契合点。评价学生的角色表演时也要抓住这一点。任何实践都会产生新的不同于书本的内容，学生在掌握了书本与生活之间的契合点后进行的角色表演一定会有新的表现。[1] 此时若教师及时准确地对学生表演行为中衍生出的新内容展开评价，学生则能够对新内容产生注意，恰当有益的部分被吸收内化并得到增强；有误不利的部分被指出得以改正。这其中恰当有益的内容中一定有创造性的部分，在角色表演中进行形成性评价时将有创造性的部分提出来，不仅能使学生感到教师对其的认同，缓解拘束和焦虑情绪，还能提高学生对角色表演这一口语训练方法的兴趣和学习英语的信心。

我们观察到，第四组因为较为熟练的原因，开始尝试脱离书本的表演。没有了书本的"束缚"，四位表演者的表情交流增多，表演更加真实。其中担任主角（共有四句台词）的学生在询问不同的对象时创造性地走到每个对象的面前，并且在给每人"soup"时增加了肢体动作——递给，尤其是在"Dongdong"需要"more vegetables"作答"Here you are."时先是放下的动作，再是拿起新物体的动作。其他三位学生也有点头表示感谢之类的动作。有可能出于时间上的考虑，L老师在评价第四组时只有一句总结性的话，只字未提学生的创造性表现。从站成一排念书到有肢体动作脱离书本，实际上第四组的学生改变了原先的照本宣科似的表演，对于五年级学生来说已经是一种极具表演性、创造性的表现，找到了生活与角色表演学习的契合点。可以猜想，第四组的学生一定能够将角色表演中的知识内容迁移至真实的用餐中，将知识与生活结合在一起。

由于年龄发展具有阶段性，五年级学生在角色表演中的创造性行为可能不够清晰、突出，这就需要教师以严谨细致的态度观察并找出学生有创

[1] 严厚明，戴军. 浅析英语教学中的角色扮演法 [J]. 教学与管理，2009 (12)：62.

造性或有创造性潜在可能的行为，帮助对学生的形成性评价更加完善和全面，在促使学生完成学习目标，掌握基本口语能力的同时着眼于学生的创造性发展。案例中的 L 老师可以引导学生在课下根据自己的生活实际改编或续编一些对话，延伸出更多的口语训练。[1]

英语口语训练选择分组角色表演的方法有很多积极意义，比如激发学习兴趣，避免枯燥单调的教学方法，活跃课堂氛围；帮助学生形成健全人格，提高英语口语交际与表达的能力；通过小组合作学习，培养团队合作精神，加强合作意识；利用表演机会发挥特长，实现创新想法。[2] 对学生的角色表演进行评价则是检验口语训练的重要环节。评价方法有很多种，只有正确选择适合角色表演的评价方法才能准确评价学生的表现和能力。通过对教学案例分析，在英语口语角色表演中选择形成性评价为最佳，主要原因在于学生的表演存在一定的创新性，每个人的表现也不尽相同。形成性评价方式能够保证评价具有针对性，提高评价的有效性。如果能辅之必要的课堂总结，则能有效帮助学生强化课堂教学中知识的习得。

角色表演是英语口语训练中的一种重要方法。通过观摩真实的英语角色表演教学案例，更加深入认识到教师在评价角色表演中学生的表现和行为时首先应发挥好评价的激励作用，选择最恰当的时机及时评价以激发学生口语表达兴趣；根据不同情况提出有针对性的准确评价，避免评价用语笼统导致的学生进步缓慢或评价对象单一导致的学生间差距加大，最终影响学生口语学习的自信心。在选择角色表演的评价方法时多应用形成性评价，其多元化评价主体包括学生自评、学生互评、师长点评，这三种方式在角色表演的过程中发挥各自的作用，保证评价的有效性。形成性评价的应用必须遵循五大原则：激励性原则、多元性原则、反馈性原则、系统性原则以及发展性原则。发展性原则对于学生的全面发展、终身发展都有非常重要的影响，因此在评价过程中应坚持发展性原则，帮助学生创造性思维的提高。

---

〔1〕 方丽. 角色扮演教学法及其有效策略的研究 [D]. 南京：南京师范大学，2016：3—24.

〔2〕 Jingxiao Zhao. *Application of Performance Assessment in the Vocal Teaching of Normal Universities* [J]. DEStech 出版社，2016：92—94.

15

情景教学:
过程和体验

【教学案例】

    L 老师是 C 市国际实验学校八年级（1）班的英语老师，她擅长在课堂教学中有效运用情景教学法，班里的学生非常喜欢 L 老师上英语课。今天，L 老师讲授的内容是人教版初中教材八年级上册 UNIT 4 Go for it! Section B 中的阅读部分。课程的主题是通过介绍美国卡通文化的代表形象之一——Mickey Mouse，来帮助学生们理解卡通片的历史。授课老师通过 Lead-in，Pre-reading，While-reading，Post-reading，Discussion 以及 Homework 六个部分来引导同学们学习课程。初中生对于卡通不仅了解而且都非常感兴趣，教师从他们最感兴趣的话题着手，引起他们学习的兴趣。教师用三个简单的英语问题引起师生之间的英语对话 "Do you like to watch cartoons? What's your favorite cartoon? Why do you like it?" 为学生创设了真实的语言情境，为后续的课堂做好了准备。同时，教师通过多媒体手段创设逼真的卡通情景，引发学生的阅读兴趣。在正式阅读课文之前，教师先解决了阅读课文中的生词和短语问题，减少了学生的阅读障碍。同时，不同于传统的单词教学，教师将生词放入阅读课文中来学习，让同学们在语境中来体会。这样的方式不仅可以帮助学生学会单词的发音、释义，更可以帮助学生在语境中体会单词的具体用法，加深学生对于单词的理解。在 While-reading 部分，教师在学生阅读课文之前布置了问题，让学生带着问题来读课文，创设问题情景，可以提高学生的阅读效率，教师所提的问题与文章内容相关，并且具有一定的挑战性和启发性。在 post-reading 部分，教师运用了多媒体技术向学生展示了 Mickey Mouse

的形象，使学生能够更加直观地感受到阅读材料中所描绘的事物，创设具体情景帮助学生理解。在讨论的环节，学生在教师设定的情境中，比较中美卡通形象的异同，表达自己的观点。教师设定的讨论情境贴近阅读材料和学生生活，同时也是对阅读材料的拓展。

思考题：

    1. 什么是情景教学法？

    2. 情景教学法的教学意义和价值有哪些？

    3. 有效运用情景教学法应注意哪些问题？

【诊断·反思】

情景教学：过程和体验

    情景教学法有利于提高学生学习的积极性、主动性，增强学生的求知欲望，丰富学生想象力；还有利于树立学生学习主人翁意识，在学习上化被动为主动；提升学生理论联系实践的能力。随着初中生英语阅读技能的培养和英语学习兴趣的提高越来越受到初中英语教师的重视，情景教学法也逐渐渗入到英语课堂中。通过解读情景教学法的内涵，了解情景教学法该如何在初中英语阅读课堂中发挥作用。在英语教学中，情景教学法要求为：增强教学中的实物演示，充分利用现代教育教学技术、简笔画、游戏活动、角色扮演等方式，巧妙设计情景。

1. 情景教学法

（1）情景教学法的定义

    情景教学法起源于口语法，是由 20 世纪 30 年代到 60 年代的一批英语教学法专家倡导的。在情境教学法流行之初，情景教学法应用的领域为口语练习、语法和句型学习。其定义一般指教师根据教学内容，有目的地设计一种外在情景，该场景包含具体而生动的情绪色彩，提高学生体验，促进学生学习积极性，能发挥学生学习主观能动性和潜力的一种实景教学方法。

(2) 情景教学法的理论基础

情景教学法较为稳定的理论基础主要有两个，一是情景教学法遵循了学生的学习规律、心理特性、语言习得规律。传统的教学模式中，教师和学生之间的互动很少，灌输式、填鸭式的讲授学习方法较为常见，教学过程沉闷无趣，而情景教学法则通过学生学习心理习惯，设立情景体验，促进学生之间、师生之间的互动，有意识地提高学生潜在的学习动力，并在轻松愉悦的环境下，使学生理解和掌握不同语境下的不同语言使用特性，以及语言的含义，增强学生记忆能力，促进学生健康发展。二是情景教学法依据了新课改政策要求。在新课改的背景下，英语教育教学大纲明确指出，英语教学的根本目的是增强学生英语学习的实践能力和综合运用能力。因此，当前英语新教材设计中，增加了大量的情景式听、说、读的训练材料。此类设计的目的是加强情景教学法的应用，使学生能够全方位地参与教学过程各个环节的课程内容。[1]

2. 情景教学法的教学价值

(1) 创设语言情境，营造阅读氛围

英语在中国作为一种外来语言，意味着多数学生在英语课这种特定的学习情境中才会使用英语。因此，英语教师应尽可能使用英语进行相关课程教授，创造尽可能纯正的英语教学环境。在阅读课上，教师在分析、解读文本时，应引导学生运用英语思维去理解文本，掌握英语阅读技巧，主要包括概括主旨，分析文本结构，分析篇章的逻辑结构等。[2]

〔1〕 束定芳. 外语教学改革：问题与对策 [M]. 上海：上海外语教育出版社，2004.
〔2〕 关绫兰. 情景教学法在艺校英语口语教学中的应用 [D]. 内蒙古：内蒙古师范大学，2011（05）：23—34.

（2）模拟真实情景，促进学生理解

现有英语水平、认知发展水平以及其他一些客观因素的限制和影响，大部分初中生对相关的阅读材料不能进行深刻、全面地分析理解。此时，教师可以使用情境建构的教学方法来促进学生的学习。如：借助语言、声音、图片、视频等手段创设一个真实的教学情景，来增进学生对于阅读材料的理解，从而提升学生学习的效率。

（3）在情境中学习语言知识，扫除阅读障碍

情境教学法主张，在学生阅读前，应该最大限度地去除文本中对于学生理解形成障碍的因素，不管是阅读还是写作都应该建立在一定的词汇和语法的基础上。与此同时，情境教学法也强调，单词的记忆和语法的学习也应当基于一定的日常情境之中。如，教师在展示新词汇时，可以利用相关的歌曲、视频图片等进行展示。通过这种方式，提高课堂教学的趣味性，在一定的情境中，学生学习词汇、理解词汇的效率更高，有效扫清阅读过程中的词汇障碍，为以后的学习打下坚实的词汇基础。

（4）创设问题情景，引发阅读兴趣

情境教学法提出，教师应该在学生正式阅读之前抛出与文本内容一致或者相关的、并能引发学生深入思考的问题。首先，教师创设的情境、设置的问题难度要适中。对于学生来说，问题要具有一定的挑战性，也能激发学生阅读的积极性和兴趣，但是难度也不宜过高，否则会打击学生阅读的积极性。其次，情境创设要具有一定的层次性和建设性。让各种层次水平的学生都能通过阅读有所收获。最后，教师创设的情境、提出的问题要具有启发性，学生通过阅读问题和文章，能启发学生的思维，培养其创新的能力和思维。[1] 通过不断地完善和发展，情景教学法已经成为一种广泛应用的外语教学方法。许多一线教师和专家学者都对情景教学的优点进行了鲜明的阐述，并且都围绕着初中生的心理发展水平和认知特点进行了研究。但是笔者认为现存研究中仍然存在着一些问题，比如：对情景教学

〔1〕石淑清. 情景教学法在初中英语教学中的应用探微〔A〕. 全国教育科学学术科研成果汇编〔C〕, 2017（11）：1853.

法的解读不够清晰；情景教学法的课例破碎，没有对完整的一堂课进行解读；现存的研究没有关注情景教学法在具体课型中的应用等。

3. 情景教学法在英语教学中的应用策略

（1）英语教学中的实物演示教学

实物示范教学是情境教学法最基本的教学方法。他指的是利用具体的教学道具（幻灯片、图片等）来表达具体事物的英语教学。一方面，实物示范教学使教学内容更具体化。通过增强学生的感官，如视觉和听觉等，有助于加深学生对教学内容的认识，加深记忆能力。另一方面，实物示范法有利于提高学生的抽象思维。抽象总是来自具体，由于简单直观的物理表现，学生在英语课堂学习中形成了先入为主的英语学习思维。在学习过程中，学生在感知、了解现场情景氛围的情况下，将具体、形象的感知转化为抽象的理解力。实物演示教学方法大大提升了教师的教学效率，以及学生的学习效率。

（2）利用现代教育教学技术，巧妙设计情景

随着教育技术的进步，教育和教学的硬件条件发生了很大变化。教育教学技术的发展为实施情境教学提供了有力的支持。通过运用现代教育技术，有利于将学生的广泛思想带回课堂教学，提高学生的学习能力，增强教师教学的兼容性、配合性。因此，在情境教学方法的应用中，应该合理地设置学习情境，全面提升教育教学绩效。

①课堂导入时的情景教学设计。课堂导入环节是教学实施的第一环节，也是最容易激发学生积极性的环境，在课堂导入时，如果教师机械式地讲解、阐述和演说，慢慢地学生学习的注意力就会开始分散，但是如果利用现代教育教学技术，在课堂导入时就紧紧抓住学生的注意力，利用图片、音频和视频等，进行情景演示，将会大大刺激学生的感观，在不断吸引学生兴奋点的过程中，将学生的学习兴趣不断拓展，拉入正式教学环节中；另外如果在课堂导入时，利用一个简单的情景设计，由浅入深，由简

入繁，从情景的现象谈论其本质，在简繁的过渡中，带动学生积极性，深化对情景的理解和掌握，在教师精心编制的课堂导入情景设计中，进入对事件本质的深化感悟和理解，课堂教学环节环环相扣，学生思维呈现联系性。[1] ②情景教学在英语单词学习的应用设计。单词学习是英语教学的重要环节，也是提升学生英语综合运用能力的基础学习步骤。历年来，英语单词教学被学生和教师一致认定为最为枯燥无味的环节。传统教学方法下，英语单词教学是教师读单词，学生跟着读，然后学生自我复习和默写，整个过程是无味的。但是情景教学法可以有效增强学生学习单词的兴趣。利用现代多媒体技术，通过具体形象的图片演示，配合学生学习，有利于唤醒学生单词记忆能力；更为重要的是，在英语篇章学习中，利用情景教学设计，可以深化学生对单词的记忆能力，图片、单词、场景相互配合，学生学习时的气氛十分有趣。[2] ③情景教学法在英语语法学习中的应用设计。语法学习是英语教学中的难点和重点，学生英语学习最大的问题是语法是抽象的，难以理解，利用情景教学法是解决这一难题的关键。例如在学习动词的过程中，教师设置场景，让学生进行动态对话，在情景体验中，深化学生对动词的理解；另外，可以利用视频、图片等现代教育媒介展现词语的形态，例如，学习站立、跳跃、敲打等这些动词时，教师利用多媒体演示具体的动作，然后学生进行模拟，通过具体的"动"，深化学生对词语情态的理解。④情景教学法在英语口语和听力训练中的应用设计。情景教学法对英语教学中英语口语的训练十分有帮助，教学中除了让学生背诵句型或对话，进行模仿性说的训练外，还须引导学生根据不同的情景和话题达到自由交谈的目标；教师只提供围绕某一话题讨论时可能会用到的单词和短语，不规定、也不提供具体的表达形式。看图说话是一种设计说的情景的好方法。一张图或一串图表达一个或几个情景，学生分组讨论，教师给出关键词，供学生说话时使用。还可以设计如打电话的一些假定性情景来分组练习。这样既培养了学生创造性说的能力，又能激起

〔1〕 高民强. 情景教学法在初中英语教学中的应用［A］. 2017 年课堂教学改革专题研讨会［C］. 2017 （04）：492.
〔2〕 尹睿. 情景学习与建构主义学习的批判校本学习研究的视角［J］. 教育发展研究，2008（10）：53—57.

学生积极参加练习的兴趣。教师还要通过控制提供的词汇、短语以及表达形式，以模仿性的说过渡到创造性的说。教师可以让大家分组自由对话，使大家在情景对话中提高说的能力和水平。[1]

对英语听力教学来说，情景教学法也是十分有意义的。教师可以根据听力内容来设计课件，如：学生在听的同时能看到，这样既可以激发学生兴趣，也能排除对听力的畏惧心理。由于大多数学生不熟悉外国人的生活习惯、文化习俗等，常会感到所听材料虽无具体的新词句，但却不能听懂内容。因此，听力练习可配合一定的情景。并在教学中注意介绍文化背景，这样在以后的听力过程中，就会增强学生对外国文化背景的理解，提高英语听力能力。

(3) 利用简笔画，巧妙设计情景

教师以简笔画为教学材料进行教学称之为简笔画情景教学法，通过创造一个具体合理的情境，围绕该情境，丰富学生的词汇以及语言积累。简笔画情景教学法是英语教学中提升学生语言运用能力的重要手段。运用其独特的信息传递与表达能力，充分激发学生的想象力，逻辑思维能力，有利于培育学生解决问题的能力，锻炼学生语言表达的能力。英语教学中，设立简笔画情景教学是必不可少的，特别是针对英语写作锻炼，具有良好实践教学效果。看图复述图是最简单的简笔画设计，让学生根据图片提供的信息，用英语表达图片传达的宗旨和内涵，或者让学生口述图片的具体场景，以及相关故事情节。[2] 可见，英语教学中简笔画情景教学法的设计，对开发学生想象潜能十分有益，更有利于提升学生的英语写作构思能力。

(4) 利用游戏活动，巧妙设计情景

在英语教学中引入游戏的优势在于，一方面，该方法掌握了学生爱玩的本质，吸引学生积极参与英语教学；另一方面，游戏可以提高学生的动手能力，锻炼他们的反应能力。智力游戏设计有利于培养学生的脑力、创

---

〔1〕 高慧. 运用情景教学法，提高学生的英语听说能力 [J]. 教育探索，2008 (6)：68—69.

〔2〕 Chen Xu. *Application research into Situational Teaching Approach in for vocational college students* [C]. IEEE 会议论文，2010.

造力，培养学生的实践沟通能力。因此，教师应积极利用游戏活动，设计巧妙的教学情景，教师可以带头发表评论，设置英文单词纸牌游戏和英语绕口令游戏，使用英语猜谜语，甚至允许学生对教学文本内容改动进行演习等。

(5) 利用角色扮演，演绎教学内容情景

角色扮演在游戏化和学生兴趣方面具有良好的教育优势。利用学生角色扮演的热情，学生可以扮演书中的角色，展现他们灵活多样的角色扮演能力，让学生能够在当时体验场景并掌握英语语言技能。在英语教学过程中，教师应积极鼓励学生充分发挥英语教学内容的教学效果，让学生大胆解读角色甚至创新。将教学故事与现实生活联系起来，尽可能逼真地呈现场景。角色扮演情景设计比沉闷的教师授课更受学生欢迎。

5. 情景教学法运用中应注意的问题

教师必须钻研教材，发掘教材中的情景因素，根据不同的教学要求和教学目的，设计最佳的教学情景，从而达到理想的教学效果。教师仍然是"情景教学"中的灵魂。[1] 不是把"情景"给了学生，教师只让学生去练，而自己就没有什么大事了，在"情景教学"中教师要示范表演，以此来激发学生的热情，同时在学生表演中，教师也要全身心投入，了解每一个学生从单词到句子、乃至整个的英语水平，以便发现问题，及时总结。英语是一门实践性很强的工具学科，运用英语进行交际是其实践性的主要表现。因此，在英语教学中必须为学生提供充分的运用英语口语进行交往实践的机会，使学生从中加深理解、熟悉运用、牢固掌握，以达到学以致用的目的。

教师必须深入教材，了解教材中的情境因素。根据不同的教学要求和教学目的，教师应设计最好的教学场景，以达到理想的教学效果。教师仍

---

〔1〕 邓万丹. 情景教学法在高中英语语法教学中的应用研究 [D]. 上海：华东师范大学，2016：24—43.

148 然是"情境教学"的灵魂。[1] 不是给学生"情景",教师自己不参与其中而只让学生自己去练习。在"情境教学"中,教师要示范表现来激发学生的积极性。同时,在学生表演中,教师还必须充分参与对每个学生的从小到大、从粗到细的学习过程,以发现问题,并及时总结。英语是一门非常实用的工具学科。用英语交流是其实用性的主要表现。因此,在英语教学中,学生必须有机会在英语教学中练习口语,以便学生加深理解,熟悉使用并牢固掌握,达到学以致用的效果。

情境教学法在阅读课堂中的有效运用可以减少学生的阅读障碍,激发学生的阅读兴趣,提高学生的阅读能力。[2] 如今,情境教学法已成为一线教师耳熟能详的教学方法,但在英语阅读课中,并没有很多教师能真正有效地运用情景教学法。因此,初中英语教师应根据初中生认知发展的特点,在完成阅读课的基础上,创造性地运用科学的情境教学方法。这不仅符合新课程的要求,而且促进了教师教学方法和学生学习方法的改进。

〔1〕 何晴. 英语教学中情景教学法的应用 [J]. 赤峰学院学报(自然科学版),2013(07):22—24.

〔2〕 Cao Qi, Yang Yang. *Characteristics of Situational Teaching Method and Its Application in Teaching Chinese as a Foreign Language* [J]. DEStech Publications, Inc. 2017.

16
小组合作
教学路径方法

【教学案例】

　　2011 年 10 月 9 日，我与研究生们一起去某中学观摩教学。听了 H 老师的两节七年级上册英语课。教学内容是 "When is your birthday?" 课前，老师要求学生对课堂内容进行预习，上课时老师采用小组合作学习模式，并给学生人手一份导学案。听完两节课后，我记录了这样一组数据：95％的学生能够在课堂上和老师进行口语交流，95％的学生能够相互进行口语对话，课后我与 8 位学生交流英语课学习的感想（喜欢 H 老师上英语课吗?），8 位学生开心的回答："非常喜欢"。这令我很欣慰，感觉到这是一堂教学效果很好的七年级英语课。这使我想起很多时候去听初中英语课的场景，一般是老师讲、学生听，即使老师有意识地引导学生用英语对话，大部分学生也很难流利地用英语进行对话，课堂总是被几个积极学习英语的爱好者"霸占"着，每个人并没有得到平等的锻炼机会，教学效果也自然不尽如人意。

思考题：

1. 什么是导学案？导学案有哪些优缺点？
2. 什么是小组合作学习？
3. 上述教学案例中有哪些教学亮点？

【诊断·反思】

小组合作教学路径方法

语言既是交流的工具，也是思维的工具。英语课程承担着培养学生基本英语素养的任务，即学生通过英语课程掌握基本的英语语言知识，发展基本的英语听说读写技能，形成用英语与他人交流的能力，为今后继续学习英语和用英语学习其他相关科学文化知识奠定基础。针对目前中小学英语课堂教学中学生对英语兴趣不高、英语应用能力不强等问题，如何激发学生英语学习兴趣，提高英语课堂教学质量，是中小学英语教育教学中师生共同面对的问题。有效的英语课堂教学策略，对于发展学生的语言技能、语言知识、情感态度、学习策略和文化意识，提高学生的综合人文素养，具有重要的意义和价值。

1. 口语交流有效提高英语表达能力

学习语言的目的是为了交流，如果只会写不会说，无法和对方用英语进行交流，便不能称得上是合格的英语学习者。目前，所谓"哑巴英语"的现象十分普遍，学生英语考试的成绩很好，但只会写不会说，无法使用英语和他人进行交流，这种现象与学习英语的目的背道而驰。与其他老师不同的是，课堂上，H老师能结合学生英语基础，在学生已有的英语基础上引导学生就"date""birthday"等关键词进行师生之间、生生之间的交流对话，为学生创设一个生动活泼的英语课堂学习情境。在情境中进行交流和学习，让学生感受不到老师是在灌输知识而是在自然的应用中轻松地获得知识。在 H 老师的课堂中，教师与学生的一问一答并不是简单的、机械性的重复，而是使学生在特定的语言交际环境中训练口语和表达能力，既达到了学以致用的目的，又有利于实现有效教学目标。两个 95% 足以说明这点。从这堂成功的英语口语课中我们可以学习到以下几点：一是英语口语交流的内容要有意义，也就是让同学们有内容可以进行讨论交流，避免空洞的重复。H 老师以大家感兴趣的"生日"话题作为切入点，在小组成员互相询问生日的过程中轻松学会了"When is your birthday?"句型及其相关的单词，每位同学的重复都可以看作是一次学习。只有具有了现实意义，同学们才会乐此不疲地重复并在重复中进一步学习、巩固。二是克服学生的自卑畏难心理，使英语口语教学取得更好的效果。许多学生不开口并不是因为不会说而是因为不敢说，怕说错了被别人笑话，只有鼓励他们勇于开口说话才能慢慢克服哑巴英语的现象。H 老师所采用的小组合作学习模式也在一定程度上帮助同学们克服了羞于开口的问题，在小组的交流中每位同学都有机会表达自己，即使说错了也不会在全班同学面前"出丑"，反而会得到小组成员们的帮助。三是创造英语交流的大环境，要克服哑巴英语的现象，其中一个重要的途径就是给学生创设一个良好的英语语言环境。[1] 在大环境的熏陶下，每位同学都会掉进英语的"大染缸"，也就难免不受其影响。虽然我们没有办法保证学生们在日常生活中进行英语交流，但作为英语教师，要在每日的英语课上尽可能地为同学们营造学习英语的氛围，让每位同学情不自禁地用英语进行交流，从而提高英语口语的表达能力。

2. 积极的情感培养激发学生英语学习兴趣

本教学案例中，H 老师能贴近学生生活实际，将情感培养渗透到课堂

---

〔1〕 黄志成，潘建平. 中日韩三国"哑巴英语"教育状况的因素分析 [J]. 外国教育研究，2011（08）：5—8.

中，激发学生的英语学习热情，调动学生积极的思维和积极的学习情感，有意识地消除学生对英语的畏难心理，使他们在愉快和谐的氛围里享受英语学习的快乐。过去的英语教学过分注重语言的认知因素，而忽视了情感因素，从而造成教学效果不佳。《英语课程标准》把情感态度作为课程目标之一，所谓情感态度，是指兴趣、动机、自信、意志和合作精神等影响学生学习过程和学习效果的相关因素以及在学习过程中逐渐形成的祖国意识和国际视野。[1] 罗杰斯认为积极的情感因素对外语学习产生着较大的影响，乐观向上的情感态度对外语的学习有着一定的促进作用，消极向下的情感对学习存在着一定的阻碍作用。英语学习的主体是学生，英语学习应该是一种轻松愉快的事情，拥有积极情感的学生更乐观更开放，自己会争取更多的学习机会与表现机会，学习的主动性会加强，在英语课堂中会敢于开口讲英语，敢于与老师或同学积极地进行口语交流，从而增加学习成就感，提高学生的学习兴趣。然而拥有消极情感的学生则会表现得沉默、害羞甚至害怕，不敢参与课堂，不敢回答问题，不敢与老师或同学进行口语交流，有的甚至索性放弃英语学习。那么如何对学生进行积极的情感培养，可以从以下几个方面进行考虑：一是熟悉学生的性格。语言学习是个体行为，是与其个性相联系的。[2] 每个学生都是独立的个体，拥有不同的性格特点，教师要充分熟悉每个学生的个性，了解哪个学生的学习方式是属于场独立型还是场依存型，哪个学生个性属于四种气质类型中的哪一种，只有了解了学生的个性差异，才能在此基础上因材施教，激发学习者的学习动机和积极性，真正体现英语学习中学生的主体地位，使其产生"愿意学"的积极情感。二是创设多样教学方式，渗透积极情感培养。将情感培养渗透到英语的教学中，能够使学生切身体会到英语知识所营造出的真实情景，增强学生的学习兴趣，有利于学生对英语知识的学习与掌握。首先，创设情感环境是培养积极情感的基础，在课堂教学中，教师要充分利用多媒体技术，将抽象的知识形象化、具体化、鲜活化，结合学生的生活实际，创设一个轻松愉快的情感世界，调动学生的自主学习性，让

---

〔1〕 徐佩文. 在英语教学中培养学生积极的情感态度 [J]. 山东师范大学外国语学院学报，2008（01）：63—66.

〔2〕 徐艳辉. 浅析英语教学中培养学生积极的情感因素 [J]. 黑龙江教育学院学报，2013（10）：104—105.

学生主动开口说、乐说、会说英语。其次，结合教学内容进行情感教育是培养积极情感的途径。在英语课本中，有许多丰富的思想及有影响力的人或事可以引起学生思想上的共鸣，而往往勾起学生兴趣的内容是能够与他们产生共鸣的内容，因此教师在进行英语教学时，要注重英语教学工具性与人文性的结合，要对教材进行精细的加工，充分挖掘出激发学生兴趣的知识点，优化设计英语教学任务，适当调整学习任务的难度，让学生经过努力后感受到英语学习带来的满足感和成就感，以培养和提高学生的自信心。[1]

3. 小组合作学习是提高学生英语学习效果的有效途径

在英语学习中，采用小组合作学习模式可以给每个学生更多"说"的机会。教师在有限的课堂教学时间内很难让每个学生都有足够的"说"的机会，这样导致了只有少数活跃分子参与会话，大多数人只是旁听者。[2]在 H 老师的课堂上，看不到一两个学生是问题的主要回答者，而是小组的每个成员都在参与对话和交流，也就使得每一位同学都有练习和提高自己的机会。小组合作式学习的优势有以下几点：一是每位同学可以得到更加公平的锻炼机会，实现了学习主体的共识性参与，不是英语成绩好的同学主导课堂，而是让每一位同学都有机会并且积极参与到交流学习中来。在小组合作式学习的过程当中，同学之间的互相帮助和讨论为每位同学增加了更多"说"英语的机会，而不是传统课堂中教师自己讲，学生被动听。二是同学之间可以互帮互助，共同进步。小组合作学习在分配小组时已经考虑到每位同学的个体差异，并将他们按照一定的情况进行组合，使每位同学在不同的任务中可以发挥自己的独特优势，并且学习别人的优点。由于每个小组的成员人数较少，每位同学完成任务时可以近距离观察到其他同学的想法和做法，在比较学习中使自己获得更加全面的发展，同时有助于增加每位同学的参与感，使大家养成积极发言的好习惯。三是有助于培养合作意识。合作的意识和能力对每一位同学来讲都是十分重要的，如果

〔1〕 刘建彬. 初中英语教学中情感态度目标的达成研究 [D]. 武汉：华中师范大学，2017 (5)：5—28.
〔2〕 齐心. 高中英语教学中说写结合的小组合作学习模式 [J]. 中小学教师培训，2007 (11)：54—55.

缺乏团队合作能力,以后将很难在社会立足。任何一项重要科学成果的研究都不可能是哪一个人的功劳,而要靠大家精诚合作。要想使我们培养出的学生适应未来社会的发展,就必须培养他们的团队合作能力,在合作中取长补短、共同进步。在小组合作学习的过程中,小组各成员组成了一个小集体,只有通过大家共同的努力才能更好、更快地完成老师布置的任务。在合作解决问题的过程中,每位同学在不知不觉中提高了团队协作能力,为今后在社会立足奠定了良好的基础。在实施小组合作教学的过程当中,如果没有较好地把握小组合作教学的核心和方法,那么只能使其流于形式而无法取得良好的教学效果。我们应注意以下几点:一是明确学习任务和步骤,H 老师在上课时首先向同学们发放了导学案,使大家对教学内容和教学步骤有了清晰的把握,对课程的结构也有了比较清楚的了解,从而使同学们知道这节课我们要做什么,以及怎么做。如果教师不能明确教学内容和步骤,就难免使同学们感到目标不明确,不知所措,从而降低学习效率,使学习效果大打折扣。只有为同学们指明了方向,才能让他们更快地驰骋在学习的道路上。二是要难度适中、内容充实,学生在小组合作式学习中的主体地位要远远高于传统教学方法中的地位,所以任务的设定尤为重要。教学内容只有难度适中才能使学生对学习始终充满好奇心和自信心。[1] 任务过难或过易都无法很好地调动学生的学习积极性,也无法使学生有效地学习新知识,从而导致教学效果不佳。教学任务要既有一定的难度,又在学生们可以达到的范围内,同学们才不会无事可做。内容的匮乏往往是口语课无法顺利进行的原因之一,学生在很短的时间内完成老师的任务后就无所事事。课前 H 老师已经向同学们布置了作业,让每位同学尽可能多地找到与教学内容相关的资料,大大充实、丰富了课堂内容。三是交流时问题要突出并具有现实意义。交流过程中同学们要有未知的、通过交流才能解决的问题,这样做不仅使同学们的交流具有意义,同时还能进一步促进交流。只有将英语口语的教学和学生的生活联系在一起,才能让学生自然而然地学习语言,而不是生硬地死记硬背。课堂中,H 老师将教学内容与学生的生活很好地结合到一起,将过生日这样一件快乐的事

〔1〕 邱江. 教师如何把握教学难度 [J]. 辽宁教育学院学报,2002 (12):19—27.

与英语结合在一起，可以看到同学们的学习热情高涨。

4. 融洽的师生关系是促进学生英语学习效果的有力保障

从与学生的交流来看，学生很喜欢上 H 老师的英语课，课堂教学中也看得出 H 老师与学生间融洽的师生关系，师生共同活动可以缩短师生之间的心理距离，既有利于培养和保持学生学习英语的兴趣，也有利于学生英语学习的学业成效。苏霍姆林斯基指出："上课是儿童和教师的共同劳动，这种劳动的成功，首先是由师生之间的关系来决定的。"由于英语非母语，而学生又处在一个母语的学习环境中，这样一个矛盾的教学形势，让学生在对待英语的学习上，难免会产生一种消极情绪，而化解这种消极情绪的关键就在于建立良好的师生关系。再者，由于初中生正值青春期，遇事较敏感，对待事物往往比较感性。因此，建立融洽、平等、互相理解的师生关系对初中英语教学是十分重要的。那么如何建立融洽的师生关系，主要考虑以下几个方面：一是沟通与了解。教师对学生的了解、与学生之间的沟通是建立融洽师生关系的前提。只有通过与学生沟通，充分地了解学生的个性特点、兴趣爱好、英语基础、语言潜能、学习风格等，教师才能因材施教，做到对优秀生爱得严格、对中等生爱得温和、对学困生爱得细腻。[1]要充分利用现代信息技术，扩大沟通渠道，如学生现在爱玩的QQ、微信、微博等网络平台，通过这些平台加强与学生的沟通，去了解学生、关系学生、尝试融入学生的生活，从而拉近师生间的心理距离，那么在课堂中，学生就不会再出现因害怕老师而沉默、畏惧发言、思维受限等现象。二是理解与公正。真诚的理解与客观公正地对待每一个学生是建立融洽师生关系的基础。真诚的理解即教师要改变传统的教师观念，树立民主平等的师生观，用真诚的心与学生进行交流，正确认识自己的不足并勇于承认，学会换位思考，从学生的角度帮助学生解决问题，帮助他们不断成长；客观公正地对待每一位学生，不对学生进行人为地分等级，要学会用"蜻蜓的眼"去发现每个学生的长处，从而以此为切入点提升他们对

---

〔1〕 蒋小青. 英语教学中建立良好师生关系的策略 [J]. 教育探索，2004 (11): 58-59.

英语学习的兴趣。在 H 老师的课堂中,我们可以看到 95%的学生都能顺利地与老师进行口语交流,这就证明 H 老师对每个同学都一视同仁,都能给予他们表现与锻炼的机会,帮助他们每个学生更好地成长。三是幽默生动的教学用语。幽默生动的教学用语是建立良好师生关系的催化剂。教学用语是教师在教学中最直接的知识传授途径,所以教师教学用语是否生动、是否幽默、是否有效等都是影响教学效果好坏的因素。中学英语教师在语言表达中要注意准确性,还要注意感召力和趣味性,尤其是中学英语教师,其语音、语调和节奏都要非常完美,必要时还可以用肢体语言加以补充,同时在教学时还可以采取大小声、歌曲、绕口令等常见的英语教学语言表达方式,激发学生的学习兴趣,从而加强学生课堂的参与度。[1]四是信任与期待。著名的"皮格马利翁效应"告诉我们:如果教师不停给予某个学生表扬、鼓励与期望,就会使这个学生的自我价值感增强,教师的鼓励与期望将会变成一种积极向上的动力,学生就会尽力朝着教师所期望的方向发展,久而久之,就会向好的方面进行一个持续性的循环发展,最终达到老师的期望。从某种程度上来说,教师的信任与期望对学生的学习成绩也将造成一定的影响,只有教师对学生充分信任并满怀期待,及时对学生进行表扬与激励,才能有利于激起学生学习英语的积极性,提高他们学习英语的自信心,从而使不同层次的学生学有所获,快乐学习。

〔1〕 徐洁. 中学英语初任教师教学能力发展研究 [D]. 重庆:西南大学,2015(05):4—23.

17

对话教学
破解"哑巴英语"

【教学案例】

这是农村某中学英语课堂对话教学场景的截取片段：

T：Now everyone listens to my questions. What kinds of fruit do you often eat in your daily life?

S_1：Apple.

T：Can you help us to describe it?

S_1：......

T：Ok, thank you, S1. S2, do you like eating watermelon?

S_2：Yes!

T：Good! Now today we are going to learn many kinds of fruit. ......

由于平常交流少，学生对话交流只限于那么几个单词的运用，无法进行深入的对话。由于处于农村地区，学生英语基础本来就相对薄弱，加之教师自身教育素养不高导致英语对话教学的困难。针对上述现象，我们应该从农村学生的实际出发提高学生的英语口语水平，进而改善农村中学英语对话教学现状。

思考题：

1. 农村中小学英语对话教学中存在的问题及原因分别是什么？

2. 如何改善农村中学英语对话教学现状？

3. 如何从农村学生的实际出发去提高学生的英语口语水平？

【诊断·反思】

对话教学破解"哑巴英语"

1. 农村中学英语对话教学中存在的问题及原因

　　早在春秋时期，孔子及其弟子就已经通过对话的方式，进行交流与学习，此后，对话逐渐发展成一种重要的教学方式。并且在西方，古希腊时期的苏格拉底就已经采用类似的方式。由于他们的对话方式缺乏一套先进的教学理念和可支撑的理论，因此这种简单的对话行为不能称为对话教学。基于对国内已有的研究文献来看，多数学者以及专家都是在"对话"的概念进行界定的基础上，对于对话教学的特点做了以下概括：①对话教学是民主、平等的教学；②对话教学是互动的、交往的教学；③对话教学是沟通的、合作的教学；④对话教学是创造的、生成的教学；⑤对话教学是以人为目的的教学[1]。对话教学在课堂教学中起着至关重要的作用。然而在偏远的农村地区，很多农村学校英语对话教学还存在以下问题。主要表现在：一是"哑巴英语"的凸现。应试教育的理念及教学方式在农村地区根深蒂固，许多家庭抱有寒门出贵子的希望，重视孩子的应试能力，学校领导更是以分数的高低来评价学生的优劣，以及教师的教学质量和教学水平，从而学生也觉得分数是评判自己价值的唯一标准。因为各方面的压力，老师在英语课堂内反复强调语法、词汇、写作、做题的效率，忽视了对英语这一语言本身应有的特征——多说。因此，就出现了哑巴英语现象，灌输式、填鸭式的讲授方式比比皆是。二是英汉思维以及文化的差异性。在中国，当自己处于困境之中或者遭遇不幸，为表示关心，朋友们会说"我很同情你"，以使对方得到一丝慰藉。相反的，对英美朋友说"我很同情你"，带来的不是对方心里上的宽慰，反而让他们觉得你是在轻视、嘲笑他们，这就无形中映射了中英文化差异。在农村，学英语对话教学中为什么会出现这些问题呢？主要原因可以归纳为以下几点：

---

〔1〕 刘庆昌. 对话教学初论 [J]. 教育研究，2011 (11)：65—69.

(1) 英语语言基础知识欠扎实

由于受地区文化和教育条件的限制，中学阶段农村学生英语基础较弱，学生对英美家庭知之甚少。尽管学生可以通过电视了解美国，但一些偏远的乡村因地形和地势影响了信息的传播，从而无法满足学生学习英语的需求。此外，农村学生在小学阶段几乎不接触英语。学生缺乏扎实的英语基础，在进入初中后无法适应英语学习，并且可能厌倦学习英语。

(2) 英语教师自身素质的培养欠妥

由于农村教师教育观念陈旧，教学方式、手段较为落后，农村教学资源也相对缺乏。教师教学可用的资源也相对较少，一般是一本教材和一本教学参考书。受教师专业发展的影响，农村教师很少接触到新的教育理念，也很少参加教师技能培训，使得农村地区的教育观念、教育内容、教学方法等相对落后。其次，教师的专业素质和专业技能有待提高。因为农村英语教师的理论相对薄弱，技能水平偏低，英语专业高学历者比例很少，同时很少有相关技能培训。一般而言农村英语教学水平低于城市。此外，农村教师并不希望在教学实践中追求新的突破，教育教学过程中缺乏必要的教学反思。

(3) 英语口语练习的缺乏

首先，农村地区的学生除了每周量化的英语课程外，很少有机会接触英语口语练习。教师需要花更多时间在课堂教学上，忽视师生互动、学生表达和其他教学环节。为减少学生课堂表达对教学进度的影响，教师只请几位代表回答问题，激活课堂气氛。其次，由于传统应试教育观念和传统教育模式的深层次影响，我国农村中学生英语学习的主要目的是回答问题，为下一步学习做好准备。因此，农村中学在英语教学中不重视口语训练，不能保证农村中学生听到书本配套的听力材料，听力只限于一位老师所说的话，等。这将不可避免地影响学生的听力，使学生依赖老师的发音，失去英语的真实性。最后，教师对学生的直率评价也促使学生逐渐失去学习英语的兴趣。大多数时候，老师用"Yes, you are right.", "No, that's wrong."等来简单评估学生的答案。这些评估阻碍了学生个性发展的多样化。学生不敢说英语，不敢举手回答问题，怕回答错误，怕在公共场合出丑，不敢问老师学习疑难问题，学习英语的热情自然不高，所以学生在课堂上保持沉默。

(4) 英汉思维的差异性较明显

人类文化的差异会导致思维方式的差异。人类在独特的文化环境中自然形成自己独特的文化特征，因此在这种文化氛围下有独特的思维方式。由于对英美国情缺乏了解，学生们常常习惯于按照英汉翻译的顺序将每个短语翻译成英文。他们像中文一样从左到右编写句子，所以这种中英文思维严重阻碍了学生学习英语的能力，容易使学生形成思维定势。

2. 农村中学英语对话教学现状改善策略

教育部在新的英语课程标准中明确提出：倡导学生通过互动式课堂活动的经验、实践、参与、合作与交流，掌握语言来实现自我价值[1]。《基础教育课程改革纲要》指出："教师要积极与学生互动，在教学过程中共同发展，必须处理好传授知识与培养能力的关系。"[2]换句话说，新课程将教学过程定义为师生互动和共同发展的互动过程。在互动式课堂中，教师不再是简单的传授者，而是合作者、领导者或学生学习的参与者。学生不再是被动的接受者，而是课程学习的开发者、研究员和实践者。

(1) 加强学生自身的英语语言基础知识

每种语言都与其独特的文化密切相关，是民族文化的反映。在不了解英语国家的社会文化背景、历史、地理、习俗、风俗习惯等情况下学习英语不能准确理解和使用英语[3]。对英美家庭了解得越深入，文化差异对

〔1〕 林静. 互动教学法在高中英语口语教学中的应用 [D]. 福建：福建师范大学，2006：14.
〔2〕 曾蕾，尚康康. 学术英语教学与学科英语研究的互动模式探讨 [J]. 西安外国语大学学报，2001 (01)：53—59.
〔3〕 闫慧. 浅谈英语教学中的文化教学 [J]. 内蒙古师范大学学报（教育科学版），2004 (12).

英语教学的负面影响越小，更有利于正确理解和正确使用这种语言。基于对英美情况的理解，学生利用班级进行老师与学生之间以及学生与学生之间的交流，并在课堂上用英语进行大胆的对话。

(2) 提高教师自身专业素养

苏霍姆林斯基说："学生眼里的教师应该是一位聪明、博学、善于思考、热爱知识的人，教师的知识越深湛，视野越宽广，科学素养越全面，他就在更大程度上不仅是一位教师，而更多是一位教育者。"首先，农村教师必须有坚定的教学信念。换而言之，教师应该清楚地认识到正确看待学生教育活动和教育的重要性。其次，农村教师必须具备专业基础知识，加强自身队伍建设，掌握听、说、读、写、译等基本技能。作为英语教师，我们必须不断学习，巩固专业知识，接受新知识。最后，农村中学应该为教师提供更多的学习和培训机会，使教师能够吸收更先进的教学理念来指导他们的教学。农村教师还必须具备良好的教学反思能力。美国学者波斯纳认为："没有反思的经历是一个狭隘的经历。最多只能是肤浅的知识。如果老师仅仅满足于不去深入体验而获得的经验，那么他的教学水平就会受到极大的限制，甚至可能会下降。"因而，一名优秀的教师必须时刻具备教学反思能力。

(3) 重视英语对话教学的口语练习

在农村中学英语对话教学中，学生的口语练习必须遵循循序渐进、逐步深化的原则。首先是在听说的训练过程中，教师应该使用与文本相配套的音频材料，让学生在听的基础上说，以说练听，以说助写。其次是对看说的训练，在看的基础上，学生要自主地建构自己的知识体系，把看到的文字、图片、事件以及人物用自己的话术体系表达出来，这不仅能锻炼学生的观察能力，更能锻炼学生的思维能力和表达能力。最后实践环节，教师要有目的、有意识地调动学生学习的积极性和主动性，激发学生的学习兴趣、启发学生的思维，让学生主动探究，从而使学生成为课堂的主体。在对话教学中，教师应该进行赏识教育，对学生多进行积极正面的教育评价，让学生更加自信地进行口语表达。根据马斯洛的需要层次，学生在自我价值被别人认可，在接受到积极正面的评价时，学生学习成就的需要能得到很大的满足，随之学生学习英语的积极性会大幅度提高，学习效率也会有很大的提升；反之，学生容易产生消极影响和抵触情绪。[1] 教师不应该过分强调学生所给答案的准确性，而要善于对学生在课堂上的表现多表扬，少批评，多肯定，少否定。教师还应多开展些课外活动，如组织英语辩论队，开展英语演讲比赛等，来弥补课堂上口语训练的不足，使学生开口说英语，不断提高自己的英语口语水平。

（4）营造和谐、轻松、平等的课堂教学氛围

《新英语课程标准》强调关注学生情绪，营造轻松、民主、和谐的教学氛围。鼓励学生培养他们对英语及其文化的积极感受，并保持学习英语的动力。[2] 整洁有序，轻松自然的教学环境让人感觉舒适，充分调动学习兴趣，挖掘潜能，增强自信心和好奇心。提高教师的教学效果和学生的学习效果，有利于师生、学生和学生之间的互动，从而提高教学效率。因此，教师应该改变传统的教学方式，放弃教师应有的权威性，改变教师过去主导的情况，让学生充当教室的主人。在一个平等、宽松、和谐的英语教学课堂中，农村中学的学生应该改变羞怯和胆怯等消极的课堂情绪。他们必须积极回答问题，参与课堂讨论，实现师生互动。

（5）促进学生英汉互动思维的转换

在学习英语的过程中，学生需要打破母语的界限，建立全方位的英语思维，用英语组织语言并最终表达出来。例如，在英语反问句中，"There isn't any books on the desk, is there?"，答案应该是"Yes, there is."或者"No, there isn't."。前面的句子回答："不是桌子上有书"，后面是"是的，桌子上没有书"，这与中文思维方式相反，因此，在对话教学中，只

---

〔1〕郑文，叶在田. 农村英语教学何去何从——对农村初中英语教学现状的调查和思考 [J]. 课程·教材·教法，1995（7）：38—39.
〔2〕梁金花. 农村中学英语课堂沉默现象：原因与对策 [D]. 重庆：重庆师范大学，2011：4—34.

有自己的奉献精神、亲身体验，以及随时与老师和同学的互动可以掌握英语学习的技巧。首先，教师应该将传统观念从以教师为主导的课堂转变为以学生为主体的课堂，让学生从概念上了解自己的主要地位，充分调动学习的主动性和积极性，做到课堂上主人在课堂上自由发言；其次，教师安排学生作为一个团体一起工作，让他们在学习过程中多边化互动，由于学生人数众多，课堂中师生间的一对一交流显然是不太现实的。我们开展学生与学生之间的多边互动，最大限度地提高学生的英语思维模式。例如，在中文里，"我要走了"，大多数学生会说："I will go soon."。还有一些同学会说："I'm going."。基于常见的学习，老师总结了这一点：英美国家通常用"I'm going."来表达这个意思。通过这种学习，提高学生的语言意识更为容易。最后，教师应鼓励学生积极与教师接触，让学生在轻松和谐的氛围中与教师自由交流。在教师和环境共同的影响下，逐步培养英语思维模式。

3. 农村学生英语口语水平提高策略

（1）鼓励学生大胆讲英语

英语口语训练离不开英语会话，但农村学生没有英语会话的条件。在农村地区，学生一般不习惯用英语说话。由于平时用英语交谈很少，所以没有习惯用英语交谈，学生之间的英语会话水平有非常大的区别。许多学生害怕在课堂上用英语说话，这要求教师鼓励学生用英语对话。由于学生的英语基础水平不高，学生通常会在英语交谈、表演或回答老师的提问时，不可避免地会犯语言和文法等方面的错误，教师应该适当地宽容学生，学生犯了错误，不要立即打断学生的话。这会打断学生的思维，影响他们的对话或表演，束缚他们的手脚，心理压力使他们处于尴尬的境地。教师应在学生完成对话或表演后鼓励和表扬学生。应该充分认识到，他们敢于用英语说话。鼓励学生用英语大胆表达，可以提高学生学习英语的积极性，帮助学生养成良好的英语口语习惯，增加学生学习的动力。当教师用英语评估学生的问题时，他们不会伤害学生的自尊心。教师应该主动去鼓励他们，同时，不断改进教学方法，如，教师可以充分利用多媒体设备教授英语，学生不仅可以听到地道的英语，还可以看到英语交际场景的真实环境，甚至参与交流。学生对英语学习的兴趣也将不断提升，让学生积极参与口语教学可以更好地加强英语口语学习。

(2) 强化英语口语训练环境

学生英语口语表现突出，或者表现不佳；学英语时，他们害怕说话，不说话，参加口语活动的热情不高；虽然有些学生有参与活动的积极性，但口头表达的意义是不完整和不连贯的，结结巴巴，经常以中英文的表达形式出现等。口语培训是中学英语教学的重要组成部分。要加强口语训练，首先要有良好的英语口语学习环境，我们必须为学生提供一个全面的英语口语环境。有些条件较差的农村中学，可以充分利用学校的"英语角"、报纸等。班级、班级时间表、学习领域，甚至简单的通知都尽可能以英文呈现。英语的亲密关系为我们讲英语铺平了道路。英语会话是口语训练的重要形式。培训口语会话的方法很多。农村学校需要从现实出发。课外，学生有很少机会进行英语会话，可以适当增加英语课。在课堂上，班上有很多人，学生说话的机会较少。可以进行分组，展开合作和交流。每个班级都有多个小组用英语进行对话。这为学生提供了更多的机会。小组讨论后，根据时间表演，让他们在课堂上进行英语对话。每个人都有机会用英语说话，这激发了他们对学习的兴趣，使他们能够在轻松愉快的氛围中掌握关键点。另外，也可以培养他们的自学能力，使他们能够迅速形成正确的事物概念，从而牢牢掌握英语口语技巧，并为将来的英语写作奠定良好的基础。

(3) 开展丰富多彩的英语课外活动

口头培训不能单靠课堂教学。课堂是教师传授知识的最强大和最有力的武器。课外活动也是一种有效的补充，是课堂学习的延伸，学生的热情可以用真实的语言充分调动起来。教学中，应该充分发挥语言的交际功能，锻炼学生的口头表达能力。为此，可以开展各种形式的活动来加强口语训练。例如，在英语课外活动中设立兴趣小组，举办英语讲故事比赛，举办英语演讲比赛，学习唱英文歌曲，朗诵英文诗歌等。由于课外活动和自由活动的多样性，学生很容易积极参与，学习兴趣浓厚。第二类英语的发展不仅可以拓宽学生的视野，提供英语使用的场所，而且有助于激发学生的主动性，在真实的语言环境中充分发挥语言的交际功能，锻炼学生的口语能力和表达能力。农村初中生英语口语能力差是英语教育工作者必须面对和解决的一个现实问题。教师要不断提高自身素质，营造轻松和谐的课堂教学环境，善于思考和研究，开展各种口语教学活动，为学生的口语交流提供更多的交流机会，使他们能够全面发展，从而真正提高农村初中学生使用英语的能力。

18
游戏式教学
激发学生学习兴趣

【教学案例】

　　2013 年 4 月 3 日，应邀与 L 市某中心小学老师们研讨课堂教学。观摩了杨老师小学三年级英语"Unite 5　What time is it?"教学。课前，杨老师很认真地在黑板上画出了钟（clock），并准备了很多小红花。课程教学目标是使学生能听懂、会说新单词"eleven""twelve""night""day"；能熟练地运用句型"What's the time?""It's …o'clock."表述时间；重点是教会学生使用"What's the time?"句型；难点是单词"show"的含义和用法。老师主要使用练习法，并板书新单词。

　　T：What's this?

　　S₁：It's a clock.

　　T：What's the time?

　　Ss：It's one/two/three/…o'clock.

　　T：What's the time?（时间点到 11 点）

　　T&S：It's eleven o'clock.（板书"eleven"）

　　……

（右图来源：百度图库）

课程教学中，老师教学很认真，充满教学激情。教学准备充分，板书画出时钟，准备了若干卡片，课堂教学中老师恰当地使用激励性的评语表扬表现好的孩子，并用准备好的卡片作为礼物赠送给课堂表现好的孩子，激发学生学习兴趣，学生在轻松愉快的课堂氛围中学习新的知识。应该说，对农村小学英语课堂教学来说这已经是比较好的了。课后交流时，我们认为，杨老师的这堂英语课基本实现了该课程教学的目标，但是，针对小学生英语教学，如何激发学生学习英语的兴趣，还有提质空间，可以使课堂教学更加有效。

思考题：

1. 通过上述教学案例，我们能从中发现哪些亮点和不足点？
2. 结合《小学英语课程标准》，如何实现英语课程教学目标？
3. 英语游戏式教学中应注意哪些问题？

【诊断·反思】

游戏式教学激发学生学习兴趣

针对小学低年级学生来说，英语教学重要的是激发小学生学习英语的兴趣，增强小学生学习英语的情感体验。对教学的有效性而言，教无定法，贵在得法。有效教学，没有最好，只有更好。因此，我们可以尝试做出更好的教学设计，使课堂教学更加有效。游戏式教学是根据小学生身心发展实施的一种有效教学方法。游戏式教学，即是教师在教学过程中设计相关游戏环节，通过游戏让学生体验活跃欢快的英语学习情境，有效学习和理解相关英语知识，培养学生英语学习思维，能有效激发小学生英语学习兴趣，提高小学英语课堂教学质量。

1. 游戏式教学

低年级英语在小学英语素养培养中具有基础性的作用，由于小学生身心发展的特点，在英语课堂教学中，往往存在注意力不集中、好奇好胜好动等特点，上课容易走神，很难理解问题、解答问题。单一的讲授式教学很难满足学生活泼好动的特点，无法彻底让学生理解英语的抽象性。为顺应新课标理念，将游戏教学法引入到英语课堂中，寓教于玩，以玩的形式，在玩中学、趣里练、乐中长才干，将教师的地位从"主讲"转变为"引导"，从而突出体现学生在教学中的主体地位，强调情感价值和活动等因素在教学中的作用，很好地弥补"应试教育"带来的弊端，开拓学生的思维，让学生真正成为与众不同的自己，而非是装有同种程序的"机器人"。

通过文献检索发现，国外最早探索游戏与教育的关系源于柏拉图，他提出了"寓学习于游戏"，并且要求应用游戏的方法来代替强迫性学习，从游戏中更清楚地发现每个孩子的天分，但是游戏必须具有选择性，儿童参加的游戏必须符合法律精神[1]。第一位结合游戏与教育并且进行系统研究的人是福禄贝尔，他认为游戏更多的是指孩子内心态度的显现而非等同于外部活动的表现，游戏之所以能吸引孩子是因为它能让他们轻松自由，在活动中感受到快乐，还能增强儿童的自控力和自我牺牲的精神[2]。20 世纪卓越的学前教育家——蒙台梭利对游戏教学理论的发展也取得了重要成果，她通过在实践中不懈的理论总结和探索，创造了自己的教学法——"蒙氏"教学。但由于过分强调了教具本身的意义，使得理论产生了一定的局限性[3]。

而我国研究者对课中进行游戏教学的理论探讨是从近现代开始的，多数从游戏教学的价值、原则等方面进行研究，游戏教学实施的研究在小学英语方面较少，较多的体现在体育、舞蹈等开放性科目上。祝智庭认为，教育游戏是"将生命的体验与乐趣变为学习的目的与手段的一套工具和方

---

〔1〕 吴式颖. 外国教育史教程（缩编版）[M]. 北京：人民教育出版社，2002：22—26.
〔2〕 同〔1〕。
〔3〕 陈碧云，邓涛. 教师培训本土化探析——以厦门市 H 区小学英语游戏教学专题培训项目为例 [J]. 中小学教师培训，2018（03）：19—23.

法论"；张琪等认为"通过设计、开发、管理合适的技术情景和资源，以促使学习者的生活体验与自身发展相融合为目标的理论与实践"。

（1）游戏式教学的教学意义

林舜南觉得将游戏加入英语课堂中为小学英语教学起到了五方面的作用，这不仅可以帮助学习者树立正确的英语学习态度、提高孩子的积极性和创新感，又能让学生用严谨的英语思维去拓展英语知识的外延，更能有利于推动新课程的发展。[1] 张靖华认为，游戏式教学可以激发学生学习动力，兼顾学生多样性，能促进学生的综合提高。[2]

（2）游戏式教学的教学原则

夏蕾认为在安排游戏教学时应遵循以下原则：目标性、参与性、多样性、情趣性和规则性。[3] 莫银尚则认为游戏教学的实施要确保英语游戏的目标化、游戏形式的多样化，游戏难度和时间花费要适中、游戏规则要简单明了以及玩耍时要掌握好游戏过程纪律的管理与结果的评价等。[4] 曹淑菊提出，游戏设计要顾虑到适合性、协调性和全员性；老师筛选的游戏要与学生身心发展相符合，与教学内容相协调，与课堂氛围相一致；同时应该面向全体儿童，全面发展儿童才能，发扬个性，让每位孩子都能尽自己最大的可能，获得成功的体验。[5]

（3）游戏式教学的教学实践

为了使教学保质保效，新课标提出了寓教于趣的教学策略。赵红梅提出，在小学英语课中，借助多种教具，通过运用 sing or chant 等方式来表现词汇，在游戏中，冲破了词汇教学的难点，活跃了课堂气氛，提高了学习积极性。[6] 在游戏教学实施中，很多学者对课堂进行记录和总结，如

〔1〕 林舜南. 小议英语游戏对英语教学的作用 [J]. 广东教育，2005 (4)
〔2〕 李辉. 游戏教学法应用于学龄前儿童英语教学的现状问题与对策研究 [D]. 辽宁：辽宁师范大学，2012：4—10.
〔3〕 夏蕾. 小学英语"课堂游戏教学"模式初探 [J]. 江苏教育，2002 (12)：31—32.
〔4〕 关欣. 小学低年级英语游戏教学存在问题及对策研究——以 T 小学为例 [D]. 吉林：东北师范大学，2012 (05)：1—22.
〔5〕 曹淑菊. 英语课堂游戏设计的原则 [J]. 河北教育（综合版）. 2006 (11)：34—35.
〔6〕 夏云，李春晖. 教育游戏融入小学英语教学的模式构建 [J]. 电化教育研究，2012 (02)：117—120.

"套圈游戏"和《有趣的七巧板》教学实录与评析等。

2. 小学英语游戏式教学中存在的问题

游戏教学法在实际应用中存在很多不足，主要表现在：语言教学核心目标被忽略；游戏教学中学生全员参与不足；游戏过难或过易，造成课堂时间浪费且对提高学生语言技能帮助很小；游戏缺乏设计，游戏教学结构缺乏合理性。这些不足严重影响了游戏教学法在小学英语教学中的开展与运用。因此，如何克服游戏教学法在应用中存在的不足，最大限度地发挥其在小学英语教学中的积极作用，就成了一个很值得研究的课题。通过问卷调查得知一系列在游戏教学实施中出现的问题，将其归纳为如下四个方面：

（1）游戏式教学流于形式

教学目的是上好一堂课的方向与重心，在讲授中，若缺乏目的或目的性较模糊，则很难达到预想的课堂效果。而从笔者调查的结果来看，教学目标不明确、游戏教学流于形式，是教师自身认为在课堂运用游戏教学法存在的主要问题之一。笔者发现，一些教师认为游戏教学需要一个完整的设计，但在实际课堂教学中，游戏的设置与要达到的教学目标并没有实质性的联系，做游戏只是为了"游戏"而"游戏"，没有进行详细的教学设计，随意性较强。而英语知识的学习是需要观察思考、探索研究的过程，因此英语教学的游戏设计若缺乏明确的教学目的，则难以拥有良好的教学效果。

（2）游戏式教学中"度"把握不够

一堂优秀的课需要一个好的管理者，只有教师在合理管好课堂纪律的情况下，教学才可以成功进行。但根据调查可知，在进行游戏教学过程中，大部分同学认为班级秩序很乱，班上同学吵闹。笔者则从如下几个方面对这些问题进行思考：第一，小学低年级学生好奇心强，面对游戏时容易兴奋，并且活泼好动，因此教师在游戏前对游戏规则的讲解不明确或过于繁琐，将会导致学生在做游戏时比较无序，课堂最终陷于混乱的局面。

第二，学生的参与度不够。据教师的问卷结果显示，在每次的游戏教学中只有大部分学生参加，而游戏环节中教师疏于管理，容易导致剩下的小部分学生无所事事，出现交头接耳、讨论等现象。第三，教师们的教师素养参差不齐，对课堂讲授中增加游戏环节的理解不够，游戏实施不主动，课堂管理过度。她们觉得严厉的课堂规章是维持课堂纪律最有用的"武器"，对本性活跃可爱的学习者要求严格，只允许他们规矩地坐、认真地听，这种方法既违反了教育法则，也使课堂氛围沉闷，继而使学生失去学习的动力和热情。

（3）游戏形式单一，创新不够

伴着新课改的深化，老师们的教育理念受到相应的变化。他们也更愿意尝试去接受新的授课方法。但是在实施过程中，多数老师发现游戏形式单一，可选用的游戏素材较陈旧，缺少创新性和经典性。义务教育的国家教材具有普适性的特点，面对不同地区的儿童，缺乏针对性，小学教材本身就提供了很多的基本游戏内容，但教师在处理教材时还存在一定困难。在对教师的课堂观摩中发现，如果没有二次开发或创新的内容，学生的积极性就会减弱，教学效果就会降低。另一方面有教师认为，班级成班率高，班级人数过多，学生参差不齐，加上教学任务繁重，考试考核要求过多，因此游戏素材获取渠道缺乏，导致游戏内容缺乏新意，游戏教学难以运用。

（4）游戏教学过程中，细致性不够

在游戏过程中不注意游戏的公平性、纪律性和操作时间等都可能影响游戏的效果。好胜、好表现是儿童的天性，游戏的竞争机制给学生无限的激励，学生非常在意游戏的结果和老师给自己的评价，一个不公平的结果会让学生的学习积极性受到打击，甚至对老师产生排斥心理；做游戏时教师要有一定的调控能力，注意观察学生的情况，利用游戏规则和奖罚机制有效地控制课堂纪律；教师要把握好游戏时间，时间过长会使学生的学习兴趣下降，下次再玩这类游戏就没有了热情。时间过短，一来学生会扫兴，二来游戏的"运用语言"的目的也没有达到，游戏时间的长短既要参照学生的社会性发展水平和认知水平，也需要教师根据学生的兴趣、能力及教学内容加以安排。课堂游戏后一定要总结，教师和学生一起复习知识点，了解学生到底掌握了多少，确定在以后的巩固练习中需要进一步强调的地方。另外，教师还要总结游戏操作成功或失败的经验，为以后完善游戏积累经验。

3. 小学低年级英语游戏式教学策略

根据小学生学习的认知特点，小学英语课堂教学实践中，教师可以在学生开始英语学习的时候给每个学生取一个英文名字，英语课堂教学中的师生互动可以用学生的英文名字交流，这样可以促进小学生英语学习的生活情境和课堂学习情境的感悟和体验。结合本教学案例，笔者认为，在条件允许的课堂（非大班额、有空间），可以在教室的地板上画一个时钟，每次以12个学生为一组，每个学生站在时钟的一个整点的位置上，教师处在时钟的中心，右手当作时针，左手当作分针。右手指向5点位置的学生时设问：What time is it? 学生回答：It's five o'clock。依此类推，做到每个学生都参与。同时，也可以让学生站在时钟中心的位置代替老师，老师则可以根据学生的表现及时做出评价。这样的学习活动设计，创造了一个英语语言学习环境，既能充分调动每个学生英语学习的积极性，也能增强学生的英语学习体验。通过对问卷调查结果进行剖析，对此进行探讨，给予相应的建议，以更好地促进游戏教学法在英语课堂的发展。

（1）加强游戏式教学研究

随着互联网的发展，书本不再是唯一的学习途径。我们应该鼓励教师通过互联网进行自我学习和自我提升，去搜集有关游戏教学的相关理论和研究。随着国际"慕课"平台的开展，教师能学习关于"游戏教学"的优秀理论知识，可以极大地提高自己的理论基础，从而更好地进行自我反思。再者，应进行有效的教师职业技能培训。在面对多变的外界环境中，单一的理论知识很难有好的教学效果。因此，我们可以通过相关部门聘请教授专家，对教师进行强有力的知识与技能培训，从而使得教师能够充分了解新型教育政策、授课手段和技巧，从而可以更好地进行课堂授课，将先进的教育思想实施到教学中，营造优质课堂。

首先，关注游戏教学的质量，选取较好的游戏素材。经过调查，许多教师认为目前存在的游戏素材形式单一、陈旧，素材往往来源于网络，缺乏精心的设计。这样不仅没有对教学起到辅助作用，同时，也很难激发学生的学习兴趣，甚至大大降低了学生的学习效率。因此，笔者建议鼓励一线教师参加课标的编写，进行游戏素材的开发，让游戏教学更完善。可以将优秀的游戏案例写入课标，成为经典案例，供广大教师学习与创新，让游戏与教学巧妙结合，在实施中体现游戏教学的高效性。在设计游戏之前首先思考游戏的目标定位是否明确。若课前不考虑这个问题，就容易"为了游戏而游戏"，结果，形式多于内容，"热闹"多于"深刻"，到头来，只是"空欢喜一场"。注意做好游戏前的准备。包括道具的准备，知识的准备和心理的准备等。在教学中，教师不能只为了让学生放松玩乐才安排游戏，归根结底，任何游戏必须服务于课堂教学的教学目标，有利于教学任务的完成，帮助学生巩固所学的知识，并使教学活动变得生动有趣，引人入胜。教师应根据不同的教学内容，有针对性地设计教学游戏。在游戏规则上也要体现对教学内容的操练，使游戏为语言知识的学习与运用服务。切不可为了游戏而游戏，否则就失去了游戏教学的意义。再次，教师在游戏教学中，要兼顾实施的经过和结果。在实施中，要加强班级的管理，让孩子有序地做游戏。同时还可以根据学生个别的表现，适当调整游戏规则，从而让更多孩子参加进来。最后，教学过后，要及时对每次游戏教学做出评价与总结，进行反思，从而做出更好的教学设计。

（3）营造游戏式教学氛围

成功的课堂游戏教学氛围应该是十分活跃且学习者们参与度很高的。他们在欢快的游戏环节中可以更好地去理解英语知识。游戏教学活动设计的两个关键点在于：其一是建立融洽和睦的师生关系；其二是创造欢快的课堂氛围。一个好的课堂环境可以激起学习者学习英语的主动性。让他们在学的历程中时刻保持一种轻松的状态，便于他们思考，是对他们发展英语思维的一种促进。游戏的开展推动了学生积极思考，促进学生与老师互动，从而实现师生情感共鸣。这种教学方法，实现了和谐英语课堂的构建。同时在设计游戏的过程中还要考虑游戏形式和方法是否适合学生。教师要考虑到学生的年龄、心理特征和现有英语水平、教学环境等综合因素，保证所设计的游戏是"量体裁衣"。另外，还要考虑游戏的开展是否具有可操作性。教师应仔细推敲游戏的各个环节、游戏的规则等具体方面，保证游戏向前发展。否则，容易陷入内容失真、操作失当、课堂失控的局面。

（4）改善游戏式教学条件

拥有强大的硬件配施无疑会给教学带来许多的便利。学校作为教学工作开展的有力平台，应全力支持教师将游戏引进课堂中，考虑教师教学所需，应保障教学活动开展中所需的硬件与软件设备，比如多媒体设备和充足多样的教具等。教具是老师教学时的工具，它依靠奇异的外形、鲜艳的颜色，吸引着孩子们的注意力，巧妙运用教具进行游戏能起到事半功倍的效用[1]。随着科技和 IT 技术的发展，迎来了越来越多的教学媒介。多媒体教学以它的鲜明性及生动性，激起了小学生极高的学习热情，并让他们保持长时间注意力集中。但随着父母工作的迁移，大批农村孩子涌入县城，造成县城小学班级成班率高，一个教室里摆满了桌椅，甚至一个班级达到 70 以上的学生。学习环境拥挤，人数过多，不利于游戏教学的实施，因此，需要加大投入，改善办学条件，严格控制大班额。

相对传统教学法而言，游戏教学是教学理论及方法领域的一次深刻变革，是学生从教学的被动者到主动者的转变，具有强大的生命力。自 2001 年起，英语成为小学教育中的一门必修课，小学生从三年级开始要逐步学习英语基础知识。小学英语课程教学基本要求（试行）指出，根据小学生的身心特点和学习特点，小学英语教学要创建以活动课为主的教学模式，充分利用教学资源，采用听、做、说、唱、玩、演的方式，激发学生学习英语的兴趣，鼓励学生积极参与，大胆表达，培养学生用语言进行交流的能力。在培养学生这些能力时，游戏教学法可以起到良好的教学效果，同时游戏教学法所面临的严峻问题也值得我们进行进一步探讨。

---

〔1〕 罗芳婷. 小学课堂游戏教学方法研究—以英语课为例［D］. 江西：赣南师范学院，2014.

19
如何激发学生
语文阅读学习兴趣

【教学案例】

　　L老师是小学三年级语文老师兼班主任，同时很喜欢琢磨如何提高孩子们学习语文的兴趣。很多次和我说，三年级的孩子了，要怎样才能提高孩子们语文课尤其是朗读的兴趣。她说她也看了很多教育理论方面的书，对学生学习动机也还了解一些，但就是不知道如何下手。我说，你想想办法吧，办法总是有的，比如开展些朗诵比赛活动等。一个月以后，L老师给我打来电话，很高兴。因为，她在语文教学中尝试了一种看似很平常的方法来激发学生阅读的积极性，起到了意想不到的效果。这种方法就是在她上语文课时，组织了几次课文朗读比赛，用相机把每个学生朗读时的表情拍下来，并用美图秀秀装扮放在她的 QQ 空间里，并告诉孩子们晚上去看老师的 QQ 空间，老师的 QQ 空间会给他们带来惊喜。果然，L老师很快发现孩子们的变化，家长们也反映孩子在家读书的热情高涨。现在，她所教班的孩子们不仅喜欢她上语文课，而且阅读的积极性和朗读的水平提高很快。

大伙坐得可端正啦　　　　　　同学们的掌声真热烈呀

176

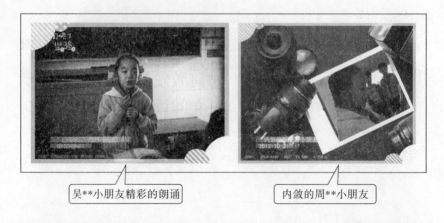

吴**小朋友精彩的朗诵

内敛的周**小朋友

有几分紧张的**小朋友

准备充分的许**小朋友

语言顺畅的杨**小朋友

聚精会神的赵**小朋友

思考题：

1. 通过上述教学案例，分析语文阅读教学在语文教学中的重要性有哪些。

2. 通过上述教学案例，分析影响学生语文阅读兴趣的因素有哪些。

3. 激发学生语文阅读兴趣的策略有哪些？

【诊断·反思】

如何激发学生语文阅读学习兴趣

阅读作为人类学习最基本的一项能力，成为基础教育语文课程中的基本内容，亦是研究者重点研究内容之一。[1] 语文阅读教学是语文教学的重点也是难点，课程改革以来，广大一线语文教师依据新课改的理念对阅读教学做了有益的探索，语文阅读课堂呈现欣欣向荣的气象。但是，也总能发现一些遗憾，甚至会是明显的问题。[2] 阅读是基础，如果阅读教学效果不理想，那么显然语文教学的效果也不会太理想。多年以来，语文教师都在为如何提高阅读教学效果绞尽脑汁，但是始终无法得出一个有效答案。案例中的 L 老师可谓是一名具有教育智慧的语文教师，懂得如何选取适合学生的教学方法激发学生的学习兴趣。在进行阅读教学的过程中，首先得让学生明白阅读的重要性，其次得弄清楚影响学生阅读兴趣的因素，最后再根据这些因素采取有效的教学措施。

---

〔1〕 王玉辉，王雅萍. 语文课程与教学论［M］. 北京：北京师范大学出版社，2016：79.

〔2〕 程丽萍. 关于培养高中生语文阅读能力的方法研究［J］. 教师教学能力发展研究，2017（11）：1—2.

1. 阅读教学的重要性

（1）阅读有利于促进学生的全面发展

扩大儿童阅读面可以使孩子的个性更健康，更顺畅地发展。阅读精美的书籍和出版物可以培养一个人的思想情操，提高一个人的素质和修养，开阔视野，塑造个性，让人们的心理素质更健全。然而整天埋头于书海，不关心世事的孩子往往更冷静孤独。每个学生都有自己的个性，因此，在教育中，必须学会如何因材施教，提升孩子的阅读能力，尊重孩子的个性发展，使每个孩子都以自己的个性来适应社会发展的需要。

（2）阅读有利于提高学生思想道德品质

大多数学生会在自己的内心中树立一个英雄形象或榜样。教师、科学家、士兵、医生、工程师和其他崇高的专业人员通常会成为他们学习模仿或欣赏的对象，相当一部分学生阅读各种类型的书籍，学生会潜意识地将他们的思想和行为与书中所描绘的人物进行对比。在读书时，无形中提高了自己的思想道德素质，积极实践到自己的思维方式和行为方式上。

（3）阅读有利于提高学生的语言表达能力

阅读是汉语教学的课外拓展和延伸。这是语言活动中最重要的内容。要锻炼和培养学生的阅读技巧，形成较强的阅读能力。只有通过有计划的阅读，以及多种风格的阅读训练，才能拓宽学生的视野，丰富学生的知识，使学生有更深厚的知识积累和认知能力。当向他们展示新的学习内容时，他们会学得更好，学习速度比其他学生更快。随着学生将大量阅读中积累的词汇和书写方法迁移并运用到自己的学习和写作中，语言能力将大大提高。正如卢书祥先生所说："语文水平较好的学生你要问他的经验，异口同声说的是得益于阅读。"

（4）阅读有利于提高学生的综合素养

阅读不仅可以帮助学生提高语言技能，对其他学科的学习也有积极影响。阅读不仅可以使学生拓宽视野，增加知识，培养良好的阅读技能，还可以进一步巩固学生在课堂学到的各种知识，学生们将他们从课外获得的知识运用到课堂书本中，达到融会贯通的效果。

2. 影响学生阅读兴趣的因素

（1）家庭阅读氛围的影响

家庭阅读氛围是影响学生阅读兴趣的首要因素，家庭是儿童的天然温床。孩子所有的行为都可以在家庭中找到。家长正确的早期阅读理念和家庭成员相对固定的阅读习惯可以为学生创造良好的家庭阅读氛围，影响他们的初次阅读兴趣。新西兰领先的发展心理学家 Clay 对新西兰 7 岁的毛利族儿童和同龄的萨摩亚族儿童的阅读习惯进行了比较研究。研究发现，当他们的口语能力相当时，萨摩亚族儿童显示出类似于新西兰白种人的阅读发展模式，明显优于毛利族儿童。Clay 认为，这种巨大的差异是由于萨摩亚族儿童的父母持有支持他们的孩子接受扫盲教育的理念，并为他们的子女树立了一个好榜样。毛利族儿童的父母缺乏这种知识和行为。[1] 父母的正确阅读理念，自我或其他家庭成员的阅读行为对学生的熏陶和影响在很大程度上影响了学生的阅读兴趣。

家庭成员的阅读行为是影响学生早期阅读兴趣的重要因素。家庭成员频繁和固定的阅读行为可以使学生对阅读的兴趣更高，更稳定。家庭成员的行为为学生树立了榜样，学生通常愿意模仿榜样，这是他们的基本学习方法。根据安德鲁·梅尔哲夫的说法，新生儿模仿方式与成年人非常相似——通过积极尝试匹配他们"看到"的身体动作和他们对自己身体动作的"感觉"。对于学生来说，模仿本身就是一种乐趣。学生想模仿他们看到的一切，甚至模仿他们的父母上厕所。他们对舞蹈、音乐和其他活动的兴趣也来源于模仿父母和同伴。[2] 模仿的结果是模仿行为的逐渐内化并成为学生自己的行为。如果家庭成员有良好的阅读兴趣和习惯，学生将用自己的直觉模仿家庭成员的阅读行为。学生模仿成人，意识到他们的行为

---

〔1〕 李燕芳，董奇. 儿童早期读写能力发展的环境影响因素研究［J］. 心理科学，2004（03）：532.
〔2〕 ［美］劳拉·E. 贝克著，桑标等译. 婴儿、儿童和青少年［M］. 上海：上海人民出版社，2014：234—235.

和角色模型之间的相似性，以及他们模仿榜样的行为给自己留下了深刻的印象。学生通过模仿学习阅读，对模仿的简单兴趣逐渐演变为学生对阅读行为本身的兴趣。因此，模仿家庭成员的阅读行为是学生阅读兴趣高的原因之一。

(2) 儿童早期阅读的指导

在阅读实践中，教师是学生的重要性他人，始终是影响学生阅读兴趣发展的最直接、最有影响力的重要人物。与父母日常生活中对学生阅读兴趣的无意培养和熏陶不同，教师具有专业素质，他们对学生的早期阅读心理有更准确的理解，倾向于有意识和系统地使用多种引导策略，影响学生的阅读兴趣。此外，随着阅读研究的深入，越来越多的学者认为兴趣培养和阅读需要研究。学生的阅读兴趣受教师指导策略的影响。这个因素已经很好地反映在案件中。学生对阅读的兴趣受到了刺激。L 老师采取了适当的教学方法。她在语言教学中尝试了一种看似普通的方法来激发学生的阅读热情，这种方式有着意想不到的效果。通过朗读文本，在阅读时用相机为每位学生拍照，并使用美图秀秀装扮，传到她的 QQ 空间，告诉孩子们去看老师 QQ 空间，老师的 QQ 空间给学生带来了惊喜。很快，孩子们不仅喜欢参加她的语文课程，而且阅读热情和阅读水平迅速提高。教师是激发学生智慧的"关键"。具有较高教育智慧的教师可以让学生爱上语言。因此，语文教师在阅读教学过程中必须重视教学策略的安排。不同的阅读教材应采用不同的教学策略。同时，他们应始终以学生为本，尊重学生的需求，知道如何组织教学。只有这样才能有效激发学生的阅读兴趣。

(3) 同伴的影响

同伴指的是同龄或相同成熟程度的个体。[1] 同龄同伴之间的互动在我们的文化中具有独特的功能。同伴学生的阅读兴趣有三个主要影响因素。第一是同伴的阅读行为会为其他学生发挥榜样的作用，成为其他学生模仿的对象，激发学生的阅读兴趣；第二是同伴的阅读兴趣和能力，这个因素将成为学生比较的对象。同学阅读水平的提高会让学生看到自己的差

---

〔1〕 马程程. 学生早期阅读兴趣的影响因素研究 [D]. 吉林：东北师范大学，2011：39.

距，唤起他们追赶和超越同龄人阅读水平的心理，增加他们的阅读兴趣。第三是他们会与同龄人一起阅读。学生可以有机会与同学交流和分享，一起阅读可以激发学生的阅读兴趣。总之，语文教师应高度重视同伴对学生早读兴趣的影响，努力为学生创造与同学分享阅读的机会。

3. 激发学生语文阅读兴趣的策略

如何有效促进学生大量阅读？俗话说："兴趣是最好的老师。"因此，指导学生开始阅读也应该从刺激兴趣开始。学习兴趣是指个人对学习的兴趣或对学习活动的兴趣。学习兴趣是兴趣的一部分，也是兴趣理论在学习领域的应用。[2]有兴趣的学生将积极寻找书籍，并能自觉克服困难，解决问题并获得好处。"潜移默化"这个词可以看作是环境对人的影响是巨大的，为了培养学生的阅读习惯，教师必须自觉积极地营造浓厚的阅读氛围，让学生潜意识地受到影响而自发地阅读。有四种主要方式来激发学生的阅读兴趣：

（1）推荐阅读书目

小学生读书往往源于自身的兴趣和好奇，而兴趣和好奇心是学生阅读的触发因素和基础。为了让学生热爱阅读，我们必须充分调动他们的好奇心和积极性。因此，在向学生介绍书籍时，不要指定特定的阅读文本及撰写的阅读笔记的数量以及阅读方式。要注重发挥学生的积极性，关注点燃学生心灵的火花，等到水到渠成、瓜熟蒂落时，才可以推荐适合他们的书。一开始，主要应该是与教学结合，向学生介绍图书。语文教科书充满了兴趣点，学生对基于故事的作品最感兴趣。语文教材的选用要根据学生的年龄特点和心理特点，适合学生的兴趣。叶圣陶先生说："语文教材无非是个例子，凭这个例子要使学生能够举一反三。"课本内数量有限的文章只能举其一，只有课外阅读拓宽知识面才能反其三，才能在应用中化方法为能力，使阅读能力越来越强。因此，学生每学一篇课文，只要有相关的资料，都要向学生介绍与这篇课文有相关内容的课外书，让学生去阅读，并指导学生怎样读。如：讲《蟋蟀的住宅》一课后，就介绍学生读法布尔的《昆虫记》；学了《只有一个地球》，就向学生介绍资源破坏状况，并让学生课后去查找相关的资料,进而号召学生编写环保标语;学习毛泽东的《卜算子·咏梅》,又让学生搜集整理其他有关梅花的诗歌并比较其异同,又比如:学了《我的伯父鲁迅先生》,就向学生介绍鲁迅以及当时的时代背景,并让学生阅读有关鲁迅的其他文章,鲁迅名言,鲁迅的文章,以及世界十大文豪还有谁,他们的代表作品等;经过一段时间的引导,学生的阅读兴趣大大提高了,读书的热情也提高了。

(2)营造阅读氛围

众所周知,良好的环境是促进学生全面发展的先决条件,可以起到"润物细无声"的作用。教师应充分利用各种条件为学生创造良好的阅读环境。建立班级图书角,学生图书资源共享;引导学生时时关注校园张贴的关于读书方面的标语,如"书籍是人类进步的阶梯""书犹药也,善读之可以医愚""读书破万卷,下笔如有神"等,大量标语充斥在学生的视野中,经常看到或诵读到,都会激发起学生极大的阅读兴趣。作为老师,也应该经常看孩子们的书,不时与孩子们交流,在与学生的阅读交流中建立一种美好的情感氛围。此外,也应该对学生阅读成果进行不断地赞同和肯定。对于课外知识比较丰富的学生,总是毫不吝惜赞美之词,"小书迷""小博士""成语大王""字典通"等形容词的使用应该能够使学生感受到老师的特殊关怀,因而也更愿意亲近老师,更愿意学习。

(3)讲究阅读方法

学生阅读书籍后,他们的知识面就会变得比较广,见解也会比一般的同学精辟。我们经常要求学生学会取长补短;学会汲取别人身上的优点;在阅读中,我们也要求学生学会借鉴别人的好词佳句。万丈高楼平地起,要把作文写好,要把语文学好,字词佳句的搜集很重要。因此,在平时的教学过程中,应该鼓励学生博览群书。散文、诗歌、小说等,只要是健康的、有益的书籍都要鼓励学生去看。看得多了,慢慢地,有的学生就会把自己在阅读中学到的佳词妙句摘录下来,有的同学还背诵成诗,他们读得朗朗上口、非常流利,别的同学看了,都非常羡慕,从而也带动了班上阅读的风气;有的学生还把自己从读书中获得的心得体会写下来。这一种阅读方法应该受到重视,在班会上应该重点表扬。学生受到鼓励,学习成绩也有了提高，写起文章来也比较有条理了，他们更愿意把时间花在阅读上面了。为了鼓励大家写读书笔记，可以鼓励他们写下笔记和心得，在班上的学习园地中贴出来，有时还可以让大家课后相互传阅，让大家来欣赏别人的作品、杰作。充分肯定同学们这种读书的好方法，从而激发更多的学生阅读书籍，培养学生书写读书笔记的好习惯。

（4）激发阅读兴趣

为了让学生明白适当的阅读有利于提高学习成绩，可以采用评比激励的方法，给予学生适度的精神奖励和物质刺激。这样做，既有利于学生阅读兴趣的强化，又有利于了解学生在阅读中表现出来的个性差异，以便采取一些分类指导的策略。评比激励可以从两方面进行：一个方面是评比"作品"，也就是把相互传阅的读书笔记、心得体会等书面作品征集评比和在"故事演讲""朗读比赛"等口头作品比赛活动中选出优秀的"作品"，分别颁发不同等次的奖品；另一个方面是在期末对学生的阅读表现进行综合考察，评比出不同星级的阅读活动积极分子。这样，既可以表彰先进，树立典型，又可以激励其他学生多读书、读好书。在阅读的过程中，学生扩大了知识面，领悟到世界的美好，对生活也有了不同的看法。在阅读《唐诗宋词三百首》的时候，他们能够体会到古典文学的儒雅魅力，在阅读《绿山墙的安妮》的时候，他们可以体会到安妮是个坚强乐观的人。在这样的一种评比激励的学习氛围中，学生们都朝着一个共同的目标而奋斗，学习有了动力，阅读也有了乐趣。评比激励不失为一种激发学生阅读兴趣的好方法。

20
如何激发学生
物理课程学习兴趣

【教学案例】

到一中学观摩教学，校长推荐我去听听 L 老师的物理课，并介绍她是一位很受学生喜欢的物理老师，她教过的班级学生物理成绩相当好。于是听她给学生讲《什么是声音》（八年纪上册），很受启发。

上课开始，看到 L 老师课前准备的教具。有细木棍、小木盒、茶杯和玩具手鼓、吉他。L 老师简要回顾前面的教学内容，接着进入新课学习。

T：请同学们把眼睛闭上，我用细木棍敲击其中任意一个，看谁能分辨出来是什么物体发出的声音？

（学生感觉很好玩。闭上眼睛，静静地……）

（老师用小木棍分别敲击小木盒、茶杯和玩具手鼓，手拨吉他。）

（学生能正确回答：木盒、茶杯、鼓、吉他。）

T：同学们，声音是用什么器官来感知呢？

Ss：耳朵嘛！

T：现在，请同学们自己来感知一下声音，想想声音到底是怎样产生的？请同学们将大拇指和食指放在喉头上，说："上物理课挺有意思！"

T：同学们，有什么感觉？

Ss：有振动感觉。

T：同学们说的对。现在请大家观察，我在这个小手鼓上放上几片纸屑，连续敲击手鼓，你们看到什么了？

S_1：纸屑随着声音跳动……

S_2：小纸片在跳舞……

S_3：手鼓震动发出声音……

T：对。手鼓振动发出声音。

T：同学们，我们看到敲击手鼓振动发出声音。现在，我们再来看一个实验，你们看这是怎么回事。老师用手触击正在发声的鼓面，鼓声立即停止。（老师把手鼓交到学生手上，同学们自己按照老师做的方法感受）

……

T：同学们，这个实验说明了什么呢？

Ss：声音是由于振动产生的，振动停止，声音随之停止。

T：同学们说的对，我们的再次实验证明，声音是由振动产生的。那么，接下来的问题是，声音是怎么传到我们耳朵的呢？

（老师用"声音传播演示仪"演示声音的传播。）

……

（图片来自：八年级物理上册 P36、P37）

思考题：

1. 通过上述教学案例，分析学生学习兴趣的特点、作用有哪些。

2. 通过上述教学案例，探讨激发学生学习兴趣的策略有哪些。

3. 课堂教学中如何做到教学生活化？

【诊断·反思】

如何激发学生物理课程学习兴趣

苏联教育家苏霍姆林斯基说过："每个教师都希望学生在自己的课堂上对学习感兴趣。"无论学习哪门学科，感兴趣是学好的关键。根据初中生的年龄特点、心理特征，他们的学习活动最容易从兴趣出发。[1] 学习兴趣是学习动机中活跃的心理成分。对学习有兴趣的学生，会从学习中获得内心的满足，而不是把学习当成负担，从而取得好的学习效果。学习兴趣不是与生俱来的，它是通过多种教育机制加以培养形成的。简单来说学习兴趣是一种对认识世界和获得知识的追求欲望，具有情绪意向的活动。学习兴趣是学生对学习的倾向，它是体现在学习上的一种内在动机，强调以学习活动和学习目标为特定对象。[2] 在物理教学中，教师要根据中学生思维活跃、情感丰富、求知欲强的特点，提高教学效果。

1. 学生学习兴趣的特点

①指向性。学习兴趣总是指向特定的学习活动以及对应的内容，如果学生对学习活动有兴趣，就会积极主动地把注意力集中到学习活动中去，并参与其中。

②情绪性。学生在整个学习的过程中，其学习兴趣常常带有明显的情绪色彩。作为学生，在从事他所感兴趣的学习活动时，总会表现为处在非常积极甚至兴奋的情绪状态之中，更多表现出愉悦、满足、专注和轻松；而一旦学生对其所进行的学习活动没有表现出兴趣或是反感而不得不进行其学习活动，往往就会表现出失落、烦躁、郁闷、紧张，一直处于比较消极的情绪状态。这就是学习兴趣具有情绪性的具体表现。

③动力性。学习兴趣对学生进行学习活动起到非常显著的促进、支撑和推动作用。假如学生对其所进行的学习活动是比较感兴趣的，就不但可

〔1〕潘平. 浅谈如何培养学生学习物理的兴趣［A］. 国家教师科研专项基金科研成果 2018（一），2018：529—530.

〔2〕康健. 初中物理学习兴趣培养的实践研究［D］. 吉林：东北师范大学，2012.

以全身心积极投入到学习活动，更会具有创造性地完成各项学习活动。这就是学习兴趣的动力性之所在。[1]

2. 学生学习兴趣的作用

①学习兴趣具有产生学习动力的作用。学习兴趣的动力作用就是指学习动力，包括内动力和情动力。内动力是指有机个体在受到内外部刺激后被唤起的具有一定目标指向的某种内在感知与倾向，又称为抱负性。情动力是指根据人的内在需求是否能够得到满足而产生体验继而激发出来的某种内能倾向，在学习过程中则多表现为强烈的求知欲望。两种类型的学习动力都是促进和驱使学生不断学习的根本原因。同时学习兴趣激发情绪气氛，使学生在学习过程中带着极大快乐参与学习，往往保持高度集中和稳定的注意力，记忆力、观察力和思考能力等都会朝着配合教学需求的方向发展，酝酿产生积极摆脱困境的品格和投入学习的热忱。

②学习兴趣具有定向的和影响学习目标的作用。[2] 作用主要体现在学习目标的定位和学习途径的选择上。通过积极的兴趣和情感指引，促进师生教学相长、协调发展，在物理教学中培养学习兴趣，特别是在学习目标的方向上选择科学、有效的学习途径，实施有效的课堂教学。

③学习兴趣具有维持和调节学习行为的作用。[3] 持续的学习兴趣将保证学生始终指向明确的学习目标，学习过程中遇到困难会表现出坚持不懈，进而克服学习困难。当在学习过程中发现偏离既定方向时，能够及时作出调整，保证其校正方向，最终达到原定目标。

3. 激发学生学习兴趣的策略

（1）创造良好的课堂教学氛围

只有在相互尊重的师生关系中，学生才会从内心尊重、信赖、爱戴老

〔1〕 康健. 初中物理学习兴趣培养的实践研究 [D]. 吉林：东北师范大学，2012.
〔2〕 同〔1〕。
〔3〕 同〔1〕12—34.

师，学生自然会"爱屋及乌"地喜欢老师所教的学科，对他所教的学科充满了兴趣。[1] 例如，在本案例中，从老师与同学的对话中可以看出，老师不是强硬地给学生灌输知识，而是尽量一步一步引导学生自己思考，这反映出了老师非常尊重学生的主观感受，老师与学生之间建立了良好的师生关系，使得学生对于老师讲授的课更加用心听，更加集中注意力。

（2）开启学生物理学习心智

教学工具的使用，可以很好地激发学生的学习兴趣，让学生对于所学知识有一个具体的印象。例如在本案例中，老师使用的木盒、茶杯、鼓、吉他等教具都是来自生活实际的器具和器材，是学生在生活中常见的东西，使学生把物理和生活自然联系起来了，拉近了学生物理学习与生活实际的距离，既能使学生感受物理学习的亲近感，也能使学生感受到做物理实验并不难，物理实验就在身边，可以在玩中学，学中玩，感受到物理学习的快乐。

（3）激发学生物理学习兴趣

在初中生开始物理课程学习的时候，在课堂教学过程中，老师根据教学内容，设置教学情境，有效导入，能激发学生学习物理的兴趣。恰当导入有利于学生在上课时快速进入课堂，有利于老师在课堂最初就抓住学生的注意力，同时趣味性的导入可以更好地激发学生的兴趣，让学生对课堂更感兴趣。例如，在本案例中，老师在上课之初，利用道具，和学生进行了一个有趣的互动，老师让学生闭上眼睛听声音，很快就抓住了学生的注意力，同时也引发了学生的兴趣，让学生对后面的课堂内容更加期待。

（4）激发学生求知欲望

提出问题是初中物理课堂教学不可缺少的环节，有效提问能促使学生动手动脑，师生互动，在学习中巩固学习兴趣和动机，有利于真正实现有效教学。同时由教师直接提出与教材有关的、引起学生认识冲突的问题，学生回答问题时感到知识不足，从而产生一种积极探索的愿望，进而唤起学生强烈的求知欲。[1] 在本案例中，老师根据本堂课的主要内容，逐步提问，引导学生自己探究、思考，从分辨是什么物体发出的声音，声音是用什么器官来感知，到声音到底是怎样产生的，再到观察小手鼓上放上几片纸屑，连续敲击手鼓后，学生看到了什么，最后让学生观察实验，并说明了原理。老师一步一步地，循序渐进地引导学生自主学习，让学生在一步一步的提问与思考中，激发对物理课的学习兴趣，掌握课堂所学的知识。

(5) 运用生动风趣的教学语言

教学是一门艺术，教师在上课之前需要进行仔细的备课，调整心理状态，排除不良的情绪，这样在上课的时候才能带着愉悦的心情传授知识，从而感染课堂上的学生。教师以良好的态势，在教学中用亲切的语言、幽默的表达和适当的动作、手势等，可以促使教学有张有弛，富有节奏，有声有色。事实表明，教师生动风趣的语言，能够赢得学生的喜爱、信任和尊重，不但能够活跃课堂气氛，而且能够激发学生的学习兴趣，加深学生对知识的理解和记忆。丰富的情感不仅是课堂教学语言艺术的应用，而且是教师道德情操的要求。投入丰富情感的课堂教学，能够激起学生相应的情感体验，激发起他们的求知欲，使他们和教师建立亲近的关系，更好地理解教材。课堂教学一方面是认知性学习，另一方面是情感交流。所以，教师要热爱自己的事业，热爱自己的学生，消除学生的恐惧心理。当教师和学生之间形成融洽、和谐、轻松、愉快的人际关系时，就能够更好调动学生的学习积极性，让学生在物理学习中变被动为主动。[2] 教学语言可以从以下三个方面来加强，一是教学语言的形象化，语言的形象化能使教学更具有力度。教学中运用形象化的语言能使学生情绪兴奋，对所学知识产生兴趣，提高学生学习的内在动力；二是课堂讲解的幽默化，课堂讲解语言幽默可以有效地吸引学生的注意力，活跃课堂气氛，使师生间的关系更为融洽。[3] 例如在本案例中，老师对学生说"现在，请同学们自己来

〔1〕 孙嘉平，朱慧梅. 怎样培养初中生对物理学习的兴趣、情感——兼谈学生非智力因素的培养 [J]. 课程·教材·教法，1989 (01)：83—85.
〔2〕 张瑞利. 高中物理学困生学习兴趣低下的成因及转化策略 [D]. 河南：河南师范大学，2017 (5)：2—10.
〔3〕 康健. 初中物理学习兴趣培养的实践研究 [D]. 吉林：东北师范大学，2012：6—17.

感知一下声音，想想声音到底是怎样产生的？请同学们将大拇指和食指放在喉头上，说：'上物理课挺有意思'"。这充分体现了老师语言的幽默，让学生更容易接受老师布置的任务，也让学生对于接下来的学习内容更加感兴趣，对于老师教学的开展更加有利。

（6）活化物理教学

物理是一门实用性的学科，生活中处处有物理，处处需要物理，物理的方方面面都和我们的生活、社会、自然有着千丝万缕的联系，他们的关系可以总结为：生活—物理—社会，正因为如此，在教学中教师应该有机地将课内和课外结合起来，使物理贴近生活，做到理论联系实际，这不仅可以帮助学生理解知识、提高学习兴趣，学以致用，使学生将生活与物理联系到一起，对生活中的物理现象有更细致入微的观察。[1] 在本案例中，老师充分利用了学生生活中随处可见的小纸片、小木盒和茶杯等工具，学生对这些都不陌生，提高了学生的接受度，同时，这些为学生所熟悉的教具的运用，让学生对于理论知识有了一个初步的了解，为老师后面理论知识的讲解奠定了基础。

4. 如何使物理教学生活化

（1）教学生活化的概念

生活化是一种教学方式，具体是指教师要利用生活中一些具体事例、现象、实地调查、实验探究来营造浓厚的教学氛围，使学生在这种氛围中，愉快地利用现实生活及生活经验去发现、分析、思考、解决问题，体验和感受生活，发展实践和创新能力。教学生活化是指在教学与生活相沟通的教学情景中，教材内容以生命状态呈现，教师与学生作为各具生活乐趣的完整的人，以教材为中介，以强烈的生活意识和生活态度相互交往，谋求科学世界、人文世界和生活世界的整合，进行文化传承和创新，在各自主体性构建中，获得协调发展。[2] 而在本案例中尤其指物理教学，初

---

〔1〕 马行天. 谈物理学习兴趣的培养 [J]. 吕梁教育学院学报, 2015（02）：65~73.

〔2〕 李鸣、陈星羽. 小学数学教学应生活化 [J]. 中国教育学刊, 2018（03）：107.

中物理教学生活化是指初中物理教学要主动联系生活，从学生的生活经验和生活背景出发，联系学生的生活实际，在课堂教学中创设学生熟悉的生活情境，通过分析、讨论生活中的具体问题学习物理，给学生独立思考、动手操作以及合作探究的机会，让学生感受物理和生活的联系，理解学习物理的价值，以此来激发学生的学习兴趣，学会用物理的思维方式去观察分析和解决现实生活中的问题。[1]

（2）教学生活化的实现途径

①教学观念生活化

在教学过程中，教师必须首先确立学生生活在先的教育观念，将教学寓于丰富的生活中，教材与学生生活密切相连；教学活动从不同的角度、以不同的方式帮助学生把握与创造生活。教师也要确立生活化的态度，站在与学生平等的位置，用贴近生活的幽默和独特的人格魅力来感染学生。在和谐的师生关系中，学生的学习压力将会更加减轻，学习环境更为宽容和自由，真正的交流和对话也因而成为可能，这就为实现教学生活化打下了良好的基础。[2]

②教学目标生活化

教学目标的设定要着眼于"为生活"。根据课程标准、教学内容、学生特点，立足生活，制定出具体的、层次不同的教学目标。制定教学目标要讲"近、小、实"，贴近生活、联系实际，尤其要着眼于适应社会主义市场经济的需要，着重培养学生适应未来社会的基本素质，如创新精神、竞争意识、诚信观念、民主意识等。另外，在制定教学目标时应更加关注学生学习的过程和方法，尤其是伴随这一过程而产生的积极情感体验和正确的价值观、人生观。新的课程标准完全改变了现行课标"识记""理解""运用"的梯级认知目标体系，而是以情感、态度、价值观目标为首，兼顾能力目标与知识目标。所以，教师在制定教学目标时，要由偏重认知目标向生活化多维目标转变。[3]

〔1〕刘美兰. 初中物理教学生活化的实践与研究 [J]. 福建：福建师范大学，2015（05）：3—18.
〔2〕张晓红. 语文教学改革的生活化理念研究 [D]. 山东：山东师范大学，2006.
〔3〕谢美英. 中学政治课堂教学生活化实践与探索 [D]. 福建：福建师范大学，2006.

③教学内容生活化

教材不过是为学生提供的沟通现实生活和可能生活的"案例",课堂教学的终极目的不是习得"案例"本身,而应是习得"案例"之后的某些更有价值的东西。据此,教学内容不应该囿于教材。教师一方面要对现行教材进行"二次"创造,包括对教学内容的改造、充实和重组,使之变成学生可接受的方式呈现在学生的面前。另一方面要充分利用和发掘教材外的教学资源。从社区、社会生活的各种事件、活动中及时捕捉各种生活信息,进行"加工制作",从中提炼出能落实教学要求的有效信息,并运用多媒体形式将它声形并茂地呈现在学生面前,实现教学内容的生活化。[1]

④教学过程生活化

教学过程要更加强调学生的生活体验和感悟。体验是以生活情景为依托,以生命存在为前提的。教师要积极开展生活化的学习实践和课外活动,密切知识与生活之间的联系,引导学生不断深入地观察和体验真实的社会生活,在实际生活中体验、发现并综合运用各种知识去解决问题,提高学生参与社会实践的能力。课程是一种动态的、生长性的"生态系统"。所以,教材不是教学内容的全部,教师应根据学生学习的需要,不断地唤起学生的生活经验,让学生去体验、感悟和领会教材,在教学中不断丰富和生成新的知识、理念,推动课程内容持续地生成和变化。另外,教师要恰当使用信息技术,创设生动的情境,激发学生学习兴趣;强化学生对知识的理解,启发学生的思维。[2]

⑤教学评价生活化

教学评价应该突出其促进学生发展和教学改进的功能,"改变过分注重知识性和单一的纸笔测验的评价方式,提倡多元化的评价方式(如成长记录袋评价、真实性评价、小组合作评价以及标准化测验等)。评价内容应加强与社会实际和学生生活经验的联系,重视考查学生分析问题、解决问题的能力。如让学生走进社会、走进生活,把学生对现实生活的感悟,

〔1〕张军. 从生活入手,构建生活化的数学课堂教学〔J〕. 内蒙古师范大学学报(教育科学版),2004(04):80—81.

〔2〕张晓红. 语文教学改革的生活化理念研究〔D〕. 山东:山东师范大学,2006.

撰写成小论文；也可以让学生对社会热点问题进行调查、访问，把结果撰写成社会实践调查报告，把这些学生在实践活动中的学习状况也列入到考核中去，实现教学评价的生活化。[1]

学习兴趣对于学生学习起到了非常重要的作用，这种作用不容忽视。而激发学生学习兴趣最有效的途径就是将教学生活化，将教学寓于生活之中。教学与生活是不能分开的，作为教育者，应该充分利用教学生活化的途径，回归教师的教学生活世界，实现教学的生活化，追寻教学生活的意义与价值。

---

〔1〕 梁小丹. 教学生活化的思考与实践 [J]. 教育实践与研究，2008（9）：11—13.

21
多媒体板书
与传统板书有机融合

【教学案例】

2017 年 10 月，我与课程教学论方向研究生一起去某小学观课议课。我们先后观摩了 S 老师讲授的三年级数学课"连续进位加法的计算"和 L 老师讲授的五年级英语课"Do you want some rice?"。观课后，在议课环节，大家不约而同地对两位老师课堂教学中的板书提出了各自的见解。认为，随着信息技术的飞速发展，多媒体板书得到不断地推广与应用，使课堂板书在内容与形式上发生了革命性的改变。好的板书是"微型教案"，是教师对教材、教学内容以及教学流程的一个精准把握。多媒体板书创设教学情境，传统板书生成教学资源；多媒体板书呈现教学资源，传统板书精炼教学内容；多媒体板书增加教学趣味，传统板书规范教学细节。同时，我们也发现，在不少的课堂教学中，教师过于依赖多媒体课件，没有针对教学内容是否适合或者有必要利用多媒体课件讲授，从头到尾都是使用多媒体课件，教师似乎成了播音员和解说员。虽然多媒体教学信息量大、节奏快，但难免重点不突出，信息过多过滥还会使学生无法跟上讲课的进度，只能被动地接受授课内容，缺乏思维过程，难以发挥教师在课堂上的主导作用和学生的主体作用。因此，课堂教学中，如何将多媒体板书与传统板书有效融合是值得我们思考的问题。

教学片断 1：

三年级数学课"连续进位加法的计算"。S 老师进入新课导入环节，她采取的是回顾旧知的形式，通过课件展示"757＋162＝，129＋36＝"两道计算题，让学生独立完成。

T：同学们，都做完了吧。有没有同学来说说计算时要注意些什么？

S₁：数位要对齐。

S₂：从低位算起，个位满 10 要向前一位进 1。

T：有没有同学能把计算法则在刚才这两位同学的基础上，完整地说一遍？

S₃：笔算加法时，数位要对齐，从低位算起，个位满 10 要向前一位进 1。

T：好，这是我们昨天学习的三位数加三位数的不连续进位加法，今天我们来继续学习新的知识。（没有板书、直接进入"探索新知"的那页幻灯片中，上面显示内容是课本例题 3：应用题）

T：我想请一位同学帮老师读题并告诉我怎样列式。

S₄：445＋298＝

T：某某同学已经帮我们把算式列好了，那下面请你们小组讨论，看看怎样用多种办法来得出答案。

经过一系列讨论后，引出笔算方法，教师要求两位学生上台计算，其他同学独立在本子上完成。在两位同学下台后，便有学生说："老师，某某同学不对！他那里没有写进位的小 1。"苏老师这才对笔算格式有所强调，随后在课件中展示了笔算竖式与计算结果，却忽略了应用题的解题步骤展示，直接进入到验算方法的教学。

T：我们学会了计算，那我们怎么来验算呢？

此时，教师在黑板上把两个加数的位置交换，演示验算。最后进入课堂练习环节，直至整堂课结束。

　　纵观 S 老师的整堂课，看似教学流程流畅，师生互动较好，但实际上，"预设好的课件，应付式的学生，程序化的教学流程"致使教学重难点不突出，学生学习一知半解，教学效果可想而知。

　　教学片断 2：

　　五年级英语课 "Do you want some rice?"。课前，L 老师在黑板上板书了课题，并贴上由磨砂纸制成写单词的四线格。伴随着上课铃声的响起，新课就开始了。L 老师通过课件的形式展示出了一些食物的图片，让学生认识、读出这些图片中食物的英文单词，教师则同步写在黑板上。在教授过程中，教师还会引入一些冠词、单复数的搭配，也一同板书在黑板上，让学生一目了然地看到知识点。

　　单词教学完成后，L 老师很自然地问到："What would you like?"

S₁："I would like some soup."

S₂："I would like some rice."

……

　　L 老师以这样问答的形式回顾了上一单元的知识点，又巧妙地巩固了刚教授的相关单词，真可谓是一举两得。紧接着，L 老师问："Do you want some rice?"，点名几位同学来进行回答，有学生回答："Yes, please."，也有学生回答："No, I want ……"。

　　L 老师在同学回答的同时，将句型板书到黑板上。板书完成之后，老师要求以开火车的形式进行问答，来加强学生对这一句型的理解与记忆。单词与句型的教学完成后，L 老师领读了两遍课文，并要求学生自己朗读，且标出学生不认识的单词。在学生读的过程中，老师下到每一小组一一询问，把学生不会读的单词板书在黑板上，以便于继续讲授。在整体读完课文后，进入到了游戏环节——角色扮演，后半节课程则在游戏环节中巩固所学，让学生在玩中学，学中玩。

L老师课堂教学，我们有这样一种感受：轻松易学、教学过程清晰流畅，多媒体板书与传统板书融合得恰到好处。L老师借用多媒体板书吸引学生注意力，借用多媒体软件呈现食物的图片，符合学生思维发展，再借用传统板书精炼内容，抓住教学重难点，利于学生巩固与记忆。

思考题：

1. 多媒体与传统板书有哪些优缺点？

2. 通过上述两个教学片段，教师在板书方法的使用上有哪些值得注意的问题？

3. 教师在教学过程中，如何做到多媒体板书与传统板书融合？

【诊断·反思】

多媒体板书与传统板书有机融合

随着信息技术的发展，传统板书的价值与意义逐渐被忽视，多媒体板书走入主流教学手段行列。反思上述两则案例，两堂课效果迥异的关键就在于，多媒体板书运用是否得当，多媒体板书与传统板书是否融合，多媒体板书起到的效果是"锦上添花"还是"喧宾夺主"。由此可知，影响小学课堂教学效果的关键因素就在于如何把多媒体板书与传统板书有效地融合与运用，而促成二者有效融合，在明确多媒体技术下板书设计原则的基础之上，需要从小学生认知发展需求、小学课堂板书现有问题的存在情况以及多媒体板书与传统板书的辩证思考三方面分析小学课堂多媒体板书与传统板书融合的必要性，继而才能探讨小学课堂中使用多媒体板书与传统板书的融合点所在，促进其二者的有效融合。

1. 多媒体板书

（1）多媒体板书的概念

板书是教学设计中必不可少的一部分，板书可分为多媒体板书与传统板书两种形式。

在众多的板书研究中，有人是这样定义的：板书就是教师利用黑板，运用文字、符号、图表辅助课堂教学最平凡、最基本的教学手段。[1] 李如密在《教学艺术论》中认为：教学板书就是教师根据教学需求在教学用具（主指黑板）上以书面语言或符号来进行表情达意、教书育人的活动。[2] 丁毅认为，在课堂教学中的板书，是教师以简练的文字、符号、线条和图形的书写，辅助课堂口语的表达，向学生展示教学内容，传递教学信息的行为，是使知识条理化、系统化，以提高教学效率的有效形式。[3] 综上所述，我们可以将板书界定为教师利用黑板这一教学用具，在其上以简练文字、符号、图画等形式向学生展示教学内容，突出教学重难点，传递消息的一种教学手段。传统意义上的课堂板书，也就是我们通常所说的"黑板＋粉笔"形式的传统板书。但随着多媒体技术在课堂的运用，板书的定义有了新的革命。它已不再仅仅是传统的"黑板＋粉笔"形式，还有学者认为应当包括多媒体课件，也称为多媒体板书。所谓多媒体板书，实际上就是指把文字、图形、图像、声音、动画和视频等多种媒体按照一定的教学目标和教学方式进行集成与融合后形成的课件。

综合以上所说，广义的板书即可界定为：教师在教学过程中，综合运用粉笔、黑板和现代教育技术等媒介，通过文字、线条、符号、图表、图画、声音等构件来概括教学内容、反映教学目标和重点难点，以直观、具体的方式向学生传授知识，辅助教师教学的重要手段。[4]

〔1〕 彭小明. 语文板书设计原则新论［J］. 语文建设，2004（01）：33—34.
〔2〕 李如密. 教学艺术论［M］. 北京：人民教育出版社，2011：4—17.
〔3〕 丁毅. 板书节奏的控制［J］. 教学研究，2005（03）：62—63.
〔4〕 李晓云. 现代教育技术下的语文板书教学研究［D］. 吉林：东北师范大学，2011（05）：4—15.

（2）多媒体板书设计原则

①目的性与针对性。板书的设计在于为教学目的服务，任何脱离教学目的的教学设计都是无意义的。板书设计是整个课堂的有机组成部分，每一则板书都是为一定的教学服务的；要反对毫无章法、胡乱涂鸦的板书和看似整齐却无目标的不明板书[1]。同时，板书是浓缩的精华，设计时要考虑教学内容与学生特点，具有鲜明的针对性，便于学生理解与记忆。针对性又包括：其一，教学重难点的突出。精湛的板书应用最精练的文字、最关键的词句、最简明的符号、最形象的形式来组合板书的内容，[2]让学生能从板书中一目了然地看到教学重难点。其二，针对教材内容。板书是教师对教材反复琢磨分析的产物，是带有过滤功能并反映教材内容的"镜子"。因此，在板书设计时，并非对教材的照搬，而要考虑板书的布局与安排，针对不同的教学内容特点进行合理设计。其三，针对学生特点。小学生认知发展速度较快，1—3年级的学生处于低年级，形象思维较强、注意力较差，板书的设计则要综合考虑以上几点，避免板书失去意义。

②系统性与规范性。板书的设计应具有系统性，即设计出来的板书要能把整堂课所学知识点串起来，连成线，形成一个知识网络，以利于学生完善和发展认知结构。同时，小学课堂的板书应当十分注重板书的规范性。因为板书是在课堂上呈现教学内容的一种手段，加上小学生模仿能力较强，教师板书大多程度是用来示范的，教师的一举一动都在被学生的模仿之中。所以板书设计要特别注意细节，注意板书的规范。如，在小学语文课堂中，要注意拼音的书写格式；在数学课堂中，要注意画图的规范、规范的解题步骤与格式；在英语课堂中，要注意字母的书写格式等。

③时机性与艺术性。板书的设计要结合课堂教学中教师的讲解，才能使教学效果达到"$1+1>2$"的效果。因此，怎样使板书展示与讲解和谐搭配也值得考究。若呈现过早，则会显得特别突兀；若呈现过晚，又显得多余；只有当教师的讲解与学生需求相碰撞时呈现出来，才能达到最优的效果。同时，板书的设计基础往往集教育、心理与美学为一体。因此，板

---

〔1〕 陈桂梅. 新课程改革下高中语文板书设计 [J]. 北京教育学院学报，2011（05）：82—84.
〔2〕 李树清. 小学数学板书课题时机 [J]. 教学与管理，2008（05）：46—48.

书的设计应当遵循艺术性与科学性的统一，努力做到布局美且具有针对性，形式美却不花哨复杂，画面美却不喧宾夺主，陶冶学生的心灵，培养其美感。

2. 小学多媒体板书与传统板书融合的必要性

（1）适应小学生学习的特点

小学阶段的学生正处于学习的启蒙阶段，教师在课堂教学中既要激发他们的学习兴趣，让他们愿意学习，又要从小注重他们学习习惯的养成，为之后的学习打下良好的基础。小学阶段的学生，注意力难以集中，往往无意注意多于有意注意。此外，小学生的记忆仍然以具体形象记忆为主，逻辑抽象思维较弱。多媒体板书则恰好能根据小学生这一认知特点，借助图片、声音、动画、影像等吸引学生的注意力，创造良好的教学情境，营造轻松愉快的氛围以激发学生的学习兴趣。而传统板书过程的细致，板书内容的精简与规范，板书讲解时教师与学生的眼神交流、言行举止，无一不对学生起到一种很好的启蒙、示范和教育作用。[1]

（2）小学课堂板书设计现状与诉求

结合相关资料与亲身体验，我们发现，在许多小学课堂中，课堂板书设计的现状存在或多或少的问题，而这些问题都从一定层面体现了要将多媒体板书与传统板书在小学课堂融合的诉求。李林志在《小学语文低学段板书设计研究》中谈到小学低年级课堂板书设计存在诸多问题：一是零板书现象趋多。随着多媒体软件渗入课堂教学，生动形象的视听效果，快速便捷、信息量大等特性使多媒体板书越来越受教师的青睐。此外，现有教师工作任务多，工作压力过大，再加上传统板书的设计需要教师耗费一定的精力与时间去分析与整合教材与教学内容，从而致使多数教师懒于写教案。恰逢网络上泛滥的多媒体课件，可以使教师享受"教师，享受鼠标轻

---

〔1〕 郭晓光. 多媒体教学与板书教学的再认识 [J]. 中国教育学刊, 2014: 71—74.

击，板书浮现的轻松"，[1] 于是，就出现了如案例一中 S 老师般的多媒体板书泛滥和零板书现象。二是板书书写质量不高。书写质量不高体现在教师在传统板书中的字体书写过于潦草，排版过于凌乱，文字或字母书写不规范等。在多媒体板书上则体现在课件页面过于单调或过于花哨，文字与图画结合不多等。而这些现象对于模仿能力极强，处于学习习惯养成黄金阶段的小学生而言，课堂教学的影响都是非常恶劣的，可以想象课堂教学效果如何。三是教师板书观念陈旧。多数教师的思想还仅仅停留于板书是由教师一个人独立完成的成果，而忽视了板书也可以是师生互动媒介的这一作用，在板书设计时，缺乏学生共同板书的环节。[2]

（3）多媒体板书与传统板书的比较

不管是传统板书还是多媒体板书，都有其存在的价值与不容忽视的缺陷。

传统板书与多媒体板书的比较

特点	传统板书	多媒体板书
信息含量上	较少	较多
教学设计上	重生成	重预设
呈现方式上	较简单、单一	较立体多样化，文图声像等
受限因素上	较少	较多（多媒体、电等）
吸引学生注意力上	作用较低	作用较大
系统性上	较高	较碎片化
停留时间上	较长	较短
示范作用上	较高	较低
整体体现上	突出教学重难点、知识点全面系统，便于课堂小结与回顾，便于学生记笔记	重难点不突出，知识点较分散，不便于回顾和学生记笔记

①多媒体板书的价值与缺陷。多媒体板书能让教师逐渐青睐，其对课

---

[1] 杨宏志，李学. 语文课堂中多媒体板书与传统板书的融合 [J]. 当代教育理论与实践，2014（5）：15—16.

[2] 陈白棣. 三类教师在板书设计上的对比研究 [J]. 教学与管理，2014（11）：135—137.

堂教学的价值体现在以下几个方面：第一，激发学生学习兴趣。兴趣是最好的老师，尤其对于小学阶段的学生来说，多媒体板书图文并茂，化静为动，将枯燥的知识以多媒体形式呈现，是集中学生注意力、活跃思维、调动积极性与主动性的最好手段。第二，扩大教学容量，改变传统教学。多媒体板书信息包含容量大的特点，可以使教师借助课件扩充一些基本背景知识，改变传统只讲知识点的被动灌输式教学，强调学生是知识意义的主动建构者，提高学生的学习能力与学习素养。第三，节约教学时间，提高教学效率。多媒体板书因为可以在课前预设制作好，节省了粉笔板书时间，使教师留有更多的时间与学生互动，提高课堂教学效率。尽管多媒体板书以其较短的时间成为课堂教学的主流手段，但随着它的运用，也存在些许缺陷：第一，灵活性与生成性较弱。多媒体板书是教师在课前准备好的，教学内容的预设性较强，上课时学生往往只是被动接受，即便有教学生成，但预先设置好的教学展示内容在课堂中几乎无法随堂修正。久而久之，新手教师则很可能被多媒体板书"牵着鼻子走"，紧跟预设流程，生怕打乱教学步骤，形成一种程序式的教学。第二，知识碎片化，针对性不强。多媒体由多页幻灯片组成，单页幻灯片可呈现信息有限，若分页展示则破坏了知识呈现的整体结构感，教学重难点的针对性体现不强；若挤在同页展示则易造成学生的视觉疲劳；若知识体系结构集中压于课尾总结，留给学生思考的时间较少，记录难度加大，从而使学生理解、掌握吃力，更不利于学生的复习。第三，不利于学生的逻辑思维发展。多媒体板书能将抽象的知识通过文图声像直观形象地演示出来，而小学生多处于形象思维向抽象逻辑思维发展的过渡阶段，多媒体板书的直观形象性不利于学生的抽象逻辑思维发展。

②传统板书的价值与缺陷。传统板书的价值主要体现在以下四个方面：其一，突出教学重难点，提纲挈领。好的板书，知识层次脉络一目了然，教学重难点突出，知识的系统化与结构化，有助于学生的理解与思考。其二，起到良好示范，潜移默化。教师在板书时的言传身教，如写字的规范、语言的精确以及态度的严谨，都对小学生良好学习习惯的养成具有潜移默化的作用。其三，突出师生互动，情感交流。传统板书的建构通常贯穿整堂课，学生跟随教师的讲解、书写，全程观察、思考参与本课知

识体系的板书建构过程。[1] 此外，传统板书同时也是学生展示自我风采的窗口。譬如案例片断1中的S老师则利用了黑板与学生进行互动，让学生上台进行练习，这样就能很直接地看到学生对新知的掌握情况，这不仅让学生主体性得以体现，也加强了师生间的情感交流。其四，突出灵活性与生成性。课堂瞬息万变，教师不可能保证一切教学如教案预设般如期进行，许多教学情节在课前无法预想。而传统板书的灵活性与及时性，能根据学生课堂生成情况及时做出调整。就如案例片断2中的L老师，能根据学生对课文的朗读情况，及时记录学生不认识的单词，以便后续的教学。传统板书因发展年代较久，随着信息技术的发展，其缺陷也在日渐显现。第一，书写浪费时间。传统板书是以"黑板＋粉笔"的形式存在，它的展示需要教师一笔一划将教学内容写在黑板上，这无疑耗费了课堂中有限的上课时间。同时，在教师转身板书的过程中，学生容易出现交头接耳、做小动作等现象。这样易使学生的注意力分散，不利于后续教学，降低了教学效率。第二，损害师生身体健康。传统板书多是教师用粉笔书写的、写与擦的反复的过程。而粉笔是由石膏制成的，在教师写与擦黑板的过程中，粉尘会对教师以及前排学生的肺部、呼吸道、鼻腔等造成一定影响。当然，除此以外，由于传统板书本身的片面性与抽象性，也可能没有多媒体板书那么吸引学生的注意力。

2.3 多媒体板书与传统板书的融合

传统板书与多媒体板书的优缺互补性告诉我们应在去弊存良的基础上改进创新，而不是对传统板书或多媒体板书的全盘否定。因此，我们要找准其二者的互补点，将两者有机结合，以最大效度提高课堂教学质量。

（1）多媒体板书创设教学情境，传统板书生成教学资源

多媒体板书以图片、音频、视频等作为其主要构件，能够形象、直观、生动地展示学习材料，以新颖的方式刺激学生的视觉器官。[2] 也就是说，相对于传统板书而言，多媒体板书更适合创造逼真的教学情境，吸

〔1〕 宋晓亮. 板书对比多媒体的某些相对优势——信息时代板书于中学历史教学中存在的必要性 [J]. 教育与教学研究，2014 (2)：104－111.
〔2〕 李晓云. 现代教育技术下的语文板书教学研究 [D]. 长春：东北师范大学，2011：2－15.

引学生的注意力，从而帮助学生更快融入教学。因此，我们要充分发挥多媒体板书这一优点，根据教学目标以及教学实际情况合理运用多媒体板书创设一个吸引学生的教学情境，譬如，在小学五年级语文课文《晏子使楚》的课堂上，可以先用多媒体板书播放"晏子使楚"的简短动画影像，让学生大概了解晏子使楚主要说了何事。这样通过动画的形式就能充分调动学生的求知欲。当然，由于多媒体板书知识呈现预设性较强等弊端，在此基础上，则可以巧妙地融合传统板书。传统板书灵活性较高，能及时根据课堂学生课堂表现对预设的教学设计进行调整，生成新的教学资源。

(2) 多媒体板书呈现教学资源，传统板书精炼教学内容

多媒体板书的一大优点是信息容量大，能在有限的教学时间进行较多的内容讲授。但由于其呈现的信息停留时间较短，往往是一闪而过，不能长久呈现，不利于学生的理解与记忆。下课后，由于信息含量大、呈现时间短、知识点较碎片化，学生很容易忽视整堂课的教学重点与难点。传统板书停留时间较久、语言精练灵活的优势刚好弥补了多媒体板书在教学内容呈现上的缺陷。用一形象的比喻来描述多媒体板书与传统板书在此方面的作用，可以说，假设整个教学内容是一棵"大树"，那么，传统板书展示的就是这棵树的"树干"，多媒体板书展示的就是这棵树的"树叶"。教师只有将"树干"与"树叶"很好结合，才能形成一颗完整的"大树"。[1]

(3) 多媒体板书增加教学趣味，传统板书规范教学细节

多媒体板书的趣味性主要是指多媒体因其自身设备优势，可以集视频、音频、图片等媒体为一身，让原本枯燥的知识教学添加几分趣味性，增加学生课堂学习兴趣。传统板书规范细节是指教师在板书设计与书写过程中，要规范运用各种符号，严谨把握知识的内在逻辑。这样，多媒体板书的趣味性就能很好地弥补传统板书严谨性所造成的课堂氛围沉闷无趣的缺点。因此，教师在课堂中要善于利用多媒体板书趣味性的优点，营造轻松乐学的氛围，吸引小学生学习的注意力，但同时也得注意板书时细节的规范处理，培养学生一种严谨的学习态度，养成学生规范答题的学习习

---

[1] 李巧. 多媒体视角下数学课堂传统板书的设计 [J]. 教学与管理，2014 (02)：63—64.

惯。就如案例片断 2 中的 L 老师，她用多媒体板书将抽象的单词符号转化成色彩鲜艳的图片，在一定程度刺激了学生的视觉，激起学生的学习兴趣，让学生乐于开口、主动开口。在此基础上，L 老师又利用传统板书的严谨性，在黑板上的四线格中，规范板书出图片所对应的单词，并运用不同颜色的粉笔书写单词单复数的词尾，两者的融合 L 老师一气呵成，将多媒体板书与传统板书巧妙融合，较好地帮助了学生对这些单词的识记，也能增加学生对英语学习的兴趣。

好的板书是实现教学目的、打造好的教学课堂的重要手段。好的板书应当根据不同的教学内容、不同的学生群体加以设计，在遵循板书设计的原则下，合理选择板书形式。传统板书与多媒体板书尽管都有其局限性，但各自有其本身的优点，因此，结合两种板书的特点，取长补短加以合理利用，是提高课堂教学质量的必然选择。

22
如何使课堂教学
更有"温度"

【教学案例】

2017 年 10 月，我与研究生们来到某小学观课议课，观摩学习了 3 位老师的课堂教学。包括小学四年级的数学课、小学五年级的英语课以及小学五年级的科学课。议课时，大家认为，课堂就像"土壤"，这块特殊的"土壤"更加需要温度，学生这颗饱含生命活力、有无限潜能的"种子"才能够生根发芽、自然生长。诚如肖川教授在"洋溢着生命温暖的课堂"一文中写道：理想的课堂是师生之间心灵相遇的场所，是观照意义世界和感悟生命之美的场所。让课堂拥有"炉边谈话"般的温馨和真诚，让课堂播撒幸福的阳光，释放生命的灿烂，洋溢生命的温暖。这就是我们对于课堂的理想。[1] 这样理想的课堂，必定是让人心向往之的，它充满着人性美好，洋溢着生命活力，散发着人文的光辉。重庆市渝西中学校长唐明春老师认为：作为一名教师，我愿意温暖学生；作为一名校长，我愿意温暖师生；作为一名教育工作者，我把教育当作温暖的事业。[2] 教师要营造温暖和谐的课堂，就要记住每个学生的姓名，要努力成为有渊博知识、有温度的引领者，要营造和谐的课堂氛围。在教师的课堂管理方面，既平等对待所有学生又向学困生倾斜；在教师的教育理念方面，深入贯彻教育生活化的教育理念。

---

〔1〕 肖川. 洋溢着生命温暖的课堂〔J〕. 教育理论与实践, 2008 (2)：37.
〔2〕 吴勇. 温暖的教育来自哪里〔N〕. 江苏教育报, 2017-8-18.

教学片断1：

四年级数学课：单元复习课。

Z老师上课很认真，也很用心地备了课。她带领着学生们由点出发，再讲到线，再引出角，然后更进一步讲到角的度量和角的大小比较上来，一步一步由浅入深、循序推进。同学们大都能跟着Z老师按部就班地学习。在这个教学过程中，有师生的互动，让学生自己思考、动手等环节，同时也给了学生们机会上台展示。让人眼前一亮的是，Z老师还很有教育智慧。在一个让学生们画角的环节中，这位老师布置的一道题是画一个45°的角，一分钟后，她拿起了两位学生的两个本子，上面所画的角都是45°，但是画幅一大一小，对比明显。这位老师拿着两个画本，走到讲台前，说道："W同学画的角的边好长，而Y同学画的角的边好短，这两个角的大小是不是一样的呢？"这时，有同学说："是一样大的，因为角的大小与角的边长无关。"老师随即补充说："对了，角的大小只与角的开口大小有关，同学们做好笔记了吗？"

……

教学中，我们发现，即便是这样一位优秀老师，整堂课这位老师都在讲台前移动，很少关注后几排的学生。哪怕是后几排的学生举手回答问题，也很少有表现的机会，最后学生干脆不举手了。尤其是其中一位学生，一节课下来，一直是东看看、西摸摸，翻翻口袋，拿拿东西，连笔也没有拿出来，也很少看黑板。然而，Z老师并没有关注她，提醒她。课后和Z老师交流，说到了这位学生，Z老师说："刚刚在课堂上，她没有乱走就算是好的了。"我们觉得针对这样的学生，老师还应该做些什么，而且是可以做些什么，并且是能够做些什么。

教学片断 2：

五年级英语新授课：Do you want some rice?

我们感觉到，C 老师精心备课，课前准备充分，授课节奏把握比较好，教学设计也合理。C 老师在课堂上也很能带动气氛，大部分学生的学习热情都被调动了起来，课堂教学有温度，充满了生命的活力。C 老师能有效运用教学生活化的教学方式，善于把课堂和生活联系起来。例如，通过多媒体展示图片，有 vegetable, soup, potato, tomato, sandwich 等单词注解，联系生活实际，加深了学生的记忆，巩固知识点。"Which do you like best?" 然后老师请同学来回答，结果一组回答下来，都是 "I like soup." 接着，老师打趣地说："大家都喜欢喝汤，难怪每天中午食堂的汤都被喝光了哦！"紧接着，教室里一阵笑声，大部分同学的脸上都露出了纯真的笑容。这样的场景很美，很温馨，有温度，暖人心。

然而，我们也观察到，并非所有的学生都如此。在第一大组和第二大组的最后，都是一张单独的课桌，坐的是两个男孩子，他们两个好像与课堂的氛围格格不入，游离于课堂之外。第一组最后的男孩，他是东看西看，无所事事。而第二组最后的男孩则是自说自话，玩弄着自己的一个小玩具。似乎热闹是他们的，我玩我自己的，互不干扰。在上课开始的很长一段时间内，都是这样的一种状态。

教学片断 3：

五年级科学新授课：杠杆。

讲授科学课的 F 老师，很严肃，一节课下来一直板着脸，让人很难接近，给人一种冰冷的感觉，似乎在应付上课。这是一堂新授课，让学生们认识杠杆及其受力的各部分的名称。F 老师大约花了 5 分钟的时间就把新课内容讲解完毕，接下来便是讨论和做习题。笔者听完新课讲解后，觉得比较混乱，很多新的、重要的概念没有解读清楚，一头雾水。学生是老师的一面镜子，学生没有听懂、头脑混乱，可以看出 F 老师对这个知识点的理解是不准确的，至少是不到位的。在做练习的过程中，一个胆大一点的学生向老师问道："老师，怎么这个也是阻力点啊？"老师的回答很干脆利落："那个怎么不可以是阻力点呢？"就这一句，没有了下文，真是干巴巴、冷冰冰。教学中，F 老师安排了近十分钟的分组讨论时间，有前后四人一组，也有同桌两人一组。因为有一组最后那位同学是单独一人坐的，在分组讨论的过程中，他没有参加任何一组的讨论，而是心不在焉，无聊地摇晃着自己的小凳子。最后，实在是太无趣了，直接就趴在课桌上睡觉了。但是，在整个过程中，F 老师没有任何的关注和处理。

思考题：

1. 三个教学片段有哪些值得我们思考的问题？

2. 三个教学片段中三位教师在教学过程中存在哪些问题？

3. 课堂教学中，教师该如何营造有"温度"的课堂？

让课堂教学更有"温度"

课堂既是教师职业生活的大舞台，也是学生学习文化知识的一个重要场域，应该是有热度的、有温度的、有人情味的。林格在《教育的温度》中说到：一所真正的学校，其实就是一个温情的校长带着一群有温度的人，干着一件温暖的事。然而，理想的课堂，在很多的地方却还仅仅是理想。温暖的课堂，在很多的教室却温暖不到课堂的每一个角落、每一位学生，呈现在那些幼小心灵面前的是一片又一片冰冷：冰冷的课桌、冰冷的课本、冰冷的同学、冰冷的老师、冰冷的语言、冰冷的教室、冰冷的窗户、冰冷的空气……

从上述案例可以看出，当前的中小学课堂较以往是已经有了很大的进步了，但是课堂上不和谐、没有温度的现象依然存在。作为教师，不能落下课堂里的任何一位学生，不能放弃任何一颗种子，不论是树的种子、花的种子还是草的种子，只要是在课堂这片本该温暖的土壤里，都应该让每颗种子生根、发芽并且茁壮成长、充分发展，让每颗种子长成本该有的状态。正如马克思在《关于费尔巴哈的提纲》中曾提到，哲学家们只是用不同的方式解释世界，而问题在于改变世界。[1] 无独有偶，"微信之父"张小龙提出了一个著名的设计理念：没有设计，只有解决问题。那么，如何营造温暖课堂，让每位学生能感受到课堂的温度？我们从学生的参与度和自主度、教师的课堂管理和教师的教育理念等三个角度来进行分析论述。

1. 提高学生的自主度和参与度

（1）教师要熟悉每位学生

这些被赋予'爱'的名字，让这些生命感受到了被尊重，被宠爱，感受到了幸福，有了生活的力量和希望。[2] 听说有这么一种奇特的现象，

---

〔1〕 马克思. 关于费尔巴哈的提纲（第十一条）[M]. 1845.
〔2〕 林格. 教育者的自我发现 [J]. 中国教师，2017 (1)：30.

同样的一批奶牛分别养在条件相同的两个农场，唯一的区别是甲农场主给每一头奶牛都起了一个温柔的名字，而乙农场主没有。结果让人震惊，甲农场的奶牛产奶量远大于乙农场的。原因就在于甲农场主每天柔情地呼唤这些满是"爱"的名字，每一头奶牛都很放松、很享受、很愉悦，自然产牛奶就多些。当一位老师在课堂上能够叫出每一位学生的名字，学生的内心一定是温暖的，真切地感受到了"爱"和"尊重"，这股暖流会持续到下课，甚至更久远。苏联教育家苏霍姆林斯基说过："不理解孩子的内心世界便没有教育文明。"当学生有了一颗被温暖的心，孩子内心世界的窗户就打开了，自觉主动地参与到课堂就成了水到渠成的事情。

（2）教师成为有"温度"的课堂引领者

正所谓，亲其师才能信其道。当教师走进学校、走进教室的时候，如果是端着架子、颐指气使、高高在上，还强求同学们能够理解他、尊重他，那么学生们早已避而远之，早已把自己心灵的窗户关得严严实实。这个时候，想让学生们学到知识、提升修养恐怕只是老师的一厢情愿，只会南辕北辙、事与愿违。因此，教师要努力成为有渊博知识、有厚度、有温度的引领者，而不能将学生当作容器，用冰冷的知识去灌输。教师应该"成为一个有光的人"，"站在高处引领，像灯一样闪亮，学生自己知道自己往哪里走，怎么走"。教师要像灯塔一样，既指引方向又给学生照亮一条前行的路，还能点亮学生心中的热情，那么学生积极主动地参与到课堂里面来，就是自然而然的了。

（3）教师善于营造和谐的课堂氛围

托尔斯泰曾说："成功的教学所需要的不是强制，而是激发学生的兴趣。"可见，在强制的环境下，学生的学习是低效率的甚至是无效的。而当学生的学习兴趣被激发，营造了一个和谐的课堂氛围，学生自然就敞开心扉、脑洞大开，学习效率高，而且学习的过程也是愉快的。在和谐的课堂氛围下，学生们也变得更积极，更乐于探索。[1] 和谐的课堂氛围同时也拉近了学生与老师的距离，在身心放松，没有压力的情况下，学生的思

---

〔1〕 曹会荣. 薄弱中学语文幸福课堂建设研究［D］. 上海：华东师范大学，2009（08）：7.

维也就更加活跃，发现欲望会更加强烈，就会让学生的主动性、创造性得到充分发挥，让学生畅所欲言，敢想、敢说、敢做。[1] 在和谐的氛围中，让学生心中充满安全感，成为课堂真正的主人，学生的自主度和参与度都将显著提高。

2. 既平等对待所有学生又向学困生倾斜

（1）理解和尊重学生的思维模式

教师平等对待学生的表现之一就是理解和尊重学生的思维模式和思维方式，而理解和尊重学生思维模式的较好方法就在于教师要会"思维稚化"。所谓"思维稚化"就是教师要有意识地将自己的思维退回到学生的状态，设身处地地揣摩学生的知识水平、思考方式，与学生一起用同样的兴趣、情趣、共同的探究行为来完成教学。[2] 教师是学生学习过程中的引导者，在学生从未知到已知的过程中起着桥梁的作用。老师如果能够以学生的认知水平来设计问题，以学生的思维方式来分析问题，"思其所思""惑其所惑"甚至"错其所错"，往往会起到意想不到的好效果。[3] 当学生被理解和尊重，以一种平等的姿态站在老师面前，师生之间彼此温暖着对方，彰显着人文情怀，这样的课堂必定是有温度的。

（2）对学生信任与激励

课堂既是老师的课堂也同样是学生的课堂，甚至可以说课堂的主人是学生而非老师。老师应该对学生信任，给学生以鼓励，现在很多老师上课不是讲的太少了而是太多了，生怕落下什么地方没有讲明白。其实，这是在变相剥夺学生自主学习的权利。信任学生，用爱去激励和引导学生，一切都将是最好、最自然的状态。在一定程度上讲，教育其实就是对学生的

〔1〕刘然，赖配根. 被生命温暖的教育——湖北省武汉市常青第一小学的生命发展教育散记〔J〕. 人民教育，2006（06）：31-37.
〔2〕刘海明. 十大教育期盼是温暖的"民心读本"〔N〕. 中国教育报，2018-3-20.
〔3〕陈坤，印晓明. 让师生更"温暖"更"智慧"：新时代教师教育的责任与使命——来自"第二届全国教师专业发展学术会议"的声音〔J〕. 中小学管理，2018（03）：28-30.

一种保护。[1]保护学生的学习能力，保护学生的发现能力，保护学生的生长能力等。没有信任与激励，没有温暖的课堂环境，这一切的保护都将成为空谈。

（3）尊重学生差异与人性化评价

世界上没有两片相同的叶子，每位学生都是唯一的存在。温暖的课堂一定是关注人的个体发展的课堂，会关注学生的个体差异（不仅是认知的）和为每个学生提供主动积极活动的保证。[2]温暖的课堂一定是尊重学生差异的课堂，不管是什么样的种子，教师在课堂上都有责任和义务让其绽放出生命的活力。尊重学生差异的一个重要表现是人性化的评价。对一个学生的评价应该是多元的，不能仅仅看考试的分数，应该从德、智、体、美等多角度全方位地综合评价。在课堂上的小组活动中，也应该做到集体评价和个人评价相结合，并且评价是及时有效的。在课后的作业批改中，不能简单打"√"或"×"，而应该有针对性地对不同的个人做相应的评语反馈。这样才是真正做到了尊重差异与人性化评价相结合，并且有意识地向学困生倾斜。

3.3 融教学生活化理念于教学中

（1）让课堂成为学生生活的一部分

现实中存在着这样的一种现象：有些在校外或者说在课堂外活泼可爱的孩子，为什么一进课堂就没有了生机，像是变了一个人一样。为什么这么多的小孩子，校内校外判若两人？一个重要的原因在于，校外是阳光的、温暖的、放松的、没有压力的，而在课堂上所呈现在孩子面前的是冰冷的知识、冰冷的老师、冰冷的同学。慢慢地孩子的内心也会冰冷，心灵的窗户关闭了，纵使有灿烂的阳光也难以照射进去。显然，这不是课堂的本来面目，课堂教学蕴含着巨大的生命活力，只有师生的生命活力在课堂教学中得到有效发挥，才能真正有助于新人的培养和教师的成长，课堂上

〔1〕 成尚荣. 教育，首先是一种保护〔J〕. 江苏教育研究，2000（1）：12—15.
〔2〕 叶澜. 让课堂焕发出生命活力——论中小学教学改革的深化〔J〕. 教育研究，1997（09）：6—7.

才有真正的生活。[1] 只有在温暖的课堂里，师生的生命活力才能有最大的发挥，课堂才能成为生活的一部分，学校自身将成为一种生动的社会生活的真正形式，而不仅仅是学习功课的场所。[2]

（2）良好的师生沟通

雅思贝尔斯在《什么是教育》一书中写道：毋庸置疑，年轻人都希望受教育、能从师获益、能进行自我教育，并与人格平等的求知识获智慧的人进行富于爱心的交流。[3] 可见，小孩子的内心是渴望与人交流的，希望能和老师做知心朋友，像炉边谈话一样自然沟通。有很多的时候，学生在课堂上是很想和老师交流的，可是有些老师要么不理不睬，要么忽略不管，要么横眉冷对，让学生欲言又止，甚至"心灰意冷"。有一些老师，只看到冰冷的书本和知识，没有看到一个个鲜活的生命，一颗颗需要温暖和交流的心。显然，在温暖的课堂上面，师生是有情感共鸣的，老师和学生之间像朋友一样地沟通，这是温暖课堂的保证，也是课堂教学的基础。用一颗温暖的心对学生进行沟通和引导，也许就是最好的教育。

（3）让学生体会到合作的愉悦

人是群居生物，是社会关系的总和，人与人之间的合作也是人的心理需要。在《教育——财富蕴藏其中》报告中指出：面向 21 世纪的教育要有四大支柱，也就是要培养学生使其学会四种本领，其中排第三位的就是学会合作。在新课改下兴起的小组合作学习，已经成为一种重要的教学方式，日益受广大中小学老师所喜爱。然而，在中小学教学实践中，并不是所有的小组合作学习都能够顺利进行，教学生活实际中的小组合作学习存在诸多问题，譬如，有些学生自学时怕辛苦，有的老师在做导学案时不够细致，学生讨论时不够积极，展示时不够主动大胆，发言的人总是那几位，探究与纠错怕伤人和要面子，教师评价时敷衍了事。在合作教学中出

〔1〕 叶澜. 让课堂焕发出生命活力——论中小学教学改革的深化［J］. 教育研究, 1997（09）: 6—7.
〔2〕 杜威. 杜威教育名篇［M］. 赵祥麟、王承绪, 编译. 北京: 教育科学出版社, 2006（07）: 16.
〔3〕 雅斯贝尔斯. 什么是教育［M］. 邹进译. 上海: 三联书店, 1991.

現的种种问题，并不能说明合作教学本身有问题，而是缺少一个温暖的、放松的、安全的合作环境。教师要努力营造一个有温度的课堂，让学生像在生活中与玩伴做游戏一样轻松自在，体会到合作课堂的愉悦，让学生在合作的课堂里，尽情地展现生命的活力，有更多的幸福感和获得感。

对教育来说，"有温度"是坚持以人为本、以生为本，是教育的本真。学生对温暖课堂的向往，就是一个有光发热、有温度的人民教师的奋斗目标。在温暖的课堂里，决不能用分数这把冷冰冰的尺子来丈量学生，每个孩子都有自己的闪光点，每个孩子都是一颗最亮的星，只不过有时候被云雾遮挡了亮度，只要教师能换个维度、变个方向来看，你会发现每个学生是那么的璀璨耀眼。我们要把温暖的"爱心蛋糕"做大，要惠及到每一位孩子，一切依靠孩子，一切为了孩子，一切相信孩子。把课堂变成一块温暖的土壤，让孩子这颗潜力无穷的种子，能够生根发芽、自然生长。

23
如何成就
优秀的班主任

【教育案例】

与 W 老师聊问题学生的教育，交谈中，他告诉我这样一个事。他是高二（1）班的语文老师兼班主任，班上有个问题学生刘思聪（化名），成绩 9 门有 5 门不及格，并且经常迟到，逃课。第一、二次学考模拟成绩很差，临近最后一次模拟考试，他想和家长配合起来，帮助刘思聪同学搞好复习，争取学考门门过关。于是，某天下午他叫住他，说："刘思聪，我想到你家做一次家访，你看好不好？""老师，请您别和我家长联系行不行？你一联系爸爸就要打我了，以为我又犯了什么错误，请您再给我一个机会，好吗？我一定会努力学习的"。看着他乞求又夹杂着痛苦的眼神，W 老师心软了，说："可以，你不愿意我和你家长联系，我就不联系，我相信你凭着自己的力量，一定能把学习成绩搞上去，争取学考门门过关。"刘思聪轻轻地说了一句"谢谢老师"，转身跑了。

后来，W 老师经过多方了解，知道刘思聪父母对孩子的教育大多是采用唠叨和责备，可想而知，这样的教育基本上也不会有好的效果。尤其是刘思聪父母离异后，他更是心思重重，越来越不愿意和其他同学交往，性格孤僻。W 老师了解到这个情况以后，觉得应该经常与刘思聪谈心，关心他的学习和生活。几天以后，W 老师发现了刘思聪的变化，感觉到刘思聪上课听讲十分专注，作业也工工整整，按时完成。W 老师认为，只要尊重学生，学生是会用行动来表示诚意的。临近最后一次模拟考试了，刘思聪一直努力地跟着班级的复习进度，做到这一点很不容易，因为他的基础较差，要想和大家共同进步，需要付出比别人更大的努力。一天晚自习，W 老师照例拿出学生的作文开始批阅。当他批到刘思聪同学的作文时，顿时被感动了，他的作文字写得十分工整，内容写得也精彩，大意是说感谢老师对他的尊重，让他第一次感受到了学习的快乐……看完作文后，W 老师拿起手机，拨通了刘思聪父亲的电话号码。刚接通 W 老师的电话，他的父亲就急忙道歉说："是不是孩子又在学校犯错误了？" W 老师急忙解释说："不是，不是，我是向您报喜的，刘思聪最近学习非常投入，非常努力，学习成绩提高很快。现在我正批改他的作文，写得非常好"……

思考题：

1. 班主任应该如何对待问题学生？

2. 通过上述班主任工作教育案例，我们从中得到哪些启发？

3. 班主任在学生成长中有哪些作用和价值？

【诊断·反思】

如何成就优秀的班主任

1. 优秀班主任的学生观

教师对学生的看法决定着教师对待学生的态度，如果教师对学生的看法不正确，便很难使用正确的态度对待学生，也就无法建立良好的师生关系，甚至会造成矛盾的激化，不利于师生关系的良好发展。教师正确看待学生，应注意以下几点：一是教师对学生的能力和水平的期望不要过高。每个学生都是待雕琢的玉器，或多或少地存在某些方面的不足，偶尔也会犯些小错误。有些老师对学生的能力和水平期望值过高，在看待或评价学生时，以求全的眼光衡量学生却发现学生并不完美，久而久之就只看到学生的缺点和毛病，这种求全责备必将影响教师的教育教学行为以及工作。长此以往，不利于学生的成长，甚至会让学生误入歧途。俗话说"金无足赤，人无完人"，即使是成年人偶尔也会犯错误，老师首先要意识到学生的生理和心理尚未成熟，不可能事事做得周全，他们会犯各种各样的错误，甚至是同一个错误犯多次，这时就需要老师细心耐心地指导纠正，而不是一味指责和批评。在此案例中，W老师看到刘思聪的作文字迹工整就感到非常欣慰，对刘同学的要求不是那么地高，上课认真听讲，按时完成作业，刘同学的一点进步就使W老师感到十分开心，从而正面鼓励和激励了刘同学，拉近了刘同学和老师之间的距离，使他们的关系越来越好。二是用发展的眼光看待学生，学生是处在不断的发展变化之中的。[1]虽然学生们难免有缺点和不足，但这样或那样的小错误恰恰正是学生不断走向成熟、走向完美的必由之路。每个学生都是不断发展的，只有在自己所犯的错误中获得教训，不断吸取经验，才能在以后的道路上少走弯路。学生从自己的错误中获得的经验，往往比老师和家长口头传授的经验记忆得更加深刻。学生现在所犯的种种错误不代表以后他们还会犯相同的错误，学生现在不听老师和家长的话不代表以后不是一个好孩子、好学生。在不断的学习和成长的过程中，学生们不断地进步，在重复的错误中不断变成熟，在老师和家长的教导中不断进步，直到最后成长成一个可以正确认识自我，有能力追求自己美好生活的、独立的人。我们不能用学生现在的状态和情况给他们的未来"定性"，处于青春期的他们还有太多的可能，太多的不确定性。学生并不是一成不变的，他们像一棵棵幼小的树苗，在园丁的辛勤培育和照顾下茁壮成长，有的经受不住风吹雨打，可能被风吹歪，有的坚韧不拔，最后长成参天大树。作为教师我们也应该意识到不允许学生犯一点错误，既是不现实的，也是不利于学生成长的。我们应该努力让学生从自己的失败中收获更多的经验，从而在今后的社会上更好地进步、成长。不到最后谁也不知道将发生什么，不到最后谁也不知道学生会变成什么样子，所以老师一定不能放弃对学生的希望，一定要用发展的眼光看待学生。三是善于运用赞美的目光强化学生的优点并用其优点来战胜

〔1〕 卢炳惠. 论新的学生观 〔J〕. 教育探索，2004（6）：29—31.

缺点。[1] 我们要善于了解发现每位同学身上的优点和长处，每个人都有自己的闪光点。在老师的不断鼓励中，学生往往会对自己更有信心，也就会给自己制定更高的要求，从而在不断地达到自己的目标中获得成功的喜悦，从而形成一种良性循环。反而，如果老师总是批评指责学生，过分求全责备，会使学生不断地丧失信心，失去学习进步的动力，从而自暴自弃，不求上进，造成恶性循环。在本案例中，使刘同学转变的并不是老师一味的批评指责，而是在老师的鼓励中，刘同学渐渐找到了自信，发现了学习的乐趣，从而为自己制定了小小的目标，并在达到目标的过程中和家人一起收获了小小的幸福。我们相信，刘同学已经进入到了良性循环中，在接下来的学习生活中会不断突破自己，变成老师和家长心目中听话的好学生。正是因为老师的鼓励，刘同学才能取得如此巨大的进步。

2. 优秀班主任如何对待问题学生

班级中的问题学生总是让班主任老师头疼，问题学生一般活泼好动，学习主动性较差，并且有时比较叛逆，不听从老师的教导。面对这些问题学生，老师应该如何解决，我们也许可以从 W 老师的案例中得到一些收获。一是要尊重每一位学生。人无完人，孰能无过？如果学生犯了错误，教师一定要给他一个改过自新的机会，用教师的期望表示对学生人格的尊重和对学生的信任，它就像一双无形的力量之手，推动学生的自信增长，从而促使学生不断努力，取得进步，这就是著名的罗森塔尔效应。对学生的尊重同时也是对老师自己的尊重，老师会更加认真地对待工作，更加负责任地对待学生，在帮助学生成长的过程中们自己也在不断成长，从而达到共赢的局面。如果教师不够尊重学生而总是一味地批评，把责任全部推到学生身上，不仅打击了学生的自信，同时也给自己带来了身心上的不愉快，导致教学效率低下，不利于问题的解决，反而会使问题更加严重。同时学生会破罐子破摔，不再对自己抱有太大的希望，对老师有了叛逆的心理，矛盾越积越深，加剧了矛盾的深化。教师对学生多一点尊重，让学生

---

[1] 万广蓉. 浅谈对学生的尊重与赞美 [J]. 职教论坛，2009；(10).

感觉到自己是一个值得被尊重的人，反而会更加严格地要求自己，积极上进，不想辜负老师的认可。案例中的刘同学就是得到了老师的尊重，老师并没有不顾刘同学的祈求，用老师的权威打压刘同学，而是平等地像朋友一样地对待刘同学，一起商量解决对策，使刘同学感受到了尊重，不想辜负老师的厚爱，所以日后刘同学不断自己主动要求进步。二是理解信任学生。理解和信任是推动学生向前上进的力量。正如"浪子回头金不换"，一旦学生意识到自己身上存在的问题不仅不利于今后自身的发展，甚至会给父母和老师造成一定的伤害，就会自然而然地发奋图强，努力学习。理解是沟通的基础，只有教师真正理解学生才能给学生真正需要的东西，才能"对症下药"，取得良好的效果。正因为 W 老师理解了刘同学的难处，才同意不进行家访而是"私下解决"。我们应该可以预测到，如果 W 老师不能理解刘同学的难处，坚持给他的父亲打电话，刘同学肯定会对老师充满敌意，不知不觉中和老师产生了隔阂。宽容同样是一种信任，一种谅解，一种期望，它就像干涸的枯井中长出的小嫩苗。宽容就像是换个角度看学生，把批评变成一种发现，变成一种赏识，去慢慢点亮学生的内心。就像著名教育家魏书生所说的："改变自己，昨天最难教的学生可能会变成今天最与自己知心的学生。"一旦教师把自己的角度转变了，学生自然也就会转变了，两者便会拉近距离，更好地交流沟通。本案例中刘同学虽然是个问题学生，但老师并没有批评他不求上进，而是积极从其他方面寻找原因，最终老师发现他的家庭可能对他的成绩有很大影响，从而找到了问题的解决出口，顺利解决了问题。三是用爱呵护问题学生。我们可以从每个问题学生的问题中看到他们曾经所受的伤害。从马斯洛的需要层次理论出发，人的需求分为五大类，生理需求、安全需求、爱和归属感、尊重和自我实现。只有当较低层次的需求被满足时，才会产生更高层次的需求。问题学生的爱和归属的需求往往得不到足够的满足，也就使学生产生叛逆、不上进等一系列的问题，当学生的爱和归属的需要得到满足时这些问题也会随之得到解决。有些特殊家庭，父母可能由于工作原因不能给予孩子足够的爱，家庭教育中爱的缺失可能会使孩子把自己的内心封闭起来，不愿与外界接触。作为教师，学生家庭教育中爱的缺失可以通过老师和同学们真挚的关心弥补回来，满足其爱和归属感的需要。所以当面对问题学生的时候，不能一味对其进行批评，教师可以用爱来温暖和感化学生封闭已久的内心，打开其心灵世界后，便会逐渐拉近和学生之间的距离，赢得学生的信任，也就意味着架起了教师与学生沟通的桥梁，平时存在的问题就可以得到解决。

3. 优秀班主任如何鼓励学生

鼓励即激发和唤醒个人的内在动力，使人从"被成长"中产生生命自觉，用自己的力量成长。[1] 马斯洛的需要层次理论指出人有五大层次的需要，尊重和自我实现的需要也被包括其中，而满足孩子这两大基本需要的最好方法则是鼓励教育。马斯洛认为每个人在完成任务的过程中，都需要别人的鼓励；在出色完成任务后，也都渴望别人对自己成果的承认，同时高中阶段的学生恰好处于青春期，出现了自主性增强、反抗意识凸显、感情变化显著等特点，而这些特点都将是教师教育学生的切入点，告诉教师在教育学生的过程中，要注意学生心理及情感的变化，应多给学生一点鼓励而非斥责，多采取鼓励教育而非惩罚教育。进行鼓励教育的意义，可从以下几个方面来阐述：其一，鼓励有利于激发学生学习信心与学习动机。对于学生来说，只要取得一点点的小成功，尝到了收获的满足感，那学生就会非常开心，这时教师再加以鼓励，学生的自信心将会大大加强，从而促使学生的学习动机加强，使他们朝更好的方向发展。学生的需要很简单，每个学生都渴望得到老师的注意与关心，希望得到老师的鼓励与赞扬。因此，在整个教育过程中，教师决不应吝啬自己对学生感情的流露，如一个欣赏的眼神、一句鼓励的话语、一个真诚的微笑等，对教师而言可能是很简单的一件事，但在孩子眼里将变成一剂催化剂，能促使他们更好地发展。就如案例中的刘思聪，在 W 老师的鼓励下，变得主动学习，学习动机加强，学习积极性提高。其二，鼓励有利于学生快乐学习，强化记忆力，培养创新意识。"快乐教育"创始人斯宾塞认为，教育孩子应该以鼓励为主，不要随意指责孩子。[2] 在教育过程中，多采取鼓励的形式可以

〔1〕 王坤. 鼓励学生自己提问 [J]. 学科教育，1998（7）：14.
〔2〕 李吉林. 为儿童快乐学习的情境教学 [J]. 课程·教材·教法，2012.

使师生关系更融洽，使受教育氛围更轻松，而学生在轻松的学习心境下，他们的感知觉、思维、记忆等都会处于一个相对活跃的状态，鼓励就相当于强化剂，能使学生的思维敏捷活跃、学习兴趣浓厚、记忆阈值降低。在兴趣浓厚的基础上，学生对所学知识的自然记忆就比较深刻，同时对其他事物的思考也将变得更主动，拓宽思维广度，培养他们的创新意识。鼓励教育的重要性已被广大教育工作者所认可，实践也证明，鼓励教育对帮助问题学生的转化以及一般同学学习积极性增强有很大的作用，但我们在鼓励教育过程中，也应注意以下几个方面，避免出现过犹不及的问题：其一，鼓励应以精神鼓励为主，物质鼓励为辅。由于高中生的特殊时期，他们对新鲜事物有浓厚的兴趣，价值观也很容易受别人的影响而改变，因此教师在采取鼓励的时候，应以精神鼓励为主，物质鼓励为辅。适当的物质鼓励，譬如奖励一些学习用品、生活小物件等也是调动学生积极性的重要手段，但过分的物质鼓励，如现金奖励等将会使学生的价值观脱离正轨，将学习变成一种具有功利性的"交易"；其二，鼓励应注意情感输入和把握度。夏丏尊先生曾经说，教育没有情感、没有爱，如同池塘没有水一样，没有水就不能称其为池塘，没有爱就没有教育。[1] 因此，教师在给予学生鼓励的时候要注意情感的输入，避免太过空洞，缺乏情感的鼓励，不能让学生感受到温暖，那就失去了鼓励的效果。同时，鼓励还要掌握"度"，避免过多过频。过于频繁地对学生进行鼓励，将很容易造成学生焦虑、紧张，鼓励的激励作用将会大大减弱，学生会对鼓励的形式习以为常而不予理会。同时，教师要注意鼓励的时机，不能无原则地滥用鼓励方法，不能学生有一点做的对的地方就对其进行鼓励，应根据学生的性格特点来掌握鼓励的时机与方法。

在整个教育过程中，作为教师，尊重与信任学生是师生间良好交往的基础。正确对待学生，用包容的态度来看待学生，学会从不同角度去发现学生的闪光点，是促使学生进步的途径。对学生多一点鼓励，少一点斥责是维护学生良好发展的方法。同时，加强家校的紧密联系也是共同促进学生健康成长、快乐全面发展的着重点。

〔1〕田莹. 鼓励教学法在中等职业学校美术课教学中的艺术运用 [J]. 职业技术，2010：116.

24
亟待解决的
大班额问题

【教育案例】

早在 2006 年，《关于进一步加强中小学校校舍建设与管理工作的通知》明确规定中小学班额不超过 50 人。然而，这些年以来，大班额问题一直困扰着中小学。最近去一县城初中观摩课堂教学，想去听一节八年级的语文课，除了讲台，里面竟然安放不下一张听课的凳子了，经了解这个班有 93 名学生。由于学生太多，教师里桌挨桌，前排课桌紧靠讲台，后排学生背靠墙壁，教室的后门已无法打开。更有甚者，一初中班主任告诉我，他所教的班级竟然多达 103 名学生。局促的教室空间，浑浊的空气，严重影响了师生的身心健康和教学质量。解决好大班额问题，是保护师生的身心健康，促进教育事业健康发展的大问题，刻不容缓。

思考题：

1. 通过上述教学案例，分析大班额对学生学习有何影响。
2. 通过上述教学案例，分析大班额产生的原因有哪些。
3. 化解大班额的策略有哪些？

【诊断·反思】

亟待解决的大班额问题

1. 大班额：一个不容忽视的问题

班级授课制最早由捷克著名教育家——夸美纽斯提出，将学生按照年龄或知识水平分别编制一个班级，由教师按照教学计划对其班的学生同时进行同样知识的传授。班级授课制的优点有利于增多教育对象，节省教育资源，扩大教学规模，提高教学效率，不足之处是不利于学生自主性与独立性的发展。我国的班级授课制最早始于清末，但随着我国经济的发展、城乡贫富差距的增大，班级授课中的班级容纳量畸形发展。多年来中小学大班额问题已引起政府的高度重视，《国家中长期教育改革和发展规划纲要（2010－2020年）》第四章第八条明确规定："深化课程与教学方法改革，推行小班教学。"这些年来，随着我国东西部经济差异的增大，劳动力往北上广等经济发达地区的流动性越来越明显，北漂人流越来越多，东部地区的学校容纳量则越来越膨胀，从而造成大班额现象的出现；随着每年城镇化建设的发展，城镇人口的快速增长，再加上中国家长"望子成龙、望女成凤"的普遍教育观念，总希望给予自己孩子最好教育的心理特点，城区学校的压力越来越大，问题越来越突出，大班额、特大班额现象有增无减，严重影响了教育均衡发展。班级授课是现在中小学学校教育的主要形式，而班级的容纳量对教学亦起着一定的影响。我国教育部规定义务教育学校班级的人数，小学和中学每班班额分别不超过 45 人和 50 人。一般来说，超过此规定数量即为"大班额"。[1] 国外的大量研究表明，班级规模越小，师生互动教学质量越高，而在我国大班额现象越来越严重。据相关学者根据《中国教育统计年鉴 2013》的数据调查研究发现，2013年我国小学阶段大班额所占比例为 32.38％，接近班级总数的三分之一，而初中阶段的大班额总体上所占比例为 42.69％。[2] 大班额，已与现代教育改革的发展不适应，已成为不容忽视的现实问题。而究其原因：其一，义务教育资源的配置不均，东西部、城乡的教育资源分配不均，一种隐性的教育公平的缺失，从而导致有些乡村小学学生人数寥寥无几，有些城镇学校教室挤爆的现象出现；其二，家长教育观念的影响。随着人们对教育的重视性越来越高，家长的择校观念也越来越强，都希望自己的子女进入更好的学校，受到更好的教育资源，这就导致为什么在中国，越是优秀的班级里人数越多，越是重点学校人数越多的现象发生；其三，经济的发展以及相关政策的影响。随着人们生活水平的提高、消费观念的改变，许多务工人员都往经济发达地区跑，而国家又颁发了相应的一些政策，随迁务工人员的子女也都往经济发达区或城区来就学，这也就导致了城市或发达地区大班额现象较农村或经济不发达地区突出。

（1）大班额严重影响课堂教育教学

其一，大班额的教学，不少教师被迫腰系扩音器、头戴小蜜蜂上课，大大降低了教师课堂教学的有效性，阻碍了教育教学质量的提高。大班额教学会在整体上降低课堂教学水平。[3] 在固定空间的教室中塞下越来越多的学生，拥挤的教室总会有部分同学坐在后排，教师很难保证后排同学可以清楚地听到老师的声音，看到黑板上的笔记，从而影响了学生的听课质量，教学质量也会因此受到影响。有些教师为了确保后排的同学可以清楚听见老师的声音，明白课堂内容，故意放慢课堂速度，再多讲几遍，争

〔1〕马佳宏，熊虎，孟骁枭. 义务教育学校"大班额"的危害、成因与对策——基于广西的分析与思考 [J]. 广西师范大学学报：哲学社会科学版，2016（4）：1-8.
〔2〕同〔1〕。
〔3〕王男. 小学大班额问题研究 [D]. 哈尔滨师范大学，2015：19.

取让更多的同学明白和领悟老师的课堂内容，这就必然会影响课堂进度和总体的教学计划。有些同学的学习能力较强，老师的多次讲解只会让其觉得没有挑战性而对学习不屑一顾，甚至会增加厌恶感，因为感觉无聊而去影响其他同学。因班级学生人数较多，教师很难维持好课堂秩序，在面对众多学生时很容易感到心有余而力不足，影响教师的积极性，甚至会使部分教师破罐子破摔，最终影响教学质量，影响学校的整体教学水平。而在小班额班级教学中，因为学生人数少，教学效率大大提高，教师在班级中维持课堂秩序相对轻松，提高了教师的教学积极性，教学质量也有所保证。其二，大班额教学不利于课堂教学管理，学生众多意味着教师要增加维持教学秩序的时间与精力，因而严重影响教师的教学时间、教学情绪和教学精力。课堂当中学生数量越多，出现的问题也就越多，同学们之间的坏习惯很容易相互影响，扰乱课堂秩序。教师的数量是有限的，而学生的数量却越来越多，也就难免降低教师对每一位同学的关注度，有些学生便趁此机会偷懒或不听老师的话，教师必然花费更多的精力去维持和管理课堂秩序从而放慢课堂进度。教师无法把精力全部放在知识的讲解上，还要一门心思地维持课堂秩序，管理学生，所以大班额教学不仅影响教学质量的提高，同时不利于课堂教学管理。而在小班额教学中，教师对教室中的学生一目了然，学生心里清楚，老师可以看见自己的一举一动，会稍微收敛，不敢在课堂上肆意地影响其他同学，从而在一定程度上保证了课堂秩序。即使课堂秩序出现了问题，因为人数较少，也便于教师管理，维护课堂秩序。所以我们要尽量削减大班额的学生数量，减少班级的人数，提高老师课堂教学管理的效率。其三，大班额制约了学生学习和生活的空间，不利于学生素质的全面发展，不利于教师因材施教。一个学校名声在外，无非是因为学校的教学设施，师资力量，学习环境都非常突出，正是因为学校的条件较为优越才吸引了大量的师生前来学习，可大班额的教学却无法保障每位同学的学习效果，无法切实保证每位同学的切身利益。大班额课堂上，部分学生的自主学习能力有弱化症候。[1] 正因为大班额教学中，教师无法关注到每位学生，所以家长往往通过"走后门"、给老师送礼的

---

[1] 潘洪建，仇丽君，孙静静. 大班额学习现状、问题与对策 [J]. 天津师范大学学报，2013（14）：11—15.

方式希望老师多多关照自己的孩子，大班额教学更加助长了这种不正之风，甚至对孩子的价值观产生了影响。同时这也是对教师职业的一种亵渎，是滋生教师腐败的温床。

(2) 大班额严重危害师生身心健康

大班额对学生的身心健康都直接或间接地会造成一定的影响，主要可体现在以下三个方面：其一，教室物理环境较差影响学生的身心健康。我国多数中小学校主要还是采用班级授课制，学生在校时间大多都在教室里度过，那教室的容纳量将对学生的身心健康造成一定的影响。在大班额中，教室面积固定，空间的氧气含量也恒定，而学生的人数过多，人口密度过高，会造成教室空气不流通，室内二氧化碳浓度明显高于正常人数班级，从而严重地降低了师生对教室氧气资源的占有率，造成教室空气质量低劣。室内浑浊的空气严重影响学生的用脑卫生，容易使人反应迟钝、昏沉欲睡，使学生心理上出现压抑烦躁等负面情绪。同时学生若长期在狭小的教室里活动，每逢春季或冬季时，教室湿气较重或教室门窗紧闭，很容易引起疾病的流行与传播，严重影响师生的身体健康。其二，人均占有空间过于狭小，座位安排密集影响学生的身心健康。国家计委颁布的《中小学校建筑设计规范》明文规定普通教室小学生课桌椅的排距应不小于 850毫米，课桌端部与墙面线之间的净距离不应小于 120 毫米，前排边座的学生与合并远端形成的水平视角不应小于 30°。[1] 在大班额中，由于班级人数过多，教师往往安排座位过于紧凑，甚至拥挤，只留出了中间一条过道给师生通过。而这样的座位安排往往容易造成前排学生或后排学生隔黑板过近或过远，从而严重影响学生的视力，易使他们出现视力下降或斜视等问题；坐在中间的部分学生，或因空间较为狭小、出去不方便而放弃课间外出活动，甚至为了减少去厕所的次数而降低饮水量，严重影响了学生的身体健康。其三，班级人数过多，给学生学习竞争压力过大。中国父母的"通病"就是喜欢将自己的孩子与班里其他的孩子进行比较，学习的好坏就单单以考试成绩来断定。因此，在大班额学习中，超额的班级人数造成学习竞争较激烈，很容易让学生形成学习压力，使学生心理负担加重，学

---

〔1〕李可. 我国中部地区城市小学大班额问题研究——以河南省南阳市为例〔D〕. 陕西师范大学，2010.

习自信心降低。对于成绩一直不理想的学生，大班额学习会很容易造成他们的习得性无助感加强，从而使学习状态越来越糟糕，严重影响学生的心理健康。

大班额除了对学生有影响外，对教师的的影响主要体现在两个方面：其一，班级人数过多，不利于教师进行管理与组织，那教师在课堂中就只能扯开嗓子进行教学，对教师的嗓子存在严重的伤害；另外，由于班级人数过多，空气不流通，教师一直站在黑板前，很容易吸入粉笔灰，从而引发呼吸系统疾病。其二，大班额教学，教师工作强度明显增强，教师的工作任务明显增多。如今大多数学生都是独生子女，在家里被当成掌上明珠，因此，教师在面对众多学生时，教学压力与心理负担会无形中被放大。并且目前教师薪水普遍偏低，教师长时间超额工作不但影响身心健康发展，而且会产生严重的职业倦怠感和职业挫折感。[1]

大班额教学看似在一定程度上提高了教学效率，但实际却因为学生人数过多而造成了影响教学质量、影响师生身心健康的弊端。教师数量有限而学生数量过多，使教师难以关注到每位同学的状态和变化，不论是学生管理还是班级管理都会给老师带来更多的阻力，同时学生也无法更好地获取知识。大班额教学过程当中因教室空间和空气的有限，往往乌烟瘴气，很难想象在昏昏沉沉的气氛中学生能有多高的学习效率，同时拥挤的教室环境很容易使老师和学生感到烦躁，无法集中注意力专心致志地学习。面临大班额教学的种种弊端，我们应致力于改善目前的严峻问题，更加均衡地分配教学资源，使每位学生都可以更加公平地享受到教育资源，切实提高每一位学生的利益。

2. 大班额产生的原因

（1）制度原因

①政府的宏观管理缺失。当前大班额教学现状的存在，最直接的成因即为教育体制与政策的不完善，或者并没有相关内容的规定，缺乏一个十

---

[1] 马佳宏，熊虎，孟骁枭. 义务教育学校"大班额"的危害、成因与对策——基于广西的分析与思考[J]. 广西师范大学学报：哲学社会科学版，2016（4）：1—8.

分明确的、硬性的规定。政府的权利并没有得到在其位的使用。[1] 在本案例中，一个班有 93 名学生，由于学生太多，教师里桌挨桌，前排课桌紧靠讲台，后排学生背靠墙壁，教室的后门已无法打开，但是在现有的规定中，并没有明确指出如果班级人数超标，会有什么样的后果，会有什么样的惩治措施，这在某种程度上对班级人数的规定就没有一个良好的确保。

②教育资源的供给不能满足基础教育的需要。[2] 政府投入不足，教育设备短缺；教育资源流失，教师数额不足，导致学校只能压缩教学空间，共用教育资源和师资力量。

(2) 社会原因

①城镇化进程的加快。城镇化进程加速了农村孩子向城镇的转移，农村小学校数量、布局调整逼迫大部分农村学校学生涌向城镇学校，[3] 有研究表示在黑龙江省五常市，目前已有的农村小学不到 30 所，而城镇学校除了增加了几所私立学校之外，校园环境以及设施设备依然停留在七八十年代。从另一方面讲，城镇化又导致了农民进城务工，其子女上学问题的出现。这都是城镇优质学校"大班额"现象的社会缘由之一。

②教师自身的专业水平。有研究指出部分教师自身的专业水平有待进一步提升，他们的教育理念过于陈旧落后。当前教师专业水平较低具体表现在掌握的知识过于片面简单，不具有综合性，例如语文教师对数学课或者英语课的知识不能整体进行运用，只是单一科目地进行教授。还体现在教师欠缺教育心理学等方面的知识，不能很好把握学生的心理特点和身心发展水平。因此，在教育活动的实施过程中就不能对学生进行有针对性地引导，这样对学生的发展是不利的，对教师的专业化发展也无利。这一连贯的问题又引发了家长择校择班的问题，这种连锁行为大大促进了大班额现象的形成。而教师自身的专业水平也就成了大班额现象的间接性原因。[4]

③家长择校风盛行

在中国传统家庭文化中，父母与孩子的联系十分紧密，孩子被视为家庭的顶梁柱和依靠所在。自古以来家长就有"望子成龙"的教育观、"决

---

〔1〕 王男. 小学大班额问题研究——以哈尔滨市几所小学为例〔D〕. 哈尔滨师范大学，2015.
〔2〕 潘洪建，孙静静. 中小学大班额教学研究综述〔J〕. 现代教育科学，2011 (12): 94—96.
〔3〕 同〔1〕.
〔4〕 同〔1〕.

不能让孩子输在起跑线"的价值观，这些都让家长们为孩子的教育疯狂"择校"。家长们对优质学校过度追求，这是导致"大班额"现象出现的重要因素。长期以来，我国教育投入严重不足，很多学校教育质量不高，远远不能满足社会的发展和大众的需要。"重点学校"制度更使非常有限的教育资源向极少数学校倾斜，加剧教育不均衡发展。拥有相对优秀的师资、优良的教育设施与设备、优美的教育环境、优良学风的"重点学校"，对家长和孩子们具有极大吸引力。许多本来是非"重点学校"学区的学生被吸引进"重点学校"，导致"超载"，形成"大班额"。[1]

（3）经济原因

①学校办学趋于功利化。某些管理者忽视学校育人的根本目的，一味追求投入少、规模大的办学效益，学校内部的管理过分依赖物质奖励，所以存在一小部分学校不惜违反教育法规，主动寻求"大班额"、大规模办学，追求最大经济利益的现象。而一些相应教育主管部门以"学习成绩和升学率"为指挥棒的不合理的相关教育评价体制，使得家长们一味追求所谓的优质学校。这些部门对学校违反相关教育法律法规的违规办学，缺乏批评纠正的态度，也滋长了此种不良办学风气的蔓延。学校领导迫于不良环境的压力，对有关法律规定不理不睬，违规接收非本学区的各种"人情生""条子生"，大大增加了班额。另外有研究表明学校办学的市场导向更牵扯了学区房的介入，只要买了房子就可以拿到入学通知书，学校为从中获利则倾尽全力扩大学生规模，对"择校"现象和"大班额"的形成起着潜移默化的作用。目前大多学校的办学理念与政策，都趋于功利化。这可以说是大班额现象产生的经济原因。[2]

3. 大班额问题的解决路径

（1）加快推进教育立法

加快推进教育立法，为解决"大班额"问题提供法律保障。[3]应尽

---

〔1〕 王男. 小学大班额问题研究——以哈尔滨市几所小学为例 [D]. 哈尔滨师范大学，2015.
〔2〕 同〔1〕。
〔3〕 田宝军，穆冬雨. 小学阶段"大班额"问题及其对策 [J]. 教学与管理，2017（2）：11—13.

快制定完整的教育教学法律法规，保障教育在法律制度范围内有序运行。教育设施专项规划和建设应当符合国家和省市地区有关城镇住宅区配套建设小学学校的标准和规定，各地可根据实际情况制定小学建设布局专项规划。综合考虑学校实际区域内的人口容量和人口分布，学校建设应与城镇化发展和人口增长相适应，科学规划学校的数量和规模，解决学生入学困难的问题。政府应加强对学校预留用地的管理，保障基本的教育用地的数量，使学校建设与城镇化发展同步。

（2）政府加大教育财政投入

政府加大教育财政投入是关键。为何"大班额"问题会愈演愈烈？主要是城乡一体化进程加快、城区人口剧增、教育规划与城市规划不同步、学校和学位紧缺等多重因素共同作用的结果，从根本上来说，这项工作与地方的经济发展联系紧密，只有足够的财政投入，学校建设等才有可能进行。加大教育投入是缩小班级规模的根本保障，因为班级规模的缩小需要增加班级数量、扩大师资队伍、购置相应的配套设置等，这些都要大量资金的支持。同时，增加教育投入不能只对重点学校进行，更应该倾斜于落后学校，帮助其提高教育质量，吸引"择校风"回向，分流学生，堵住大班额生成的源头。[1]

（3）均衡配置教育资源

均衡教育资源是解决大班额的重要举措之一，教育部门可以将优质教育资源向薄弱学校适当倾斜。均衡配置教育资源指加大对薄弱学校的扶持力度，尤其是在师资力量上面，为调动薄弱学校的办学积极性，更加注重公平公正。要想从源头上解决大班额问题，必须重视均衡配置区域内的教育资源和缩小校际间的办学差距，将薄弱学校转变为优质学校，增加优质学校的数量，保证每个学生都能享受到相对公平的优质资源，避免重点与中心学校学生数量较多，从而达到控制班级人数的目的。[2] 政府要把消

---

〔1〕 李琰，王献玲．"大班额"视角下义务教育公平问题浅析［J］．天津师范大学学报（基础教版），
    2010，11（03）：26—28．
〔2〕 潘洪建，仇丽君，孙静静．大班额学习现状、问题与对策［J］．天津师范大学学报（基础教育版），
    2013，14（1）：11—15．

除大班额情况作为义务教育均衡发展督导评估"一票否决"的重要指标，未按规划消除大班额的，不得通过县域义务教育均衡发展督导评估。其中师资配置结构不合理是大班额问题产生的最核心的原因。随着社会结构的不断发展，单纯由编制部门来调整学校编制的做法已适应不了教育发展需求。新趋向下，要进一步改革传统教师编制管理机制，积极探索"编随人走"的动态化教师管理模式，扩大教育部门教师人事管理权限，保障教师队伍能随着生源变动、学校布局调整和编制余缺等情况得到更具针对性的调整。要加大对义务教育发展的支持，每年适当增加专任教师编制，用于引进急需的紧缺学科教师，对因政策性缺编的学校，应及时给予补充。教育管理部门要合理调控中小学班额和班级数，精简非教学人员数量，严禁任何单位随意占用中小学教职工编制。建立健全区域内义务教育学校师资互助共享平台，加大对薄弱学校的教学支持力度，保障义务教育教学资源均衡发展。[1] 教育部门要充分考虑城镇学校和农村学校学生人数的差异，重新核定教师编制，并根据各地的实际情况，采取师生比或者班师比的方式来重新核定教师编制。教育部门要根据教学的实际需求，灵活调整教师编制，缓解小学师资结构性矛盾，实行动态化管理。另外，寄宿制学校要考虑到为生活老师等留足编制。要加强教师编制管理，严禁挪用、挤占、截留教师编制。[2] 同时，教师应善于发现、挖掘、利用学生之间的差异资源，使之成为大班额重要的教学资源。[3]

（4）实现教学方法多样化

在大班额课堂上，受班级数量、课堂时间、传统教学观念等多种因素的制约，教学方法过于单一，对于学生学习积极性的激发和学习效率的提高有影响。因此作为教育者要改进教学手段与方法，要善于运用多样化的教学方法进行教授。首先，善于运用先进的多媒体教学技术，将现代信息技术融入教育领域，为大班额教学提供强有力的支撑，教师应适当地在课堂上应用多媒体技术，给学生提供更丰富的感官刺激，让学生能够更加身

〔1〕黄建辉. 城区义务教育学校大班额问题成因及其化解 [J]. 教学与管理，2014（31）：9—10.
〔2〕田宝军，穆冬雨. 小学阶段"大班额"问题及其对策 [J]. 教学与管理，2017（2）：11—13.
〔3〕潘洪建，仇丽君，孙静静. 大班额学习现状、问题与对策 [J]. 天津师范大学学报（基础教育版），2013，14（1）：11—15.

临其境地感受知识，促进对知识的理解，丰富其情感体验，提高学习的积极性与学习效率。其次，教师应该灵活运用多种教学方法，每种教学方法都有其优越性和局限性，所以为了发挥每种教学方法的优势，教师应该根据教学目标、教学内容和学生身心发展特点，综合地选择和灵活地运用多种教学方法。例如教师运用讲授法在面向全体学生集体授课，传授基础知识时，可适时地穿插阅读、讨论、练习等教学方式，深化学生对知识的理解，促进学生对知识的创新。此外，还可采用演示、观察等方法，让学生立体地去感知知识，开拓学生的视野，丰富学生的课堂生活，全面提高学习效率与教学质量。

25
如何建构
和谐师生关系

【教育案例】

Z老师刚从某师范大学中文系毕业，来到这个学校教八年级语文不到三个月。在我们聊到关于新手教师如何成长时，他告诉我这样一件事。有一次，他上语文课，上课铃声响了，值日生叫同学们起立，这时候他发现班上一位平时不怎么爱学习的K同学并没有站起来，于是放下课本，问道："同学们，叫了上课，不站起来的行为是礼貌的吗?"同学们回答"不是"。这时，K同学前后左右的同学开始摇晃他，并告诉他上课了，K同学没有抬起头，仍然伏在桌上。没办法，Z老师叫K同学的名字并要求站起来。然而，K同学依然如故。Z老师心里很是生气，也想不通，该生为什么会这样。他走到K同学的课桌前，敲了一下桌子，要求他站起来。同学们也跟着喊他站起来。他还是那个样子。那一刻，Z老师很生气，认为K同学的行为让他觉得老师的尊严受到了严重的挑战。于是，准备给K同学一个教训。情急之下，一把抓住K同学的衣领，把K同学从座位上摔倒在地，椅子也倒了。K同学很愤怒，眼睛有点红，双手紧紧地握着拳头，望着他……下课后，Z老师把K同学带回办公室，Z老师与K同学道歉，并说明了为什么要拽他。Z老师望着K同学慢慢柔和的眼神，没有半点高兴。K同学歪着脖子，只是低着头不说话。Z老师让K同学回教室，并把情况向班主任汇报。班主任说没什么，并说K同学一直是这个样，很倔。这件事后，他有所改变，上语文课不再伏在桌上。几天以后，Z老师发现，K同学在他的周记中写道：这天身体很不舒服，看到Z老师发怒的那一刻，我很害怕。Z老师在读到这位学生周记之后，心里久久不能平息，Z老师告诫自己：今后不再对学生进行任何形式的体罚。

与 Z 老师交流，感觉到他是一位很用心也很善于思考的老师。事后，Z 老师说，教师的心中与眼中应该时刻装着学生，在日常的教学中，这一观念应该摆在第一位。在整个事件中，教师的心中只有教师的尊严而没有站在学生的立场去考虑他这样做的原因，或许他生病了，或许他昨晚没睡好，或许他没有听到铃声等。正是教师心里没有装有学生，自然就忽略了学生的感受。正是这一忽略让教师一系列的作为激化了师生之间本不是很强的对立感，最后让教师做出了不应该做的动作，造成严重的后果。而这种现象往往会发生在刚走上教师工作岗位的年轻人身上。年轻人血气方刚，加上对教师工作的崇高性有着很深的认同，对自己的教学言行，理所当然地认为学生必须服从，一旦出现类似情况，便认为错在学生，当情况恶化之时，年轻的老师往往会采用体罚的方式来处理。心中有学生的老师一般会利用学生做练习的过程，悄悄问一下同桌或周边的学生，了解初步情况；然后轻轻摇一下学生，问问是否生病了或是哪里不舒服。如果学生真的不舒服，老师会将其带进办公室，泡一杯热茶，向班主任汇报或者亲自带其去诊所就诊；如果学生不说，也会让其睡一下再看情况。总之，教师不会认为学生的行为在损害教师的尊严，在教师的眼中只有可能有意外的学生，只有需要教师帮助的学生。

思考题：

1. 正确处理师生关系有何重要的教育价值？
2. 案例中 Z 老师对 K 同学的处理有何不当？
3. 建立良好的师生关系应该注意哪些问题？

【诊断·反思】

如何建构和谐师生关系

师生关系是促进教育教学活动顺利开展不可忽视的教育因素之一，和谐师生关系的建立，不仅会对学生产生正面积极的影响，也会让教师工作在一种轻松愉快的环境当中，有利于缓解双方的心理压力和厌烦感，进而增强教师对教育事业以及对学生的热爱。所以说，和谐良好的师生关系是促进师生相互成长、共同进步的基础。

教学过程其实是师生间人际关系相互发生作用的过程。师生关系是教学活动顺利开展的前提条件，是影响实现既定教学目标的关键因素。[1]和谐的师生关系既是教育的结果，又是手段。它对于学生的"学"、教师的"教"以及学生与教师个性的发展都有极其重要作用。

1. 良好的师生关系是教育教学活动顺利开展的关键条件

教育教学活动是师生共同参与相互合作的过程。因此，它的有效进行，不仅决定于教师，也取决于学生，是以二者的参与性为前提的。而这两个积极性能否被充分地激发出来，在某种程度上又受限于师生关系的具体情况。针对学生，凡是和自己感情好的教师所给予的教育影响，即使是最严厉的批评，他们也认为是老师对自己的关心和爱护，因而能诚心接纳。反之，假若师生关系不和，那么同等程度的教育影响，学生往往不理会，没有参与教育过程的积极性。同样地，师生关系的好坏程度对教师工作也有一定的影响。师生关系好对教师也是一种激励，它会促进教师更加卖力地工作，并从工作中体会到一种由心生发出的奇妙的愉快与满足感；反之，教师就会感到不开心，进而影响其主动性的发挥。

大多数教师会有这样的切身体会，假如与某个班学生关系较好，讲起课来就会精神饱满，异常亢奋，滔滔不绝；反之，教师授课时势必无精打

〔1〕 吴佑华. 数学情感：数学课堂有效学习道德内驱力〔J〕. 教育理论与实践，2008.

采，影响教师整体水平的发挥。由此得知，没有良好的师生关系，教育过程就很难达到预期的目标。

2. 和谐的师生关系是促使学生快乐成长的重要因素

建立和谐的师生关系有效帮助学生培养自尊自信以及形成主人翁意识。[1] 如果师生之间是一种相互平等的关系，彼此之间相互信任相互理解，那么学生每天在这样的环境中受到熏陶，往往就会感受到做人的尊严，从而对自己充满信心，乐于施展自己的才华，更加愿意参与教育过程。他们能够时时意识到自己是学习的主人，进而激发强烈的责任感。这种意识经过不断地深化，最终就会作为一种思想品德，深深扎根于学生的精神世界，成为他们积极参与学校与未来社会生活的一杆标尺。

和谐的师生关系有益于学生高尚的道德情感的培养。教师关心爱护学生，学生对老师有着不可磨灭的感情，这本身就是一种良好的道德情感。这样的道德情感会慢慢形成一种浓厚的道德氛围，不断地对学生进行陶冶和感染。因此，他们会日益形成正确的人际关系和信念，不断扩大友爱的范围，学会把自己的爱心献给别人，懂得应该把个人同他人、集体甚至是祖国紧密地交融在一起，并进一步主动地把对祖国、社会主义以及人民的爱落到实处，即努力学习，培养自己成为适应社会发展的向善的人。

建立良好的师生关系有助于学生形成比较温和的性格。学生每天都生活在班集体里，可以说师生关系对他们性格的形成是一个关键性因素。如果师生关系好，学生就会心情舒畅，积极向上，感到生活十分美好，从而对人和周围环境都有一种积极向上的态度。比如，关心集体、助人为乐、认真负责等。这些特点经过不断地强化，慢慢地形成一种比较稳定的倾向，最终成为学生性格的一部分。良好的师生关系有助于调动学生学习的积极性，提高学习效率。

综上所述，师生关系就像一双无形的隐藏的大手，不仅对学生接受教育程度起着托盘作用，也影响着整个教育过程，在很大程度上决定着教育

〔1〕 王廷建，李丽环. 建立平等的师生关系 [J]. 教学与管理，2008.

的质量。就像教育家柴可夫斯基所说："就教育工作的效果来说，很重要的一点是要看师生之间的关系如何。"

3. 如何建立良好的师生关系

（1）树立积极正确的师生观

师生关系其实是一种社会关系，它是在教育教学活动中形成的教师与学生的相互交往的关系。这一关系包含两个方面：一方面是指教师对学生发展过程中的一种关心、爱护、指导和帮助等；另一方面是指学生对教师这些具体的行为所表现出的心态等。由此可见，师生之间的关系是一种相互依存的关系。师生之间只有建立融洽、和谐的关系，才能真正实现我们的教育目的。

想要合理地处理师生关系，教师必须以"对话"为内在精神价值所在，从而从非对话时代走向对话时代。[1] 可以说，对话教育倡导的是一种超越主体的关系型思维方式。在这种思维方式的引导下，教师、学生、知识，不再是一个个独立与封闭的个体，他们在轻松愉悦的情境中进行着对话和交往，彼此发生着相互交错的关系。"对话"精神的导入，使作为教育者的教师，在教育学生的同时也接受教育。从学生那里了解他们内心的想法和知识掌握情况等，及时更新自己的教学内容，其实这也是一个接受教育的过程。作为学生，在接受教育的过程中可以表达自己的见解，可以不受各种规定的限制，可以随心表达各自的意见，使教师和学生在交换各自的意见的过程中达到和谐的状态，从而有利于良好师生关系的形成。

（2）正确处理学生各方面的问题

对待学生，在学习方面要严格要求，俗话说"严师出高徒"，我认为还是有一定的道理的。作为教师，应该将在学习上严格要求学生作为一种职责。因为这样做可以让学生学到更多、更广的知识，并且提高学习效

---

〔1〕 龙宝新. 走向教学共生体的师生关系重建——与教师主导作用批判及反批判争鸣观点商榷〔J〕. 中国教育学刊，2017（10）.

率。只要学生真正体会到学习的真谛并且真正学到了知识，对于自己的学习历程没有任何遗憾，进而随着时间的推移与年龄的增长，他不但不会记恨严师，而且会非常感谢恩师的栽培。

在课堂内外，多和学生相互交流。交谈的时候要请学生坐下，让他感觉你是将他平等看待的。不要总是围着学习这个话题沟通，否则会适得其反。学生如若对老师不信任，师生间的距离也就会越来越疏远，教师在学生心中没有威信可言，学生自然就抵触了。在我看来，这种交流、沟通如果称作"聊天"会更合适一些。师生之间可以聊家庭、生活、保健、流行时尚等。还可以互讲故事、互述经历……至于学习，只在关键时刻点拨几句就行。另外要多关心后进生。作为一名新进教师，只要能走进学生的心中，让学生体会到老师对他们的爱，他们自然而然就会尊重老师。

（3）提高教师自身素养

处理好师生关系，首先，作为老师要注重自身的师德修养。也就是说要尊重每一位学生，严格规范自己的言行举止，帮助每一个有困难的学生树立信心。不要使用刺激性话语，可以适当多用一些鼓励性和表扬性的话语。不能以貌和以成绩取人，对学习上有困难的学生要不厌其烦，让他们感受到你的真诚，从而改变他们的心态进而逐渐改变他们的学习态度。让学生真正感觉到教师不仅拥有丰厚的知识储备，更是高尚品格的代表、值得信赖的朋友。要做到这一点，教师必须严于律己，以身作则，决不能利用师生关系为个人谋私利。但在实际生活中，由于部分教师在教育观念和教育思想等方面存在一些问题，使得师生关系较为紧张。有的学生因不喜欢某位教师而不喜欢他所教的课程，从而影响到学习成绩。作为教师，教书育人，但不能安于现状。时代在更新，知识也在不断更新，作为教师应该多学习各领域的知识。在开阔视野的同时，充实自己的思想，丰富自己的情感，提高自己的教育素养，让课堂更加多姿多彩，使师生关系发展得更加和谐。其次，教师还要时刻规范自己的言行，全面提高自身的素质。"身教重于言传"，对学生身心最深刻的影响莫过于教师自身素质的完善。无论是班主任还是任课教师，身为人师，自身的言行就与一个班集体的风气紧密联系在一起。要形成良好的班风学风，必须深入了解学生，融入到班级体中去。因此，教师应积极参加班级的各项活动，增加与学生相处的机会。同时通过这些活动也可以让学生了解教师的另一面，从而形成一种平等与和谐的关系。

(4) 关注课堂教学艺术

苏联著名教育家斯维特洛夫认为："教育家最主要的，也是第一位的助手是幽默。"幽默能帮助教师放松学生的心情，缩短师生之间的距离，建立和谐的师生关系。[1] 每个学生都喜欢有笑声的课堂，课堂上的幽默有助于吸引学生的注意并保持注意力，可以让学生和教师在紧张的学习氛围中轻松获取知识，让学生更加容易接受所学知识。那么如何在课堂上运用幽默呢？教师可以在课堂的开始分享有趣的新闻故事或文章，可以分享自己生活中简单、幽默的故事；在课堂中融入笑话、有趣的记忆技巧或者是绕口令等。但是，教师需要注意的是，要合理运用幽默，不能让整堂课都浸透在笑话当中。此外，教师要确保学生清楚，无论是在课堂上还是在课下都不允许任何伤人或损人的幽默，比如：不允许在残疾、体重、性别、国籍、种族等方面开玩笑，不允许嘲笑或轻视任何人。

(5) 保证公平公正

"人不患贫而患不均"，这是人类的一种普遍心理。人是社会的人，人在认识自己的时候总是会习惯性地环顾四周，看看周围的人是什么样子的，当他发现自己的付出与别人相同而得到的却较少时便会心理失衡，产生负面的、消极的情绪。因此，在师生交往的过程中，保证公平公正十分重要。

在保证公平公正的过程中，起主导作用的是教师。教师对待学生公平公正集中体现为教师对学生一视同仁，采取均爱原则。诸多实践证明，教师的偏心对于学生的伤害是很大的。教师要关心每一个学生，给学生均等的话语权，对学生的评价要客观、公正。而另一方面，学生也要多理解教师的苦衷，要有集体意识，要学会与别人分享机会。

---

〔1〕 邱秀芳. 高校和谐师生关系的构建策略 [J]. 湖南探索，2012.

构建和谐师生关系需要师生之间以一种平等开放的姿态进行交流，这种对话不是简单的对话，需要充分体现主体之间的主观能动性与创造性。实质上，师生之间的对话并非是教师将观点强加给学生，而是教师与学生的对知识、经验、智慧以及人生价值的分享。[1] 这就是说教师与学生之间不存在单一的沟通形式，而应该体现多样化多元化。新课改下的课程是关于人的课程，人文性的特点决定了在教育教学活动中教师不仅要传授专业知识，还要帮助学生树立正确的三观，培养学生健全的人格和丰富的情感。因此，教师与学生在交流的过程中传递的不仅仅是知识技能，还有各自的态度与情感，具体来说，就必须重视以下问题：一是重视与学生情感与态度的交流；二是关注学生的生活与情感世界；三是及时调控情感和善于倾听学生。师生沟通是师生感情的重要表达方式，而师生感情是一种充满了痛苦和欢乐的强烈情感。换句话说，师生之间的尊重、热爱和情感在他们相互体验到的现在的快乐和满意中，而不是在将来的利益中。

〔1〕 邓志伟，曾龙. 复杂性思维与和谐师生关系的建构 [J]. 当代教育科学，2006 (21)：7—10.

26
学生适应
不良的影响因素及干预

【教育案例】

浩,男,15岁,高中一年级,家中有个小他4岁的弟弟,来自湖南永州农村,初中之前一直随爷爷奶奶生活在农村,爷爷奶奶没有文化,只管吃饱穿暖。父母均为初中毕业生,常年在湖南株洲某县城经营一小鞋店,靠做鞋卖鞋为生,忙于生计,疏于对孩子学习生活的关注。父母考虑到爷爷奶奶年老,无力照顾两个孩子,浩被接到父母所在地的一所中学就读。刚入学那会,浩的理科成绩一般,其中,入学考试物理得最高分,但卷面较潦草,在班上他沉默寡言,不愿意和同学交往,从不主动提问或回答问题,语文课、英语课上更是拒绝朗读课文。课桌上摆放的学习用品总是凌乱不堪。开学近一个月,老师发现他和行为不良的同学联系比较密切,经常结伴去网吧玩游戏,甚至逃课去网吧通宵游戏。上课期间经常打瞌睡,无法集中学习精力,期中考试的时候,数理化这三科都处在及格的边缘。

班主任X老师在全面了解了浩的情况后,根据浩来到新的学习环境不适应的实际情况有意识地采取了有效的干预措施,在很短的时间内,浩改变了自己不良的习惯,也很好地适应了新的班级环境,期末考试时取得了全班前五名的好成绩。

思考题:

1. 通过上述教学案例,分析学校适应对学生学习有何影响。

2. 通过上述教学案例,分析学生产生学校适应不良的因素有哪些。

3. 避免学生学校适应不良的策略有哪些?

【诊断·反思】

学生适应不良的影响因素及干预

目前，国外对学校适应的界定还未统一，比较公认的有以下几种：美国学者 Ladd 于 1996 年提出学校心理适应是指学生在学校背景下愉快地参与学校生活并获得学业成功的程度，主要包括了集体人际关系、学业任务完成、特殊情境应对（压力挫折情境和竞争情境）、身心适应与学校环境互动等方面。[1] 我国学者刘万伦 2004 年提出学校适应性是指学生在学校的学业行为、学校参与、情感发展、人际交往等方面的情况[2]。本文认为，学校适应是指学生在学业表现、行为规范、人际交往与情绪状态等方面都表现较良好，而学校适应不良则是指学生由于各种原因导致在学校产生不好的表现、行为以及人际关系。本案例中出现的学校适应不良问题可以从以下几个方面来分析。

1. 学生学校适应不良影响因素

（1）学生个体因素

①学生认知偏差。学生的认知偏差主要表现为不能客观地进行自我评价，过高或过低地评价自己。过高地自我评价极易产生心理落差，过低地自我评价容易限制自我真实水平的发挥，从而导致学习、生活等方面的适应不良。[3] 在本案例中浩发现自己的学习和生活习惯与城区同学之间有差异，他缺乏自信，上课时面对班上其他同学流利的普通话和标准的英语发音，害怕被嘲笑而拒绝开口，从而产生失落感，浩对自己没有正确的认知，对自己的评价过低，低估了自己的实际能力，认为自己与城区同学相比什么都不会、什么都不好，所以导致他在学校适应不良问题的出现。

②不能有效寻求支持。有相当多的学生没有很好利用各种社会支持

〔1〕 Ladd, G. W. , Kochenderfer, B. J. , Coleman, C. C. Coleman. *Classroom peer acceptance, friendship, and victimization: Distinct relational systems that contribute uniquely to children's school adjustment?* Child Develnpment, 1997, 68, 1181—1197.
〔2〕 万伦，沃建中. 师生关系与中小学生学校适应性的关系 [J]. 心理发展与教育，2005，21，87—90.
〔3〕 陈秀敏. 大学新生学校适应不良浅析 [J]. 绥化学院学报，2006（5）：156—157.

源，甚至有些学生尽管已经意识到其在学校适应中的问题，也不及时主动地向老师、同学和家长寻求信息的帮助和情感上的慰藉，同时自己又没有进行及时有效的自我调整，导致问题一直存在，从而降低了学校适应的水平。[1] 研究表明，足够的社会支持、良好的师生关系是学生身心健康的保护性因素。[2] 例如在本案例中，浩刚转到新的学校，面对陌生的老师与同学，他不熟悉，对老师和同学也就缺乏信任，所以在班上他表现得沉默寡言，不愿意和同学交往，而且从不主动提问或回答问题，更别提向老师和同学们寻求帮助了。而浩之前一直与爷爷奶奶生活在一起，与父母沟通交流得比较少，且其父母忙于生计，疏于对他学习和生活的关注，久而久之，浩也不会因为不适应新的学校环境而向父母倾诉和寻求支持，从而加重了学校适应不良问题。

（2）学生家庭因素

①家庭教育缺失。家长以往的教育观念和教养方式与学生的身心发展规律和适应能力紧密相关。从我国的现实角度来看，家长过多的重视子女的学习成绩，忽视学习方法的学习、人际交往能力及生活技能技巧上的指导，尤其是生活技能方面的训练，导致许多学生在入学后相当一段时间内还不能很好地适应没有父母在身边照顾的生活。[3] 而在本案例中浩的父母是完全疏忽了对浩的教育。在本案例中，浩初中之前一直随爷爷奶奶生活在农村，爷爷奶奶没有文化，父母不在身边，疏于对孩子学习生活的关注，所以浩在家庭教育这一方面是比较缺乏的，但是家庭教育对个人的成长是非常重要的，家庭教育关系着学生身心健康发展的开端，关系着学生个性性格的形成，以及各种生活和学习习惯的养成，家庭教育是为学校教育奠定基础的，所以说浩在家庭教育上的缺失也是导致学校适应不良的原因之一。

②家庭经济状况。家庭经济条件与其人际适应关系密切。研究表明：家庭条件特别好和特别差的学生被同学认可和接纳的程度相对较低。因为

〔1〕 陈秀敏. 大学新生学校适应不良浅析 ［J］. 绥化学院学报，2006 (5)：156—157.
〔2〕 何雪松，巫俏冰，黄富强，等. 学校环境、社会支持与流动儿童的精神健康 ［J］. 当代青年研究，2008 (9).
〔3〕 同〔1〕。

富裕生与生俱来的优越感、贫困生极易产生的自卑感和逃避心理，严重影响了他们在同学心目中的形象，同时也使他们在人际适应方面容易出现问题。[1] 在本案例中，浩的父母常年在湖南株洲某县城经营一小鞋店，靠做鞋卖鞋为生，忙于生计，浩有一个小他 4 岁的弟弟，家里还有老人需要赡养，所以家庭经济压力比较大，家庭经济状况相比较其他同学可能会差一些，这就可能导致浩缺乏自信心，在同学面前显得很自卑，这种情况也就会使得学校适应不良。

③亲子关系。亲子关系密切的学生在总体适应水平、交往活动和学习活动上的适应均好于亲子关系一般的学生。在教养方式上，高压、独断、禁止为特点的严厉的教育方式，对儿童的认知和社会性发展均有不良影响，导致儿童适应不良；相反，以说理、理性而温情地交流为特点的民主教育方式，则与儿童充满信心和安全感地探索外界，和他人良好的人际关系密切相关，使得儿童能够良好地适应周围环境。[2] 例如在本案例中，浩的父母长年在外，忙于工作，亲子之间的交流必然会有所疏忽，这也导致了浩在学校遇到问题时，也不会主动地向父母寻求帮助，父母也很难了解到浩的学习和生活动态。这样相互都"不熟"的亲子关系，让浩的学校适应必然会出现或多或少的问题。

(3) 学校因素

①环境的变化对于转校生而言，也是引起学校适应不良的重要原因之一。在本案例中，浩在老家农村读小学初中时，虽然缺少家庭教育，但聪明伶俐，成绩较好，学校老师对他也很关注。但是来到新的学习环境后，与身边的同学相比，在各个方面都有差距，相比之下，浩不再像初中时那么优秀，不再得到老师更多的关注，这种环境的转变以及落差导致了浩在之后的学校适应中问题急剧增加。

②同伴关系。学业适应、情绪适应和行为适应是学校适应三个重要组成部分，学校适应的测量、评价以及教育指导，基本围绕着这三个方面展开。高旭等人从这三个部分分析了同伴关系对学校适应的影响，认为良好

〔1〕 陈秀敏. 大学新生学校适应不良浅析 [J]. 绥化学院学报，2006，26 (5)：156—157.
〔2〕 曾琦，芦咏莉，邹泓，董奇，陈欣银. 父母教育方式与儿童的学校适应 [J]. 心理发展与教育，1997 (02)：47—52.

的同伴关系对学校适应各个方面有着积极的促进作用[1]。在本案例中，浩身边的同学有的是相互住得很近，可以一起上学一起回家，有的是小学初中就在一起读书的老同学了，还有的是从小一起长大的朋友，所以在学校里三五成群自然而然地在一起玩耍、一起学习。而浩从农村来到新的学校，没有熟悉的伙伴，一时之间和周围的同学也没有什么共同话题，觉得自己走不进他们的圈子，所以在班上他沉默寡言，不愿意和同学交往。好不容易跟几个爱玩游戏的同学有了共同话题，也不管他们是不是行为不良，便一发不可收拾地与他们结伴去网吧玩游戏，甚至逃课去网吧通宵游戏。可见，同伴关系对于学校适应极其重要。

③师生关系。师生关系状况与学生的学校适应关系联系紧密，也会对学生的成绩和学校适应行为产生影响。Birch等人研究发现，冲突型的师生关系与儿童的学校适应困难显著相关，而亲密型的师生关系与儿童良好的学校适应显著相关。我国学者刘万伦对中小学生的一项调查研究也充分表明：师生关系是影响学生学校适应性的重要因素，具有亲密型师生关系的学生学校适应能力显著好于矛盾型和疏远型。[2]在本案例中，浩刚进入新学校时，老师还没来得及对其进行全面了解和提供帮助，所以浩出现了学校适应不良的问题。但后来班主任X老师在全面了解了浩的情况后，根据浩来到新的学习环境的不适应的实际情况有意识地采取了有效的干预措施，给浩提供了积极的帮助，使浩能感觉到自己受到了老师的关注，建立了良好的师生关系，所以在很短的时间内，浩就改变了自己的不良习惯，也很好地适应了新的班级环境，期末考试时还取得了全班前五名的好成绩。

2. 学生学校适应不良的影响

(1) 对学生个体心理的影响

适应不良影响着学生的心理健康，会使学生产生紧张焦虑感，还会造成学生的人际关系紧张与敏感。有研究表明，焦虑在适应不良、人际关系

〔1〕 高旭，王元. 同伴关系：通向学校适应的关键路径［J］. 东北师大学报（哲学社会科学版），2010 （02）：161－165.
〔2〕 刘万伦，沃建中. 师生关系与中小学生学校适应性的关系［J］. 心理发展与教育，2005（01）：87－90.

紧张与敏感之间存在部分中介效应，即当适应不良变化时，焦虑水平也会随之改变；当焦虑水平改变时，人际关系紧张与敏感也开始改变。当把焦虑作为控制变量时，适应不良与人际关系紧张与敏感的显著相关关系变弱。[1] 在本案例中，在开学一段时间后，浩和行为不良的同学联系比较密切，经常结伴去网吧玩游戏，甚至逃课去网吧通宵游戏，由此可以看出学校适应不良严重影响了浩的人际交往，使得他结识了一些行为不良的学生，这样的人际关系也将会更进一步地影响学校适应。

（2）对学生学业成绩的影响

学校适应不良影响着学生的学习状态，适应不良会使学生无法全身心地投入学习，无法在课堂上有效学习，最终会影响学生的学习成绩。在本案例中，浩在开学一个月后，在上课期间经常打瞌睡，无法集中学习精力，期中考试的时候，数理化这三科都处在及格的边缘，也可以看出学校适应不良严重影响了浩的学习。

（3）对学校心理健康教育提出新的挑战

学生的适应不良迫切要求学校加强对学生的心理健康教育。环境的频繁变化和学习的不适应很容易导致学生情绪波动大，压力得不到很好的释放和舒缓，引起心理疾病的概率就较高。所以学校是否有会主动通过心理辅导活动弥补家庭教育的缺位，以提高学生的学校适应水平的教师；是否有专业的心理咨询机构及教师为学生提供实际性的帮助，对学生进行心理干预，为学生提供及时的心理辅导，耐心地疏导和化解学生的心理问题；学校心理辅导教师是否有能力采取多样化的心理辅导方式，例如团队辅导来增强这些学生的抗挫折能力，使他们在活动中尽快融入到集体也是很重要的。

3. 学生学校适应不良应对策略

（1）培育学生积极自我认知

自我认知是人们对自己的认识、体验和掌控。一个人的自我认知在很

---

〔1〕 梁敏，梁西胜. 中学生适应不良问题研究［J］. 教学与管理，2015（16）：12—15.

大比重上决定了其在生活中的态度和行为。自我认知积极的人，容易感到自信，能以最真实的自我面目出现，能够正确了解自己，并以肯定的态度接纳自己。要使学生认识到任何人在面对新环境新挑战时都有一个适应过程，关键在于能否相信自己并以乐观的态度去积极适应新鲜的事物，为自己进一步的发展打下基础。[1] 例如在本案例中，老师就从两个方面来帮助浩建立自信，建立正确的自我认知。一是与家长、任课老师沟通，分析浩的优点，鼓励浩继续发扬自己的优势，从而改变浩的认知，增强自信。二是任课老师有意识地在课堂教学中培养浩的表述能力，从以前的"只可意会，不可言传"到能够较完整地表述自己的解题方法和解题思路。一次，浩竟然主动回答出一道让其他同学摸不着头脑的题目，赢得了全班同学热烈而真诚的掌声，浩露出了真心的微笑，同班同学对浩多了认同，少了偏见，浩很快融入到同学之中。

（2）培养学生良好的学习生活习惯

教师要善于引导学生认识到，掌握必需的生活技能，不仅是适应环境的变化，也是个人成长成才的前提条件。例如在本案例中，浩的课桌上摆放的学习用品总是凌乱不堪。在考试中卷面也是非常潦草，因此老师督促浩学会整理自己的课桌，将书籍试卷分类，并认真进行周学习小结，逐渐养成了好的学习习惯。

（3）有效指导和训练学生人际交往

学生进入青春期后与同伴的亲密感日益增长，甚至有时超过与父母的亲密感。学生不能在新的集体中获取同学的关爱、陪伴和亲密感，便不会产生一种归属感，从而认为自己是一个多余的人。亲情与友情的支持对于正处青春期阶段的学生是其健康快乐成长不可或缺的因素。在本案例中，我们可以明显看到浩在入学一段时间后，由于学校适应不良，与班级同学之间无法和谐融洽地相处，从而结识了一些行为不良的学生，经常跟这些学生出入网吧，这样又导致自己的学校适应出现更多的问题，所以说建立正确的人际交往观，培养与同伴的亲密感是非常重要的。老师可以从以下三个方面来指导学生的人际交往。一是针对学生人际交往中的不良情绪进

---

[1] 陈秀敏. 大学新生学校适应不良浅析 [J]. 绥化学院学报，2006，26（5）：156-157.

行人际交往教育，对学生进行耐心的引导和帮助。二是班级或者学校要经常组织积极健康、丰富多彩的集体活动。让学生在参与这些活动的过程中，培养良好的交往心理，建立起和谐的人际关系。三是老师要组织专门的知识讲座，给学生传授正确的人际交往技能和技巧。

（4）有效开展心理咨询

学校的心理咨询人员要对学生的心理健康状况进行全方位的调查，建立学生心理档案，及时遴选出具有学校适应不良问题的学生，对其有针对性地进行心理咨询和辅导，丰富心理咨询方法，适时地举办各种学校适应方面的讲座、团体活动以及个体咨询来促进学生尽快适应学校生活。

（5）取得家庭教育配合

家庭教育是为学校教育奠定基础的，但是在很多家长的观念中，孩子交给了学校，家长就不用再负一点责任了，这个时候家庭教育就会更加缺失。[4]例如在本案例中，浩产生学校适应不良很大一部分原因就来自于家庭，所以老师要充分利用家访的方式深入了解浩的家庭情况，并且争取取得浩的父母的支持与配合，老师与父母之间建立良好的联结，学校与家庭之间也建立联结，这样有利于将家庭教育与学校教育有效地联系起来，更好地帮助浩身心健康发展，促进浩全面发展。

（6）引导学生获得社会支持

社会支持的重要价值在于能够对学校适应不良的学生给予心理保护和援助，提供学校适应的策略。但学生能否获得社会支持在某种程度上取决于他们是否主动要求。增强学生对家庭的认同感，加强学生与父母之间的情感联系，有利于学生在遇到适应不良的问题时，可以主动向家庭、向父母寻求支持。例如在本案例中，老师组织了主题班会活动，让同学们懂得为什么要感恩父母，引导学生结合自身的实际谈体会，学会如何去感恩，同时，要求学生用实际行动去感恩——陪父母工作一天，并事先联系家长，取得了家长的支持。通过这一天见证父母的工作，浩体会到了父母的艰辛和劳碌，父母虽然挣钱不多，但是一直在无私地支持自己的学业，深刻地懂得了感恩父母的道理，增强了对家庭的认同感，因此他学会理解父母，尊重父母，体谅父母。同时在班级活动中，还加强了浩与班级同学之间的联系，有利于培养浩与班级同学之间建立良好的人际关系。

(7) 建立良好的师生关系

师生关系状况与学生的学校适应关系密切，会对学生的学业表现、行为规范和情绪状态以及人际交往产生一定的影响。建立良好的师生关系可以促进学生的学校适应。那么，如何建立良好的师生关系呢？一是师生之间相互尊重、相互信任。老师首先做到对学生的充分尊重和信任，尊重学生们的想法、观点和行为，先耐心倾听和观察学生，再提出自己的建议和意见，与学生们一起讨论并完善班级事务，信任学生们的能力，适当放权。当学生们感觉自己是被尊重和被信任的时候，自然而然就会尊重和信任老师。二是教师对学生进行积极的关注。作为老师，应该尽可能地将自己的积极关注分配给每位学生，不因为学生的成绩好、家庭条件好等情况而给予更多的关注。三是平等交流，建立朋友式的师生关系。平等是师生交流得以顺利进行的前提，平等对话是建立良好师生关系的基础。通过平等对话，老师和学生就会成为亲密无间的知心朋友。[1]

心理素质教育的基本出发点之一就是促进学生积极适应。学校适应作为学生发展的重要内容，其重要性不容忽视。学校适应不良会影响学生的身心各个方面，无论是作为家长还是作为教育者，都应该针对引起学生学校适应不良的原因，而采取适当的措施，帮助学生解决学校适应不良的问题。

---

[1] 曾思琴. 如何建立良好的师生关系 [J]. 广东教育，2004 (11)：22—22.

27
转校学生
学校适应的挑战与阻隔

【教育案例】

(1) 转校学生 Y 同学。

2016 年 10 月，我们来到 X 市 H 小学三年级观摩学习。班主任 L 老师是一位中年数学老师，我们聊到转校学生教育问题，他告诉我，他教的班级里 Y 同学这个学期因为父母进城务工而从乡下小学二年级转入城区就读，学习基础一般。L 老师说，Y 同学刚转入这个班的时候，很少与同学交流，上课的时候也不敢大胆发言，于是，L 老师在他教数学课时有意识地关注他，并常要他回答问题。一个月来，Y 同学有了很大进步。今天第三节课，正好是他上数学课，我们有幸观摩了 L 老师如何在他的课堂教学中关注转校学生。今天 L 老师教学的内容是《万以内数的加减法之连续进位加法》。L 老师在多媒体上展示一道数学题"某湿地有野生植物 445 种，野生动物 298 种，该湿地的野生植物和野生动物共有多少种？"L 老师让同学们两人一小组讨论这道题该怎么做。教室右边靠中间的一个穿橘黄色衣服却并未像大家一样穿校服的男孩子并未积极转过身来参与到同学热火朝天的讨论中，过了一小会儿才慢慢转过身来和自己的小组成员讨论。讨论结束后，老师有请同学回答是怎么算这道题目的，他指向这位穿橘黄色衣服的小男孩说："Y 同学，请你来回答一下吧！"Y 同学回答："个位和个位相加，百位和百位相加……"他的回答是上节课所学的计算规律，而并非老师想要的这道题目的算法。L 老师并未急于否定他的答案，反而走到他旁边拿起他的练习本，看了他写的答案后告诉大家："原来 Y 同学用的是列竖式的方法算出这道题目的答案呀！"边说着边将他的本子放在多媒体显示屏下，又说道："大家看他的答案是743，对吗？"同学们齐声回答："对！"老师对Y投去温柔的目光，转身对大家说："Y同学这个学期才转到我们班来，刚来的时候可能因为环境不太适应，他的成绩不那么稳定，今天他的表现非常棒！奖励一面小红旗，希望他继续加油！"边说着边在他的本子上写下了"优"。接着L老师讲了"验算"，并以上一道题"445＋298"讲解了验算的方法，随后出了两道练习题：计算并验算"968＋124＝？""927＋73＝？"，这时候Y同学已经由刚才的被动回答转为积极主动举手发言。

（2）转校学生T同学。

2017年9月，我们来到Z市某区第一小学观摩学习。班主任S老师3年前从湖南科技大学小学教育硕士毕业，她一直关注转校学生教育问题。S老师告诉我，她现在担任该校六年级（1）班班主任，她班上有位转校学生T，T同学在乡下小学时学习成绩优秀，一直是班上的前几名。1年前，因父母进城务工从C县转学到她当时所教的五年级。T同学刚转学时，比较内向、安静，很少主动说话。T同学来到新的班级，学习成绩基本处于中等水平。在新的学习环境里，T同学觉得自己没什么朋友，和父母的关系也不那么亲近，她很自卑，觉得自己什么都不好。一直都很关注T同学的班主任S老师了解到这一情况后，给她安排了一个性格很好、容易交往、成绩也不错的女生作同桌，希望能对T同学有所帮助。另外还在班里开展了一个名为"对手赛"的活动，征得家长同意，并不公布孩子们的成绩排名，而根据老师的安排将学习能力和学习成绩差不多的孩子分为一个小组，每个小组3—4个人，每次大小测验只跟自己组内的成员比较，这样每个孩子都有机会成为第一名，时不时也有拿小组内第一的机会，慢慢地使T同学觉得自己并不是这个班级里特殊的同学，使她相信只要努力就会进步。同时，S老师针对T同学的家庭情况，开展了一个以"爱的教育"为主题的班会活动，帮助孩子发现父母之爱、老师之爱、同学之爱，并在班会的最后要求大家给父母写一封信，信由孩子们自己贴好邮票，老师统一从邮局寄出。S老师家访的时候，T同学的父母骄傲地拿出那封被珍藏的信给S老师看，强调说："真的是邮递员送过来的，一看是女儿写的信感到惊讶和激动。"在一旁的 T 同学害羞地笑了。本就是农民出身的家庭，又长久不在一起生活，无论是父母对于孩子还是孩子对于父母，一句"我爱你"的难以出口让人并不难理解。和父母关系的改善使 T 同学性格活泼起来，回到了原来的学习状态。S 老师说，想起一年前那个怯懦的小女孩，关注转校生学校适应教育，来自老师的爱，真的能照亮她前行的路。

伴随社会的发展、人口迁移、务工人员转移等多方面因素的影响，每到新的学期，中小学总会有一些学生因为某些原因转入新的学校学习。这些学生从原来就读学校来到新的学校学习，他们面对新的班级、新的环境，可能引起一系列适应性问题，包括学习适应、心理适应、环境适应和人际关系适应等。对于转校学生而言，这些新环境蕴藏着机遇和挑战。在这一系列适应性问题中，学校学习适应以学习成绩的方式展现较为明显，相比于普通学生，转校学生更需要被关注。

转校学生是学生中的一类特殊群体，他们可能因为家庭住址的变迁、父母工作的变动或者因为对更好教育资源的追求，而从一个学校转向另一所学校。不少研究显示，转校学生转学后会遭遇心理适应、学校环境适应、学习适应、人际关系适应等各种问题和烦恼。其中，学习适应呈现的更为明显。中小学学生学习适应包含学习动机、学习期望、健康状况、意志力、学习方法、学校环境、家庭环境等。[1] 学校是学生最主要的学习和活动场所。学校适应是指学生在学校情境中愉快地参与学校活动，在学习、人际交往和情绪适应方面表现成功的状况。[2] 笔者上小学时也曾有过转学经历，对其中的感受较为深刻，很多问题拥有切身体会，进而一直对转校学生有所关注。搜集了大量文献资料，发现国内的很多学者将转校学生作为流动儿童、农民工子女、新移民子女的一部分来研究，但对转校学生学习适应的系统研究较少，缺乏对这一群体客观中立的研究，更多地强调了转学对学生的消极影响，如学习成绩的下降、心理问题的产生等。《教育大辞典》指出，转校学生即指按国家教育行政部门有关规定在水平

---

[1] 聂衍刚，刘毅. 小学生学习适应性状况的研究 [J]. 教育研究与实验，2004 (04)：65—68.
[2] 侯静. 学校适应的界定和测量的综述 [J]. 首都师范大学学报 (社会科学版)，2012 (05)：99—104.

相当的条件下从一个学校转入另一个学校的学生。[1] 通过查阅相关文献，这里将转校学生定义为因任何原因在学校教育阶段有中途转换学校就读经历的学生。若家长、教师、学校对转校学生的关注不够及时，极易伤害转校学生的自尊心和学习积极性，在中小学阶段，教师所具有的专业素养以及权威性，对转校学生学习适应性的影响起到更为关键的作用。

思考题：

1. 转校学生学校适应主要存在哪些问题？
2. 上述案例中，L老师和S老师的做法给我们哪些启示？
3. 如何针对转校学生实际，加强转校学生学校适应教育？

【诊断·反思】

转校学生学校适应的挑战与阻隔

1. 教师在转校学生学校适应教育中的作为

转校学生的孤独感跟孩子到了适龄入学年龄离开家进入学校的孤独感是不同的，转校学生不仅缺乏新进班级中其他学生共同的一般知识和理解，也不与他们在班级中拥有共同的成长经历。这是他们在进入了一个新的环境容易形成各种各样问题的原因之一。新的班级环境和校园环境给转校学生带来快速的变化，这种变化给孩子带来机遇和挑战。学校、家长和

---

〔1〕 教育大辞典. 上海：上海教育出版社，1990：240.

教师的角色分配中，教师是最能帮助转校学生适时抓住机遇、勇敢迎接挑战的先锋队。

安娜·基洛娃对新移民孩子的研究中将新移民孩子看作学校里的陌生人，这个概念对于转校学生而言同样适用。从人类发展的角度来看，人类秩序建立在连续性、规律性和可靠性之上。对已有秩序的加入构成常态，而被已有秩序排斥则会导致陌生感、异地感、畸形感。[1] 对于转校学生而言同样如此，他们会害怕被新的环境所排斥，所以增强他们各方面的适应性显得尤为重要。环境对于转校学生来说，是"陌生"的，转校学生对于班级里的其他孩子来说也是"陌生的"。"陌生人就是一个没有历史的人"，也就是说，转校学生需要冲破自己原本所熟悉的区域和习惯了的生活方式，在新的环境里重新构建历史，需要连接他们的过去、现在和将来，以使他们的生活体验在他们的成长经历中具有连续性。无论是心理适应、环境适应、学习适应还是人际适应，都存在这种被打破的连续性，而学习适应能用学习成绩的形式直接显现。Y同学被老师表扬后学习积极性的提高，T同学在老师安排的学习活动中成就感的获得，这些案例体现出拥有良好专业素养的教师在帮助转校学生迎接新挑战，增进学习适应性中所发挥出的关键作用。

教师的专业发展与学生的成长成才息息相关，特别是对于学生在课堂上和校园生活中特殊情况的处理，对于特殊学生的关注更需要教师良好的专业素养。核心素养的理论与实践研究是当下的热门话题，但更多的集中于对于学生核心素养的研究，教师是教学环节的重要参与者，作为学生校园生活的重要陪伴者，没有优秀的教师，怎么能培养出优秀的学生？关注学生的成长问题，更应该加强教师核心素养的培养，笔者认为教师核心素养是教师专业素养的一部分。传统意义上人们所认同的教师专业素养包括教师的专业知识、专业技能和专业态度。[2] 当今社会经济发展迅速，对人才培养质量的要求越来越高，对教师的要求也越来越高，教师的创新能力也成为专业素养中的重要部分。人们对于美好生活的追求也越来越迫

〔1〕 安娜·基洛娃，林晓冰，柳伟. 孩子：学校里的"陌生人"——新移民孩子在学校的体验世界[J]. 教育研究，2013（04）：127—137.
〔2〕 教育部师范教育司. 教师专业化的理论与实践 [M]. 第2版. 北京：人民教育出版社，2003：54—67.

256

切,学生转校现象并不罕见,教师自己的专业素养包括广博精深的知识素养、积极正向的情感素养、发展创新的能力素养,[1] 对促进转校学生学校学习适应具有极其深刻的现实意义。

(1) 为转校学生营造良好的学习环境

专业的知识素养是教师职业区别于其他职业的理论体系和知识经验,是教师所有专业素质的最基本内容,教师的学科知识素养是教师专业素养之首。教师可以利用广博精深的知识素养做好转校学生的引路人。其一,拥有广博精深的学科知识,才能将孩子带入知识的殿堂,才能有更多精力发展其他专业素养。案例中的 L 老师和 S 老师正是因为具备基本的学科知识素养,才能在课堂和生活中有其他的精力关注到学生的特殊情况。若没有基本的知识学科素养,连维持正常的教学进度都有困难,又如何有精力来关注转校学生的特殊情况? 在这个生活节奏越来越快的年代,"心有余而力不足"的叹息太为常见,更何况 Y 同学和 T 同学只是班级众多孩子中的一位,他们的情况并非大多数孩子的情况,具有极强的特殊性。其二,扎实的学科知识素养树立了教师的威信,因为有威信,Y 同学才会如此珍视老师的表扬,T 同学才会按照老师的要求认真地给家长写信,从而更好地融入新的集体生活,摆脱心理负担,提高学习关注力。其三,教师熟悉掌握学科知识,对学科知识有宏观地理解和把握,用正确高效的方法,及时帮助转校学生建立新的知识体系,促进他们对学校的学习适应力。

(2) 培养转校学生积极的学习情感

积极正向的情感素养包括教师在教育教学工作中长期形成的有关教育本质、教育目的和价值的理想与信念,包括教师专业行为的理性支点和精神内核,包括"爱"与"责任"。其中"爱"是教师最基础的素养,责任心尤为重要。一位对教育事业充满感情的教师,才能对学生充满感情。L老师若不是对 Y 同学充满呵护的情感,也不会在他第一次没有答对问题的时候还特意走到他旁边看他的练习本,没有批评反而表扬。这样的表扬又

---

[1] 谢凡,陈锁明. 聚焦教师核心素养勾勒"未来教师"新形象——中国教育学会小学教育专业委员会2016学术年会暨第三届小学教育国际研讨会综述 [J]. 中小学管理, 2016, (11): 35—38.

是那么恰如其分，不是特意当着大家的面表扬 Y 同学以显示老师的关怀，而是就在正常的课堂环节中恰如其分地对他的进步进行表扬。这样的表扬不会使孩子觉得他和别人有什么太大的不同，反而增强他的自信心，调动了学习的积极性。S 老师更是带着积极正向的情感呵护 T 同学，不会因为她是从农村转学而来就对她有任何偏见，不会因为她成绩不好就放弃对她的帮助，不会因为她没有显赫的家庭背景就忽略她的存在。所以才会有"对手赛"，才会有"主题班会"，让 T 同学在大家都参与的活动中得到自我释放，重新拾起对于学习的信心，不会因为自己所谓的"特殊"而自卑。这两位老师对转校学生健康成长的呵护，充分显示了她们积极正向的情感素养。

（3）激发转校学生的学习兴趣

21 世纪是创新发展的世纪，创新能力是学生发展核心素养的重要组成部分，学生创新能力的培养离不开教师发展创新的能力素养。教师在课堂上要能通过开放的问题设计，有效的信息反馈，合理的课程安排吸引学生的注意力。在课堂外可以通过各类创新活动来营造发展创新能力的氛围。在这一过程中，教师还需要理性思考，善于沟通，合理表达。S 老师在看到 T 同学的情况后，所开展的"对手赛"活动，有效激发了学生学习兴趣，即便是成绩不那么出色的学生也能在这样的活动中通过努力获得成就感，转校学生 T 同学自然而然地融入到活动中去，不仅增强了学习动力，也有效地融入了集体。另外在互联网技术迅猛发展的今天，人和人之间更多地通过移动通信来沟通和表达，S 老师通过班会活动让孩子们写信并从邮局寄出，看似是比较传统的行为，实则是为转校学生 T 同学以及其他不善言辞的家庭搭建沟通的桥梁，无疑是沟通方式在另一种形式上的创新。和谐的家庭关系有利于转校学生身心健康发展，从而促进他们学习的积极性。S 老师发展创新的能力素养，有效地激发了转校学生的学习兴趣。

2. 转校学生学校适应教育策略

并不是所有的转校生都能遇到专业素养较高的教师，但 Y 同学和 T 同学无疑是幸运的，他们遇到了责任心强、而且在转校生处理方面较为专业的好教师。在情况多样的教育环境下，遇到转校学生的情况，有的老师可能经验不足，有的老师可能方法不对，有的老师可能耐心不够等，这些都不利于转校学生提高学校适应性。有研究发现，教师支持越多，青少年后期的学校适应越好。教师作为青少年的重要他人，对青少年情感、学业、生活上的关心越多，会使青少年感受到一种温暖的学校氛围，增强对班级或学校的归属感，以积极的态度投入到学习和校园生活，从而获得积极的适应结果。[1] 对于转校学生，教师的关注和支持显得更为重要。根据以上对转校学生 Y 同学和转校学生 T 同学案例的深入思考，呼吁更多的人关注到转校学生这个特殊的小群体，从教师专业素养的角度出发，对促进转校学生学校适应提出相应的对策。

（1）注重课堂细节，给予适当关注

转校学生刚到新的环境中，与周围环境不熟悉，与同学没有共同的成长经历，陌生感容易使转校学生产生自卑感。所学的教材也可能跟之前学校的教材不一样，对于转校学生，在原来学校已学知识和在新学校学习知识的衔接程度不够强，导致转校学生的知识体系不能随着环境的变化迅速建立，这时候他们渴望外界的关注但是又惧怕因为自己的"特殊"而受到嘲笑。

教师的权威性决定了其地位在中小学转校学生心目中的不可替代性。转校学生希望获得指导的需求、希望寻求价值肯定的需求，都需要教师积极正向的情感素养。一是教师要注重细节、注重首因效应。首因效应是指双方初次交往时各自对对方的直观观察和归因判断以及由此而形成的对今后交往活动的影响。[2] 首因效应在教师对转校学生日后学习的指导中发挥重要作用。教师在课堂上对转校学生一个微笑、一个点头、一个眼神都可以表达出对转校学生的欢迎和肯定，可以让转校学生感受到温暖，增加对教师的信任，从而增强学习自信心。二是教师要给予转校学生适当关注，不可在课堂上和平时的校园学习生活中过分强调转校学生的新来者身份，也不可不关心转校学生，忽略他们的感受和存在。可以给予他们平等的权利，如

〔1〕张光珍，梁宗保，邓慧华，陆祖宏. 学校氛围与青少年学校适应：一项追踪研究〔J〕. 心理发展与教育，2014（04）：371—379.
〔2〕孙淑晶. 促进转校学生学校适应的策略探析〔J〕. 聊城大学学报（社会科学版），2007（02）：244—245.

上课的时候根据情况适当让他们回答问题，进而缓解他们处在新的陌生环境中言行举止不自觉受约束的状态。三是寻找适当的机会，伺机表扬，进而帮助转校学生找到学习的自信心，增强转校学生学习积极性。

（2）举办系列活动，引导心理成长

中小学阶段学生的生理和心理发育还不成熟，对于转校学生来说，心理则更加脆弱，心理环境影响着学习适应中的学习动机、学习期望和意志力。转校学生的心理适应能力较差，敏感性强，不能客观地对待他人的评价，容易形成错误的认知观念，造成失落、抵触或防卫心理等心理障碍。若转校学生在原来学校的学习成绩很好，转校后却成绩平平，一段时间后也没有较大的起色，就容易产生心理落差。其实造成这种情况的原因有很多，可能因为教材不一致、环境不适应、教师授课方式不适应等，也可能因为原来学校学生的学习情况整体不如新学校的学生，不能只会纵向比较而看不到横向比较，转校学生却往往只认为自己不如以前优秀了，形成错误的认知观念，造成失落心理。

教师可以充分发展创新的能力素养，开展类型多样、形式新颖的活动，帮助转校学生形成正确的心理观念，激发其学习兴趣。（1）可以在班级举办正式的欢迎仪式，将转校学生隆重地介绍给班里的同学们，组织"我想对你说"等小活动，每人用一句话表达对新同学的欢迎。这样为班级营造了接纳新同学的良好氛围，也让转校学生感受到大家的热情和集体的温暖，减少孤独感，心理容纳和接受有利于对新环境的迅速适应，有利于日后和同学之间在学习上互帮互助。（2）开设"转校学生课堂"专门为转校学生服务。[1] 其一，在"转校学生课堂"中为转校学生介绍学校文化和班级文化，以加快转校学生对新学校和新班级的认同感，拉近转校学生和新学校、新班级、新集体之间的距离。其二，在"转校学生课堂"中了解转校学生学习中的薄弱环节，帮助其制定科学有效的学习计划，提高学习效率。（3）可以借鉴案例一中 L 老师的做法，在课堂上多倡导合作学习，通过讨论学习加深转校学生和班上其他学生之间的沟通，大家共同进步。（4）可以借鉴案例二中 S 老师的做法，根据学生情况组织"对手赛"

---

[1] 李娟. 小学转校学生的情感需求及其社会支持研究［D］. 华中科技大学，2014.

等良性学习竞争小组，让转校学生也能从其中获得来自学习的成就感；开展系列主题班会，关注学生生活和学习动态。

（3）加强家长沟通，因材施教

转校学生转学多和父母的工作等家庭情况相关，在转学进入新环境后，周围的老师和同学都是相对陌生的，父母和子女间天然的血缘关系使孩子对父母有更多的信赖感，这时父母应该成为孩子的依靠。可转校学生的家庭情况不能一概而论，转学原因也各不相同，转校学生父母若不能和孩子有亲密的家庭关系，转校学生的处境得不到父母的支持和理解，将会影响他们的适应情况，影响对学习的专注力。例如，有的孩子转学是由父母一手操办，并未提前征得孩子的同意，就容易造成转校学生父母和孩子之间的矛盾和隔阂，易引起孩子的逆反心理，对于学习产生抵抗情绪。或者孩子在转学前没有跟父母生活在一起，转学后才回到父母身边和父母一起生活，之前家庭关系的不健全容易导致父母和子女之间感情的隔阂，在父母面前且不能自如表达，在同学和老师面前难免感到拘束，这些都影响学习效果的有效反馈，进而减弱学习动机，影响学习成绩。

教师虽然和学生之间没有血缘关系，但要充分展示作为人民教师的"爱"与"责任"，及时与转校学生家长沟通，了解转校学生的各种状态，不至于使其偏离学习的轨道。一是教师要及时与家长沟通，了解孩子转学的原因，了解孩子一系列的生活和学习状态，有针对性地对转校学生采取措施，引导转校学生养成良好的学习和生活习惯，健康成长。二是积极向转校学生家长传递新的思想观念，要对自己孩子的学习情况采取多元的评价标准。成绩高低不是衡量孩子学习适应好坏的唯一标准，也不是判断孩子是否成才的唯一准则，它只是一种呈现方式而已。家长若总是以成绩为唯一的评价标准，容易使学生对学习产生厌倦情绪甚至产生考试焦虑。三是教师加强与家长的沟通。比如，自己的孩子转学，面对全新的环境，孩子自己本身就会产生一系列不适应的问题，家长必然也会担心孩子的学习状态。但家长不能无限制地在孩子面前暴露自己的担心，以免让孩子产生来自自己和家人的双重压力。四是可以组织一些加深转校学生和父母之间情感的小活动，如案例二中 S 老师让孩子们给家长写一封信，加深了亲子关系，又让学生对写信的格式等进行了巩固。转校学生本身作为一个特殊群体，会在这样的活动中获得快乐，从而激发他们在新环境中的学习兴趣。

伟大的教育家苏霍姆林斯基说过："一个好的教师，首先意味着是一个怎样的人。他热爱孩子，感到跟孩子交往是一种乐趣，相信每一个孩子都能成为一个好人，善于跟他们交朋友，关心孩子的快乐和忧伤，了解孩子的心灵，时刻都不忘记自己曾是一个孩子。"这朴实无华的话语告诫我们要懂得去爱学生，尤其要把真诚的爱给予转校学生。经济的飞速发展，思想的不断开放，人们追求进步的脚步从未停息。随着家庭环境的变化，转校学生注定是学生中不会消亡的一个特殊群体。优秀的教师会尊重他们，对他们热情关怀，晓之以理，动之以情，导之以行，主动在感情上接近他们，使师生间架起和谐的情感之桥。拥有广博精深的知识素养、积极正向的情感素养以及发展创新的能力素养的当代教师可以通过注重课堂细节、举办系列活动、加强与家长的沟通，促进转校学生学校适应，调动他们的学习积极性和自信心，帮助他们在全新的环境中抓住机遇，直面挑战。

28
养成教育
如何成就学生人生精彩

【教育案例】

2017 年 3 月 8 日，与心理健康教育方向研究生来到 H 小学观摩课堂教学，观摩一年级 Z 老师讲授的"求一个数比另一个数多（少）多少"数学课。H 小学十分注重小学生行为习惯养成教育。H 小学 C 校长介绍，学校非常重视小学低年级学生的课堂行为习惯养成教育，为了做好这项工作，全校总动员，组织经验丰富的教师专门给新手教师开展一年级新生入学教育培训班，让新手教师更快更好地掌握低年级学生课堂行为习惯养成教育的方式方法，这样既能规范学生的课堂行为，又有助于授课教师顺利进行教学工作。在课堂中，我们发现教师对小学低年级学生采取不断的日常训练，运用师生之间积极互动的讨论，利用不同的奖励方式，创设、提高和增强了学生良好课堂行为习惯的养成，并取得了很好的效果。

教学片段 1：珠算练习

上课之前，我走进一年级 W 班的教室，眼前一亮，班级环境干净，桌椅摆放整齐，每张学生课桌上都已经摆好一本数学教科书和一个算盘。黑板的左侧挂着一个大算盘，中间是电子白板，显示着一道图文并茂的数学题。这时上课铃响了，学生们陆续地走进教室坐好，将双手放在课桌上，安静地坐好，而且坐得很端正。

Z 老师走进教室跟学生们问好后，就在黑板的大算盘下画了一个方框，瞬间，学生们齐刷刷地拿出课桌上的算盘，摆在胸前，Z 老师喊"准备"，全体学生举起右手，做好拨算的姿势，那整齐划一的动作让旁观者心中为之一振——这些学生就像训练有素的战士举着刀枪，准备听候将军发号口令。Z老师开始报数，学生开始拨算，做完的学生迅速举手示意。只见Z老师手上拿着一张纸片，边报数边巡视，同时在做得又快又好的学生那弯下腰，从纸片中撕了一面小红旗贴在学生的算盘边上。珠算练习进行了大约10分钟后，Z老师在黑板大算盘下的方框那儿画了一条斜杠，学生们则将算盘收起来，有的放入书包中，有的放进抽屉里……

教学片段2：习题复习

接着，Z老师让学生们翻开书，回顾上一节课的作业习题，电子白板上呈现了图片和文字，显示着：三个学生登山的情境，甲同学对乙同学说："两个小组一共有13人，我们组有6人。"丙同学说道："我们已经走了15分钟了。"提问：另一组有几个人？

Z老师让学生们看黑板或书中第22页第4题，拿着书然后让学生一起大声朗读题目，并找了几个学生分析题目内容，哪些是有效信息？哪些是多余信息？在学生分析回答正确时，Z老师给予及时语言肯定"答得很好，真棒！"对分析错误的学生，进行引导并修正，分析完题后另外找了两个学生作答。复习完两道练习题后，Z老师让学生自己对照黑板答案，同桌之间相互检查，或者单组学生自己检查是否做对，并在书本上做好标记。

教学片段3：讲授新课

　　然后，Z老师从一个学生那拿了一支笔，从另一个学生那拿了两支笔，然后说道："同学们请看，老师的左手有1支笔，右手有2支笔，请问左手比右手少几只笔?"学生回答："少1支笔。"老师问道："怎么算的呀?"有不少学生举手，Z老师点名回答，问学生如何进行计算的，"2−1＝1。""真棒!"Z老师给答对的学生口头肯定并奖励小红旗，紧接着Z老师又问："那老师的右手比左手多几支笔呢?"学生齐声答道："多1支笔。"看到想积极表现没有举手就回答的学生，Z老师做了举手的示范动作，该生立马反应过来，举手回答;Z老师采用同样方式对答对同学给予奖励。就这样，Z老师导入了新课内容"求一个数比另一个数多（少）多少"，板书标题。

　　老师将白板切换到另一个图片案例中，图中一个男孩和一个女孩在丢圆圈套玩具，其中男孩小华显示套中了12个，女孩小雪套中了7个。提问：小华比小雪多套中了几个? 让全班学生齐读书本题目后，找了两个学生再读题，分析题中哪些是有效信息和多余信息，问题又是什么。然后问学生该如何计算，怎样写算术式，如何作答。通过循序渐进的方法，全班大多数学生都在认真听课，少部分学生有点坐不住，开始找同桌讲小话，课堂气氛显得有点喧闹了。

　　Z老师说道："我发现第3小组的同学坐得很好，认真听课，待会下课全组每人来我这领取一面小红旗。"同时在黑板上写了"1、2、3、4、5"，在3下面画了颗五角星，此刻全班学生快速坐好，教室又安静了许多。就这样，学生们在Z老师的引导下，积极回答问题，并告知运算方法和思路。这道题目讲完后，Z老师又进行了类似题目举例，以同样的方式，并对回答错误的学生进行及时更正与指导。

　　课堂小结时，Z老师说："同学们，今天我们学习了对一个数比另一个数多多少或少多少进行了计算，大家知道用什么方法了吗?"学生："用减法。""答对了，用减法计算。"张老师板书在标题下，书写强调：用减法计算。"那接下来我们做些算数练习，答对的同学有小红旗奖励噢。"

Z老师开启电子白板中的算数题，伴随着欢快的背景音乐，学生们争先恐后地回答着里面的加减法运算式，答对的学生得到Z老师的肯定，"答对了！""答得很好！""你真棒！"等口头表扬，并主动地上台领取小红旗，喜悦的表情露在脸上，拿着小红旗贴在数学课本的第一页，我发现不少学生的数学书上贴了好几排小红旗了……这时候，下课铃响了。

思考题：

1. 重视小学低年级学生课堂行为习惯养成教育对于学生未来发展有何重要意义？

2. 通过上述三个教学片段，Z老师在教学过程中如何强化学生的良好课堂行为习惯？

3. 有的小学低年级学生在课堂教学中有好动的习惯，如何处理？

【诊断·反思】

养成教育如何成就学生人生精彩

中国教育家叶圣陶曾说："什么是教育？简单一句话，就是养成良好的习惯。我们在学校里受教育，目的在养成习惯，增强能力。我们离开了学校，仍然要从多方面受教育，并且要自我教育，其目的还是在养成习惯，增强能力。习惯越自然越好，能力越增强越好。否则，习惯成了不易改，倾向定了不易移，态度决了不易变。"英国教育家洛克说过："儿童不是用规则教育就可以教育好的，规则总是被他们忘掉。你觉得他们有什么必须做的事，你便应该利用一切时机，给他们一种不可缺少的练习，使它们在他们身上固定起来。这就使他们养成一种习惯，这种习惯一旦养成以后，便不用借助记忆，很容易地、很自然地发生作用了。"两位教育家认为教育是养成良好的习惯，最好能将习惯变成自然。小学阶段是学生形成习惯的关键时期，特别是低年级学生，身心还在发展与变化，模仿能力强，可塑造性大，如何培养小学低年级学生养成良好的课堂行为习惯，在上述课堂教学案例中，Z老师根据小学生的生理和心理特点，通过课堂上的日常训练、加强讨论、有效奖励、树立榜样等方式方法，以教师为主导，学生为主体，发挥学生的主观能动性，调动学生的学习兴趣，让他们积极投入到课堂学习中，并养成了良好的行为习惯。

1. 创设小学生课堂行为养成的氛围

干净整齐的班级环境，能够带给人舒适和温馨，对于低年级学生来说，教师通过日常学习和生活中的引导和指导，让他们学会简单地整理自己的书桌，课前把下节课相应的课本拿出来摆放在桌上，再出去玩耍一会，上课铃响后准时回到教室，不随地乱扔垃圾，保持身边环境的洁净，如果有纸片或垃圾，及时处理，扔进垃圾桶内……这些点滴细小的环节都做好，那么小学生就能逐步养成良好的课堂行为习惯。

教学方法在教学中具有重要的意义。运用一定的教学方法，不仅能完成一定的教学任务，还是关涉、体现教师组织与引导学生学习和运用文化科学知识、获得相应发展的基本活动。该活动的方式非常灵活多样，在不同活动方式中，师生所处的地位、构成的关系及其积极性发挥的状况大不一样，其教学效果与质量亦相差悬殊[1]。练习法是学生在教师指导下，解决某类作业与习题，或是运用知识反复完成一定的操作，从而加深理解，并且形成技能技巧的方法。练习是为了达到学以致用，同时在运用中加深理解形成技能与技巧，培养解决实际问题初步能力的目的。这堂课中，Z老师采用了多种练习的教学方法：珠心算练习、书面练习和口头练习。

研究表明，训练可以提高儿童执行能力。珠心算训练，不仅可以增强学生的注意力、观察力和记忆力等智力品质，还能使计算能力增强，提高

---

〔1〕 王道俊，郭文安主编. 普通高等教育国家级规划教材：教育学［M］. 北京：人民教育出版社，2009.

他们的兴趣和自信心，改善学习效率和思维习惯[1]。当 Z 老师在黑板上画下一个方框，学生就条件反射性地统一拿出算盘开始做好拨算标准的姿势，当 Z 老师在黑板的方框上划一条斜杠后，学生又迅速地把算盘收好，这看似简单的行为其实是教师对学生进行长时间训练后养成的良好行为习惯。而书面练习能加深学生对知识的理解与运用，心理学研究认为：实际上，学生的学习就是把课本上的知识通过内化，转化为自己认知结构的过程。有效的数学练习能够使学生的内化过程更加顺利。教师布置的课堂练习不是简单重复练习所学的知识，还要能设计吸引学生的练习题，这样既能培养学生对数学的学习兴趣，使学生掌握数学知识、形成数学技能、提高数学能力，还能让学生巩固知识，提供锻炼能力和展现的机会。不同形式的课堂练习能够锻炼学生的思维。口头练习是将大脑的思维过程转化为语言表达出来，上述能力在学生的数学思维运用中是十分重要的。课上 Z 老师就地取材，从一个学生那拿了两支笔，另一个同学那拿了一支笔，然后问学生："老师左手有两支笔，右手有一支笔，左手比右手多几支笔呀？"学生回答道："多一支笔。"接着 Z 老师又问道："那右手比左手少几支笔呀？"学生齐声道："少一支笔。"虽然只是简单的运算，但实际 Z 老师在加强学生的口语练习，训练学生将思维的过程通过语言进行表达。

在课堂小结练习时，电子白板呈现的动画算式以雨点的形式从天而降，并伴有背景音乐，动画与音乐的结合调动学生的学习兴趣，让学生主动参与到练习中去，当学生答对算式题目时，Z 老师点下括号，答案呈现，雨点落地开花——生动形象，还能上台领取一面小红旗，学生在这样的练习情境中踊跃答题，形成了良好的班级学习氛围，个别开小差的学生也被吸引进去，不良行为得以改善。

2. 提高小学生课堂行为规范的能力

在这堂课里，Z 老师利用交互电子白板图文并茂地进行举例，让学生沉浸在其创设的情境中，采用虚拟现实情境模拟引导学生在教师的操作中

---

[1] 龙金凤，李丽新，王滨，等. 珠心算与普通心算相关脑功能区的对照研究 [C]，第十次全国中西医结合影像学术研讨会暨全国中西医结合影像学研究与诊断学习班资料汇编，2009.

理解与获得知识，提出学习的任务，与学生们共同分析、讨论并解决问题。讨论法是在教师指导下，学生为解决某个问题而进行探讨，辨明其是非真伪，从而获得知识的方法。这是一种以语言传递为主的教学方法，其中信息的流动是双向甚至是多向的。习题复习阶段，电子白板显示：三个学生登山的情境，甲同学对乙同学说："两个小组一共有 13 人，我们组有 6 人。"丙同学说道："我们已经走了 15 分钟了。"提问：另一组有几个人？Z 老师为了让学生了解题意，先让学生进行读题，去捕捉题中的信息，题中的有效信息和无效信息是什么，抽丝剥茧地跟学生讨论，帮助他们理解题中信息内容，要回答的问题是什么。运用讨论法，目的是训练学生的抽象逻辑思维能力，并转化为口头语言进行表达，学生们知道问题是问人数，而不是时间，所以排除丙同学说的关于时间的内容，Z 老师肯定了学生的回答，再让他们列式计算。通过引导学生做题时先弄清楚题中信息，学会区分题目问什么，然后分析哪些是有效信息和多余信息，最后再动笔计算，这样的训练对于小学生的数学思维培养是很有必要的，也是良好学习习惯的培养。

学生在课堂上若能对教师提出的问题进行回答或者讨论，这是一种良好的状态。小学生的语言发展虽然比学龄前儿童有明显的进步，他们不仅能理解，还能造出越来越多复杂的句子，更好地认识了语言的本质。在口语表达上，他们虽然能完整表述，可说话时较少考虑对方的视角和先前知识，让倾听者不能很好明白其所说内容，同时他们在谈话过程中喜欢引入新话题，却又不能长时间将话题持续转变过来，造成谈话中话题不断转换[1]。

在 Z 老师的带领下，整个课堂中拥有轻松和谐的讨论氛围，学生积极举手回答问题，参与讨论并对问题有所思考后形成自己的观点，通过口头语言表达出来，教师接受信息并做出相应反应，再反馈给学生。小学生易受情感的暗示，教师对他们进行持续关注，借助身边随处可见又典型的事例开展讨论，提出问题鼓励学生回答，观察学生的语言表达和对题目意思是否理解清楚，若出现错误则及时更正，在学生们争先恐后回答问题时，

〔1〕 郭飞燕. 小学教师奖励策略的调查研究 [D]. 辽宁师范大学，2014.

要求学生先举手再点名回答，等待其他学生回答完后再补充，课堂讨论气氛热闹但并不吵闹。

3. 增强小学生良好行为习惯的意识

在小学生课堂与实际教学活动中，奖励扮演重要角色者。它是教师肯定学生的一种良好行为或表现的教育手段，能鼓励其行为表现重复持续发展，在教育过程中是一种不可或缺的激励手段。一个合乎情理的奖励不仅可以促使受奖学生重复和继续良好的行为，而且还会促进未得奖励的学生向受奖学生学习，甚至改正不良行为[1]。在这节课中，Z 老师就运用了口头奖励和代币奖励。

口头奖励首先是认同学生的观点，让他们能更好地表达自我，其次能提高学生的勇气和自信心。心理学研究表明，每个孩子都希望自己能得到老师的赞赏。一年级学生在生理上有所发展，心理活动的随意性和目的性也有所发展，但仍以不随意性为主，还处在具体形象阶段，不具备自我评价的能力，也不会在意活动的成功与失败，但喜欢听表扬的话，对批评的话不放在心里，一会儿就恢复到原始状态。学生透过教师温和的语言，对其行为特殊方面有针对地鼓励性表扬，明白自己的行为得到了别人的赞赏，清楚地知道是更关注他们的行为，而不是个体本身。Z 老师面对学生争先恐后的发言，能不时点头肯定，对不同学生有不同的表达语，"小红，答对了！""小明，你答对几次了，很棒！老师知道你会了，把机会留给还没回答过的同学吧。""小军，真棒！"对回答错误的同学，委婉说道："好像不是这个答案吧，再想想。我们一起用'破 10 法'再算算，12 可以拆成 10 和 2，10 减 7 是几？对，是 3，那 3 加 2 呢？很好，是 5，所以我们再算一下 12 减 7 等于多少？对了，是 5，就是这个答案，很棒！"……这些口头奖励是教师对学生的一种鼓励，能给学生很大的自信，还能激发学生的思维，让学生大胆地回答问题，营造良好的学习氛围，调动学生学习的积极性，激发学生的学习动机，充分发挥学生的学习主动性，即使回答

———————

[1] [美] 特里萨·M·麦克德维特，珍妮·埃利斯·奥姆罗德. 儿童发展与教育（上册）[M]. 北京：教育科学出版社，2007，358-373.

错误的学生也不会气馁，跟着老师的思路重新解决问题，这样能提高学生的主体意识和主体行为能力。

代币奖励在目前低年级小学生的教学中，使用频率很高，而且效果非常显著，这是行为主义中常用的强化方法，该方法对学生的行为起到导向作用，可以促使学生主动完成所规定的任务来换取代币和积累代币，对其行为产生一定的内驱力，实现奖励的延时效果[1]。其意义不仅使儿童对所训练的行为发生兴趣，而且能帮助儿童收获好习惯。当儿童对某种事物产生兴趣还体验到愉快感时，就会自觉地产生行为，容易形成良好的习惯。由于代币起着督促作用，当实施代币奖励时儿童会自觉自愿并且独立完成规定的事项。而儿童一旦养成不良习惯或行为，单纯只用禁止的方法很难帮助他们改过来，就可以因势利导地运用代币奖励法，让儿童养成良好的习惯和行为[2]。这堂课中，Z 老师在学生进行珠算练习时，对拨算又快又准的学生进行了小红旗奖励；在习题练习中，对踊跃回答问题并表达清晰和正确的学生也进行了小红旗的奖励；在小结练习中，对举手回答问题、算术很棒的学生点赞，并让他们上台领小红旗；小红旗拿得越多，获得的奖赏越大，这种代币奖励强化了低年级学生良好的行为习惯。而小学生的注意力相对持续时间较短，随着时间变长，在课堂上可以看到学生都不怎么坐得住，有的前后间相互交头接耳，有的学生趴在桌上，有的没有打开书本，在玩着剪刀等。当部分学生在吵闹时，Z 老师并没有大声呵斥或禁止学生吵闹，而是对表现好的小组学生进行口头表扬和集体代币奖励，还在黑板上进行五角星标记，这对吵闹学生来说是一个信号，他们看到别人被称赞了，心里也希望得到认同，无形中被逐渐拉回到课堂上来，学习主动性和积极性增强，踊跃举手回答问题，不良行为也有意识地自我约束和改变，从而能让他们自觉矫正不良行为。

4. 树立小学生良好行为习惯的标杆

榜样的力量是无穷的。观察学习或模仿学习是班杜拉的社会学习理论

---

[1] 王恒、小学课堂强化行为研究 [D]. 华中师范大学，2010.
[2] 谢全俭，耿培青. 让儿童在积累与消费"奖励"中成长——浅谈代币奖励法的运用 [J]. 人民教育，2003，(21)：37—38.

特别强调的，在这过程中，人们获得了他人示范活动的象征性表象，并引导适当的操作。观察学习的起始环节是注意过程，学习的效果受到示范者行动本身的特征、观察者自身的认知特征、观察者和示范者之间的关系等诸多因素影响；在保持阶段，虽然示范者不再出现，但他的行为仍给观察者以影响。低年级小学生的模仿能力和学习能力比较强，其很多的行为习惯都是在模仿他人的基础上形成的[1]。在珠算练习时，Z老师一言不发，只在黑板上画了个方框就引起大多数学生的注意，迅速拿出算盘摆好，做好拨算的姿势，即使有个别学生没有意识到，看到周围同学的行为和举动，也能马上反应过来。

　　教师在低年级学生心目中的形象是完善而权威的，教师做好表率，用自己的人格魅力影响着学生。Z老师在日常的学习生活中，对桌椅摆放整齐、课前准备好书本的同学进行表扬；课堂上，认真听课，积极回答问题的学生会获得肯定，那么受到表扬的小学生就会被视为榜样，其他学生就会学习和模仿他的良好行为，自觉将自己的桌椅摆放整齐，准备好课本，专心听讲，回答问题，慢慢变成自己的良好行为习惯。同时，在上课前老师与学生们问好，并带领学生们把书打开，翻到指定页，老师边做，学生边学；在小学生争先恐后回答问题时，会很闹腾，这时候Z老师请大家安静，做出安静的手势和举手的示范动作，或者点名叫举手的学生回答问题，这就像一面镜子，让学生们进行学习和模仿，纷纷静下来，举手回答问题；对于少数课堂上坐不住、开小差的学生，Z老师没有批评和指责，而是对表现好的学生和小组成员进行口头表扬和代币奖励，让这少数学生学会约束和控制自己的行为，同时Z老师对及时改正不良行为的学生进行赞赏，强化其行为。这些看似平常和普通的举动，久而久之，就会在不知不觉中帮助小学生形成良好的行为习惯了。可见，榜样的作用是能够获得什么样的行为，以及知道行为的表现如何。榜样是否具有魅力、是否拥有奖赏、榜样行为的复杂程度、榜样行为的结果和榜样与观察者的人际关系都将影响观察者的行为表现。良好行为习惯的养成不是一蹴而就的，需要教师耐心的反复训练，长时间的培养，并且不断引导，学生的良好行为才

〔1〕 郭飞燕. 小学教师奖励策略的调查研究［D］. 辽宁师范大学，2014.

得以加强，教育就是在这种"晓之以理，动之以情，持之以恒，导之以行"中逐步渗透，通过师生与生生的互动，形成良好的课堂行为习惯。

美国心理学家威廉·詹姆士说："播下一个行动，收获一种习惯；播下一个习惯，收获一种性格；播下一种性格，收获一种命运。"小学一年级学生面对的是全新的校园生活，这是一个契机。教师根据他们的成长特点，有针对性地进行班级管理与有效教学是非常必要的。这就需要教师在长期的教学中，制定相应的班级规章制度与行为规范守则，通过不同形式的练习，激发学生的学习兴趣，利用有效的奖励方式，树立正确的榜样示范，对小学生的课堂行为进行引导与强化，循序渐进地帮助他们养成良好的课堂行为习惯。

29
学生学业拖延：
影响因素与消解

【教育案例】

小许，男，八岁，在我班上二年级。父亲是建筑工地上一名工人，母亲在家当全职太太，照顾两个孩子。由于小许妈妈对小许的一味迁就和宠爱，总是认为孩子太小，导致小许在上一年级时，逐渐养成了拖延逃避的坏习惯，学习任务往往不能单独及时地完成。到了二年级，随着知识含量的增多，知识难度的加大，学业负担逐渐加重，小许的学业拖延行为愈发明显。例如，在做课堂作业时，小许要么是玩笔，要么是和同学开小差，要么是趴在桌子上睡觉，即使老师反复催促也无济于事，就是不愿意写作业，一定要等到课堂末尾才开始动手；在做家庭作业时，尽管父母为他提供了一个安静的学习环境，让他独立完成作业。但小许做作业的效率还是过低，在写作业的过程中不是左顾右盼，就是摸东摸西，就算妈妈在一旁陪伴督促，小许遇到难字不会写、难题不会做时，也不愿意动脑筋思考，只会向妈妈求助完成。由于小许爸爸是建筑工人，常年在外工作且脾气较暴躁，在家时常常因为小许无法及时完成作业而对他进行棍棒教育，所以小许对爸爸抵触情绪较大，无论爸爸怎么说服教育，小许依然我行我素；而妈妈不论是生活上还是学习上，只要孩子觉得困难的或孩子想要的，妈妈都会满足。由此小许在课堂上明明知道要写作业也故意拖延不写，要等回家在妈妈的辅导下完成。

小学生学业拖延不仅已经成为父母，也是小学一线教师棘手头痛的现实问题。这种学业的拖延不仅对学生的学习绩效、习惯养成有着直接影响，同时伴随着学生的成长，拖延的习惯会致使学生的自我效能感逐渐降低，个体焦虑、压抑、内疚自责等消极情绪的滋生，严重阻碍了学生的健康发展。同时，部分学生的学业拖延有可能耽误教师的教学进度，从而易使教师产生急躁、焦虑的负面情绪，工作心态受到影响。因此，如何解决小学生的学业拖延行为是值得家长、教师重视的问题。

思考题：

1. 小学生学业拖延行为有何负面影响？

2. 小学生学业拖延行为产生的原因？父母的家庭教育方式是否对其有影响？

3. 如何解决小学生的学业拖延行为？

【诊断·反思】

学生学业拖延：影响因素与消解

小学阶段是小学生健康人格形成的关键期，是良好习惯养成的黄金时期。而学业拖延作为一种不良的学习习惯，是指学生在学习情境的拖延状况，具体是指学生有意向去完成学习任务，但没有在规定的时间内完成，或学生在最后期限内完成了学习任务，但延迟了开始任务的时间并产生了不适的情绪体验[1]。学业拖延会导致学生学习成绩下降和消极情绪的滋生，甚至还会影响到其身心健康。分析小学生学业拖延的现状，剖析小学生学业拖延行为产生的内外原因，如自我效能感、时间管理、师生关系、

---

〔1〕 李蒙蒙. 小学生学业拖延的现状与原因的研究 [D]. 辽宁师范大学，2013.

学习任务性质、学习环境及家长教养方式等；分析学习拖延行为产生的影响，如降低学习效率、引发负面情绪、不利于健全人格的培养，并提出相关策略。如注重小学生发展过程中的大环境，针对儿童身心发展的特点，安排适量、适度、适合个体的学习任务；对小学生进行有效学习方法及合理管理时间的策略引导，对学习任务内容完成质量进行亮点评价等，从实处改变小学生学业拖延的问题，促使学生的身心共同发展。

1. 小学生学业拖延的现状分析

目前我国有两亿多中小学生，有研究发现，60％的中小学生认为自己学习效率不高，这与学业拖延有密切的关系[1]。由此看来，小学生学业拖延现象还是较为普遍的，但不同个体因不同因素造成的学业拖延有所差异。综合以往学者的研究，可将中小学生学业拖延的现状差异具体分为性别差异、学校环境差异、家庭环境差异和学生学习成绩差异等几方面。

①性别差异。齐丹在《中学生学业拖延的现状与特点研究》的实证调查显示，中小学生在学业拖延总体上还是存在显著的性别差异，在延迟执行和延迟补救两个方面存在显著的男女生差异，女生的学习拖延远远低于男生[2]。

②学校环境差异。学校的差异性也会影响学生拖延行为产生的几率，例如在一个学风不正、学习氛围较差的学校，学生发生学习拖延的概率将会加大。王荣在《3—6年级小学生学习拖延及其与师生关系的研究》的实证调查中显示：学校间差异显著，不同学校学生的学习拖延状况总体来说存在显著差异，普通小学的学生相对于重点小学和优秀小学的学生而言，学习拖延较严重[3]。

③家庭环境差异。学生的家庭环境即指学生是独生子女或非独生子女。据王荣的调查结果分析来看，独生子女在学习拖延的各种维度上都要

〔1〕 纪红艳. 中小学生学业拖延的现状与对策 [J]. 辽宁教育行政学院学报, 2016 (2)：31—34.
〔2〕 齐丹. 中学生学业拖延的现状与特点研究 [J]. 现代中小学教育, 2011 (3)：57—59.
〔3〕 王荣. 3—6年级小学生学习拖延及其与师生关系的研究 [D]. 温州大学硕士论文, 2012.

低于非独生子女的拖延情况，尤其体现在学习计划不足及执行力缺乏维度上。而致使这些现象发生的原因可能是，身处独生子女家庭环境中的学生，能拥有一个相对干扰较少的学习环境，家长对其孩子的学习花费更多的时间和经历，对孩子的学习习惯更为注重培养。相对而言，身处非独生子女家庭环境的学生，由于家中孩子过多，父母的注意力分散，对孩子的关注度和关爱不够全面和均衡，较少关注学生学习习惯的养成，于是就像有些研究者经过对孩子学习的重视程度及教养方式所研究的结果呈现的一样，发现父母对子女学习重视程度越高，学习拖延总分和维度得分越低[1]，学生学业拖延行为越发明显。

④学业成绩差异。潘若丽、王耀军在《中学生学习拖延的影响因素及对策》的研究显示：中小学生学习成绩与拖延行为相关显著性很高，学习成绩差的学生的拖延行为表现得较为严重，学习成绩越差，其拖延行为越严重。

2. 小学生学业拖延的影响因素

（1）小学生学业拖延的内部影响因素

在本文中，小学生学业拖延行为产生的内部原因即指由小学生个体自身所造成的影响因素，其主要包括学生的自主效能感、学生对时间的管理能力等。

①自我效能感降低。自我效能感低的学生常常因预测学习结果的失败而导致学业的低自尊，为了避免低自尊带来的焦虑和伤害，学生就会延迟学习任务开始的时间。自我效能感高的学生有计划地安排学习任务，而且即使在面对兴趣不大或者难度比较大的学习任务时，高效能感学生仍能增强学习的决心，大大降低学业拖延行为的产生。

②时间管理倾向不强。拖延最突出的外在表现就是对时间的非理性拖延，因此对时间有良好的控制和正确的感知可能对拖延产生影响。雷家萍

---

[1] 左艳梅. 中学生学业拖延的问卷编制及其与父母教养方式的关系研究 [D]. 重庆：西南大学，2010.

等研究者在《青少年学业拖延与时间管理倾向相关分析》的调查结果中显示：学生学业拖延状况与时间管理倾向呈统计学相关，学生学业拖延与时间管理倾向呈负相关[1]，即如果时间管理倾向越高，那么，学生的学习拖延越低；反之，学习拖延则越高。总的来说，积极的时间观念能更好地指导学生的学习行为，改变时间管理倾向有助于改善学生学业拖延现象。

（2）小学生学业拖延的外部影响因素

①学习任务的难易程度。有研究表明，任务带来的乏味、挫败感均与拖延行为之间存在着正相关[2]。任务的性质直接影响学生对任务的兴趣。人都喜欢做自己感到开心的、简单的、会给人带来趣味感的事情。尤其是小学生对学习任务的选择表现得更明显。当他们遇到困难的、量大的或是没有趣味的学习任务时，大多倾向于回避或拖延任务。

②外界环境因素。外界环境对拖延的影响有两种，一种是因为外界环境的诱惑让人产生学习拖延行为，通常是娱乐性的环境。另一种是外界氛围的影响，如纪律管理不严的班级或者过于溺爱子女的家庭环境，处在这样环境的学生更易产生学习拖延行为。

③家庭的教养方式。家长的教养方式对孩子个性特征的形成具有重要影响。处在专制、冷漠、过度宠爱的家庭教养方式中的孩子的学习延迟情况比那些能得到父母信任、鼓励和关心的学生严重得多[3]。

④师生关系。在小学学习阶段，小学生在学习生活中需要的许多帮助和指导是同伴所不能提供的，于是教师就成为对小学生影响最为重要的人。小学生与老师的关系越积极，与老师的感情越亲密，对老师越依恋，学习拖延行为越少[4]；相反，小学生与老师的关系越趋于消极，与老师相处越不和谐，在态度或者行为上回避与老师的沟通和交往越多，学习拖延行为越多。

---

〔1〕雷家萍，鲁媛，濮梅，等. 青少年学业拖延与时间管理倾向相关分析 [J]. 中国学校卫生，2014（01）：64—66.

〔2〕包翠秋，张志杰. 拖延现象的相关研究 [J]. 中国组织工程研究，2006（34）：129—132.

〔3〕江卫红. 浙江省温岭市农村小学生学业拖延和父母教养方式的相关性的调查研究 [D]. 华中师范大学，2014.

〔4〕王荣. 3—6年级小学生学习拖延及其与师生关系的研究 [D]. 温州大学，2012.

3. 小学生学业拖延行为的消极影响

近年来，有不少学者认为学业拖延对学生的发展也存在一定的积极意义，其主要包括提高了学生的认知效能，让学生在很少的时间里使学习最佳化，达到一种"福乐"状态；也有学者认为学生在最后期限的时候能够激发学生极大的学习动机，他们会以最佳的动机在一个任务上投入最少的时间；高峰体验是拖延积极方面的一个重要的部分。有学者认为一个人可以通过延迟任务，直到在有限的时间任务要求下用很高的效率来完成任务，可以达到一个最佳的压力水平，同时也增强了学生的自我挑战能力[1]。尽管学业拖延存在部分积极性，但在中小学阶段，其消极影响还是占据多数。因此，我们还是应当予以重视。很多学生认为拖延行为司空见惯，不以为然，其实，拖延不仅仅是无效的时间管理行为这么简单，它是一个已卷入了认知、情感和归因等比较复杂的心理现象，与人们的情绪和心理健康密切相关，并会对人们的学习生活产生不良影响[2]。

①学习效率变低。长期的学业拖延习惯会浪费大量的学习时间，导致在学习总量不变的情况下，学习时间需要大大增加，学习效率自然降低。同时，小学生的学业拖延行为存在的同时，往往会导致学生独立解决问题的能力变弱，他们不能独立持久地投入到学习中去，对家长或教师的依赖心理较强，到最后实在不能拖时，往往懒于思考，更多的第一做法即是询问教师或家长答案，对待作业只求完成，不在乎质量。长此以往，学生对知识的真正吸收量将会逐渐减少，而导致学习成绩不佳。

②负面情绪滋生。长期的拖延会使学生的学习成绩不理想、生活没有条理或生活没有目标，并且习惯性的拖延者总是为了没有完成某些任务而寻找借口，或者为了自己的学习任务没有按计划得到实施而编造理由等。如此反复，易使学生产生焦虑、内疚、自责、抑郁等负面情绪，使学生产生自我挫败感、沮丧、悲观、消极甚至自暴自弃等不良情绪，对身心健康

〔1〕 韩婷婷. 学业拖延的概念及其影响 [J]. 华中师范大学研究生学报，2010（1）：139—143.
〔2〕 包翠秋，冉亚辉. 中小学生的拖延心理及其矫治 [J]. 教育探索，2007（12）：120—121.

产生消极影响。

③阻碍健全人格的形成。健全人格的养成包括：以辩证的态度对待世界、他人、现在、未来以及困难和挫折，是一个自立、自信、自尊、自强的进取者[1]。拖延使得学生无法及时完成学业任务，拖延导致的压力会引起学生不太健康的心态，引发学生比不拖延学生更多的焦虑、自责情绪，而这一系列不良情绪的影响会使学生体验不到成就感，形成较低的自尊水平和自我效能感。这种认知上的偏差会使得他们总是知难而退，不求进取，丧失斗志。假以时日，就会荒废学业，虚度年华，最终一事无成。

4. 小学生学习拖延行为矫治策略

①营造良好的大学习环境。大环境主要是指家庭成员、教师以及同伴和儿童所构成的环境，包括家庭、师生、班级氛围系统。埃里克森也强调小学生的勤奋来自家庭、学校等各方面的影响。由于小学生的自我分析和自我控制能力还没有得到充分发展，他们对自我的认识和评定主要依赖家长和老师的评价、同伴间的比较。家长可以通过营造和谐的家庭氛围、发展平等的亲子关系；教师可以通过策略的传授，让学生体验到成功的喜悦等方式；构建和谐、愉悦、积极向上的班级环境。在这样的学习环境中，学生的自尊容易得到满足，自我效能感易增强，在整个自我系统协调发展中，学习拖延现象将会得到改善。

②针对儿童身心发展的特点安排学习任务。小学生的思维从以具体形象思维为主，逐步向以抽象逻辑思维为主要形式过渡，但他们的抽象逻辑思维在很大程度上仍是直接与感性经验相联系的，具有很大成分的具体形象性。尽管学习对学生的发展具有重要意义，但如果当前的学习过于繁难，小学生难免会产生厌烦情绪。要改变学习任务的繁难现象，教师要精心备好课，优化课堂教学过程，提高课堂教学效率；课后根据训练重点精选练习题或科学设计练习题，并且将作业形式多样化，多一些实践性、活动性、操作性作业，以减少小学生因学习时间过长或学习形式单一引起消

---

〔1〕 黄希庭. 简明心理学词典 [M]. 合肥：安徽人民出版社，2004.

极情绪反应而进行拖延。

③有效引导小学生进行学习时间管理。改变学习任务的性质与营造良好学习氛围只是使得学生节约时间成本，而加强对小学生学习方法和时间管理有效的指导则从根本上有效改进拖延行为。可通过心理健康教育课、课程老师结合本课程具体内容和特点进行指导，如制定具体可行的学习计划，进行及时的学习小结，告知有效的学习求助方式等，通过榜样示范作用帮助学生找到适合自己的学习方法，避免因无助感而对学习失去兴趣，养成拖延的习惯。

④建立及时的奖惩制度。小学生由于其特殊的心理特点，在学习活动中往往迫切希望能得到他人的回应或认同。有着拖延习惯的学生自控力和意志力都比较差，常常意识不到时间的压力而推迟学习任务。制度可在拖延行为时间长短、次数、频率等方面等进行奖惩。老师或家长若能建立及时有效的奖惩反馈机制，既能满足小学生的心理需求又能帮助他们增强时间意识，这对防治学习拖延极为有效。值得注意的是，这种奖惩机制应以正强化手段为主，即对按时或提前完成学习任务者、在改正拖延行为上有进步者实施表扬或奖励，而对拖延者的惩罚，主要是以剥夺其玩耍时间等负强化手段以示惩戒；另外，由于拖延者更愿意选择价值较小但奖赏及时的任务而不是价值很大但奖赏延迟的任务，所以，要对小学生学习进行及时反馈。

⑤对学习任务内容完成质量进行亮点评价。佩奇等人认为，教师的不同方式的作业评价对小学生的影响是不同的，研究中发现人性化的、针对性较强的评语具有较大的强化作用，千篇一律的评语次之，没有教师评语的作业评价影响是最小的。[1] Cooper（1994）认为，教师在评价小学生的作业时应该给出分数和写上评语，从中观察小学生对家庭作业的非智力因素，教师也应适当给学生一些物质上的奖励，如糖果、玩具等（特别是针对小学生）。[2] 教师在进行作业评价时，可以采用代币法，教师主要可以

〔1〕 张艳华. 国内外作业评价发展及研究现状述评和建议——以中学化学作业评价为例 [J]. 化学教育, 2013（01）: 87—93.
〔2〕 李璐莹. 小学数学家庭作业多元化评价方式的应用研究——以小学中高年级为例 [D]. 上海师范大学, 2017.

用星星等代替原来的"√"号和"×"号以及"优良"的文字写评价，这样可调动学生积极性。

学业拖延是学生在学习过程中养成的一种不良学习习惯，长期的学业拖延习惯在小学阶段若得不到较好的缓解和纠正，不仅会影响小学生的学习态度及学习效率，还会因此而产生焦虑、压抑等不良情绪，严重影响小学生健康个性的形成。[1] 于此，教师与家长应当多加重视对学生学习习惯的培养，尤其是对小学起步阶段的学生，加强对学业拖延行为的相关认识，并因人而异地给出相关措施，从而尽早帮助学生养成良好的学习习惯，根除拖延行为。

〔1〕 曾玲娟，张满. 小学生学习拖延行为分析及对策研究［J］. 青少年学刊，2013（6）：35—38.

30
学习困难学生的转化：
爱与尊重

【教育案例】

  H同学是高一学生，经常迟到旷课、迷恋网络游戏、甚至打架斗殴，学习成绩在班上排在后几位，在班上其他同学和老师心目中他就是后进学生、问题学生。尽管老师多次教育，也偶尔发现他有进步，可坚持不了两天，又一如既往，毫无长进，使得班主任L老师丧失了对他的信心。L老师和我聊学生学习问题时，总拿何同学作典型，总强调他这个学困生、问题学生着实让老师感到头疼。后来，我了解到这个学生也并不是一无是处，他是班篮球队主力，在校运会和校篮球赛上，他连续两年带领班级篮球队获得冠军，为班级争得了荣誉。此外，他爱好广泛，喜欢唱歌、象棋等，是开展课外活动的积极分子。我和L老师说，其实，对于问题学生，可以试着改变教育的方式和方法，办法总是有的。两周以后，我再次来到这个学校，L老师高兴地告诉我说：有次在他的课堂上，看见何同学找前后排同学搭话，也不知道他在搞什么花样，还影响了别的同学上课。于是我用平静的语气把他叫起来，给他提了个问题，他准确地给出了正确答案。课后，H同学走到L老师旁边小声说："谢谢L老师的提问，这是您第一次把我叫起来不是训斥，而是提问。"L老师听到这位学生和他说的悄悄话，仿佛有种醍醐灌顶的感觉，让他陷入了深深的思考。

思考题：

　　1. 通过上述教育案例，思考学困生有哪些特点。

　　2. 该教育案例中，L 老师对学困生 H 同学的处理方式有哪些优点和不足点？

　　3. 教育教学实践中，学困生转化策略有哪些？

【诊断·反思】

学习困难学生的转化：爱与尊重

　　在上述案例中，我们认为，如何看待问题学生，除了需要我们对他们倾注更多的爱心和耐心，更多的真诚和尊重，尤其值得我们思考的是教育方法的运用。"问题学生"一般指那些学习差、纪律差、行为习惯差的学生。过去把他们称做差生，现在称学困生（即后来进步之意），提高学困生的学习成绩，是教学质量提升的重要一环。老师应注重培养"学困生"的心理优势，通过成功的体验使他们获得自信心，获得老师、家长的喜爱，获得同学们的尊重。问题学生的心理需求与现实状况存在许多矛盾，往往欲而不能、求而不得的矛盾心理得不到老师的理解和帮助。他们自尊心强，却得不到别人的尊重。如果处于青春期、叛逆期的何同学，得到的只有无尽的冷眼训斥，没有温暖赞美，他就会愈加破罐子破摔，对自己丧失信心。要想解决学困生的问题，可以从以下几个方面着手。

1. 尊重信任学困生

　　互相的尊重是理解和沟通的基础，尊重学生是引导学困生转化的前提，离开了尊重就谈不上教育。[1]

---

〔1〕 周青云. 赏识教育理念与学困生转化 〔J〕. 教育探索，2008（8）：115—116.

①首先，教师要做到不能以高高在上的态度、家长式的作风对学生发号施令，不可简单粗暴地把自己的意见强加给学生。因为每个学生都是一个独立的个体，有着自己独特的看法和思想，尤其是处于青春期的学生，更是自我意识非常强烈，教师一味把自己的想法强加给学生，学生不但不会接受，反而会引起学生的逆反心理，从而与老师产生对立情绪。学生一旦对老师有了反感之意，就好像是在老师和学生之间设置了一道厚厚的屏障，老师便很难靠近学生，更没有机会走进学生的内心深处，不利于问题的解决甚至会使矛盾越积越深。要想顺利消除学生的戒备心理，使学生对老师打开心门，作为教师一定要耐心地听取他们的意见，有时甚至是错误的意见。只有当教师耐心倾听时，学生才会觉得自己被教师尊重，才愿意向教师袒露心扉。当学生与老师心灵上的那道墙被打通之后，教师便可以慢慢地得到学生的信任，学生才能听进老师的谆谆教导，其身上的问题才可以随之得到解决。正如案例当中的何同学，正是因为他感受到了老师的尊重，才愿意敞开自己的心灵。何同学和老师之间的隔阂打破之后，便越来越能接受老师的意见，慢慢变成了一个听话懂事的孩子。

②教师要由衷地信任学生，信任是鼓励学生向上的力量。每个学生都有着与生俱来的上进心，学困生之所以对自己丧失信心，是觉得自己做什么都无济于事，索性就不求上进，甚至通过叛逆来获得老师的注意，从而提高自己的存在感。学困生同样有着积极的上进心，只不过找不到合适的途径在努力进取中获得成就感，总是获得挫败感，从而使其丧失勇气和信心。面对学困生，教师首先要信任他们，相信他们有足够的能力可以变得更好，这是帮助他们树立自信的第一步，然后再使他们在学习中获得成就感，从而对上进产生欲望。学困生比优等生更需要教师的信任，学生会感受到教师信任这股强大的无形力量，并把这种积极的信任内化为自己的信任，转化为学生发展的内在动力。[1] 教师的信任对学困生来说无疑是促使其进步的一股强大的力量，教师要帮助学困生树立自信，从而变成优等生。但我们同时应注意信任不等于放纵，适时的检查和监督是非常必要的，这样做不仅可以帮助他们更加高效地完成作业，还可以提高他们约束

---

〔1〕王清，葛春. 论班级"学困生"的教育〔J〕. 现代教育科学, 2013（4）: 95—98.

自己的能力。

　　③教师要善于自我控制，特别是在盛怒和暴躁的情绪下，要学会沉着、冷静，不能意气用事，更不能迁怒于学生。个体在冲动的条件下是十分不理智的，做出来的事说出来的话都没有经过理智地思考，往往是头脑一热说了一些伤人的气话，所以很可能导致问题得不到好的解决，反而向更坏的方向发展。由于教师工作对象的不成熟的心理特征，他们无法理解老师只是一时冲动，或者是"恨铁不成钢"的心态，感受不到老师的爱，便容易与老师产生隔阂，拉大与老师之间的距离。尤其是面对问题学生，他们年轻气盛，老师的怒火可能激怒学生，不仅两败俱伤，还使得问题更加严重。面对学生的种种问题，教师应首先压住自己的怒火，在冷静中努力思考解决问题的最好办法。就像案例中班主任刘老师并没有对何同学发火，而是让他回答了一个问题，从而让他对老师减少了敌意，这比之前刘老师对何同学大发雷霆所取得的效果要好得多。

2. 了解关爱学困生

　　要做到以生为本，全面促进学生成长，还得全面了解学生，关注学生成长过程中的方方面面。成功的教育，取决于多项因素，其中一个最重要的因素则是教师与学生之间的沟通质量，而了解学生是师生沟通的重要条件。[1] 如果教师不了解每个学生，关心、关爱学生就无从谈起，全面发展学生更是一句空谈。全面了解学生就应做到：

　　①了解学生个性心理，了解他们的兴趣、爱好、特征、性格、认知能力等。只有了解了每位同学的个性特征才能采用更加合适的教育方法，有利于因材施教，例如有些学生性格内向，喜欢老师温柔的谈话和发自肺腑的教导；有些学生自制力较差，老师严格的监督和管理更有利于学生的成长和进步；有些同学基础薄弱，老师便可以在提问基础知识时多关注这些同学。同时教师可以从每位同学的兴趣爱好着手，通过共同的兴趣爱好找到更多的共同语言，来拉近和学生之间的距离，从而赢得学生的好感，和

---

[1] 郑娟新. 论职业院校师生沟通中的教师素养 [J]. 教育发展研究，2007 (1b)：67−69.

学生打成一片。学生信任热爱老师，就自然会把自己的心里话告诉老师，老师便可以寻找机会适时对学生进行教育。只有学生真正喜爱老师，才能把老师说过的话放在心上。教师也可以从学生的特长出发，帮助学困生不断地培养自信，突破自己，从而取得更好的成绩。

②了解每个学生德、智、体、美、劳等诸多方面的发展情况，包括思想品德、集体观念、日常行为表现、人际关系、学生情况、个人卫生、体育锻炼、课外活动等。教师不能仅仅关注学生的学习成绩，学生的学习成绩仅仅代表一部分知识点掌握得如何，而不能代表学生的思想品德及各种能力。学生的学习成绩不好也并不一定代表学生的能力不强。例如案例中H同学虽然是老师眼中的问题学生，但他在篮球赛、运动会中总是为班级争光，并且兴趣爱好非常广泛，是各种活动中的积极分子。虽然H同学学习成绩不好，但是他的组织能力，为班级争光的荣誉感都要强于其他同学。教师了解到这些情况后，便可以以此为出发点，帮助H同学树立信心，同时找到学习上的自信。了解学生的人际交往情况，不仅有助于拉近师生之间的距离，还可以通过教师正确的引导帮助同学们建立稳固的友谊，提高他们的人际交往能力，以便日后更好地在社会上立足。

③了解每个学生的家庭成长环境，包括学生家庭生活条件、家长对学生的态度、家长职业及修养等。每位同学的家庭条件，出生的环境以及所受的家庭教育都是不同的。教师在课堂上讲授同样的内容，每位同学的收获和最后的成绩总是千差万别，就是因为每位同学成长的环境不同，受到了不同的家庭教育，养成了不同的性格和学习习惯。通过了解每位同学的家庭背景及父母的教育理念，可以让老师找到问题的根源。例如自制力不强的父母很难培养出具有很强自制力的孩子；家长每天喜欢看电视，也很难让孩子养成爱读书的好习惯；蛮横不讲理的父母，很难培养出善解人意的孩子。教师了解到这些情况之后应该有重点地对每个孩子进行不同的教育，以促进他们的全面发展，将其培养成一个完整和完善的人。

④了解每个学生所处的社会环境，包括学生的交友情况，经常涉足的场所等。一个人的成长环境将对其产生重要的影响，我们每天生活的环境会使我们每个人或多或少从中受到影响。处于青春期的孩子，因为各方面的条件都还不成熟，更容易受到社会环境的影响。良好的社会环境和朋友

会对其一生产生积极影响，不良的社会环境和朋友必使其沾染一些不良的嗜好，阻碍其今后的发展。所以老师不仅应关注学生的学习，同时也应注意了解其生活的方方面面。只有在全面了解了学生之后，教师才可以根据每个学生不同的情况有针对性地使用不同的方法，使教学取得更加良好的效果。

3. 以学生为中心

教师作为"人类灵魂的工程师"肩负着培养社会主义事业接班人与建设者的重大责任，更应安心本职工作，做好本职工作，热爱本职工作。师者，传道授业解惑也。教师的职责是培养学生，在提倡以生为本的今天，教师更应心系学生，服务学生。教师要想尽心尽力地服务全体学生，教师素养是不可或缺的影响因素，如何培养教师的教师素养，可从师德、业务知识、教学能力等几个方面来进行思考：

①在思想品德上要加强自身的修养，无私奉献，关爱每个学生。百年大计，教书育人，重点应该落在"育人"上，俄国教育家乌申斯基指出，教师的思想品德对学生心灵成长的影响是任何教科书，任何道德箴言、任何惩罚和奖励制度都不能代替的一种教育力量。[1] 因此，加强教师自身的道德修养，提高教师自身道德水平，是提高教育质量，转化"问题学生"的重要方面。加强教师自身道德修养的主要途径有三个：首先，教师应学习正确科学的道德教育理论，以科学的理论作为指导，将所学理论付诸于教学实践，坚持知行合一；其次，为人师表，教师的一举一动都可能被学生所模仿、所学习，所以教师要学会自律和慎独，不管在任何地方任何情况下，都要注意自己的言行举止，要做到"吾日三省"，不断自我反省，从而完善人格；最后要放弃传统的高高在上的教师形象，不分等级，虚心向学生学习。所谓"师不必贤如弟子，闻道有先后，术业有专攻，如是而已"，教师要学会虚心向学生学习，善于发现问题学生身上的闪光点，在师生互勉中汲取精华，从而提升自我修养。

---

〔1〕缪惠安，缪剑峰. 提升人格魅力，完善专业素养 [J]. 中学政治教学参考，2017 (13)：13—14.

②在业务知识上要持之以恒、努力探索，要达到精深博学，让每个学生信服。优秀教师的基本要求即是需要过硬的业务知识，要对所教科目的内容信手拈来，要对其他科目内容有所涉猎，要有发展与创新意识，不断汲取新的业务知识，不断创新新的教育理念与方法。俗话说："没有金刚钻，不揽瓷器活。""教师要有一桶水，才能给学生一碗水。"教师只有具备扎实、广博、精深的业务知识，才能散发出教师威信，让每个学生都信服，从而来更好地管理学生、服务学生。

③在教育能力上还要提高自己的口头表达能力、文字表达能力、组织教学能力、逻辑思维能力等。一位优秀的教师，良好的道德素养是根本，过硬的业务知识是基本，较强的教育能力是关键。在标准化教师教育改革中，我国明确提出了"师德为先、学生为本、能力为重"三大理念，[1] 教师若光有满满的大堆理论知识，而在实践中却不知如何运用或不知如何更好地运用，教学能力较弱，那这位教师将是不合格的教师，学生也将不会完全信服于他，更何谈尽心尽力地服务全体学生呢？提高教师教育能力的主要方法有三个：其一是多观摩、多学习优秀教师的课堂教学，注意他们教学用语、课堂组织的优势所在，同时对他们所做不足进行思考并及时反省自身；其二是广泛阅读相关资料，将所学用于实践，做到知行统一，在实践中去锻炼自己的能力；其三是运用创新的思维去思考问题，用新的眼光去发现问题，积极探索新的教学方法，因材施教。要服务好每一个学生，教师就得呕心沥血，尽心尽力做好本职工作，进行教师专业发展的学习，这样才能做到以生为本，从而抓住"差等生"或"问题学生"的需要，对这些学生进行及时的积极转化，真正做到为每一个学生服务。

〔1〕 杨洁. 能力本位：当代教师专业标准建设的基石 [J]. 教育研究，2014（10）：79—85.

图书在版编目（CIP）数据

中小学课堂教学诊断/李炳煌著.—长沙：湖南教育出版社，
2018.11（2019.6重印）
ISBN 978-7-5539-6502-4

Ⅰ.①中… Ⅱ.①李… Ⅲ.①课堂教学—教学研究—中小学
Ⅳ.①G632.421

中国版本图书馆CIP数据核字(2018)第257603号

ZHONGXIAOXUE KETANG JIAOXUE ZHENDUAN
中小学课堂教学诊断

李炳煌 著

责任编辑 曹卓卓 彭倩婷
出版发行 湖南教育出版社（长沙市韶山北路443号）
客　　服 0731-85118546
经　　销 全国各新华书店
印　　刷 长沙金鹰印务有限公司
开　　本 787×1092　1/16
印　　张 18.75
字　　数 300 000
版　　次 2018年11月第1版
印　　次 2019年6月第2次印刷
书　　号 ISBN 978-7-5539-6502-4
定　　价 69.00元

本书若有印刷、装订错误，可向承印厂调换